Yue zhang da

悦长大
把孩子当孩子

卢勤——著

中国出版集团 现代出版社

图书在版编目（CIP）数据

悦长大：把孩子当孩子 / 卢勤著. —北京：现代出版社，
2018.2

ISBN 978-7-5143-6699-0

Ⅰ.①悦… Ⅱ.①卢… Ⅲ.①家庭教育 Ⅳ.①G78

中国版本图书馆 CIP 数据核字（2017）第316607号

悦长大：把孩子当孩子

作　　者	卢　勤
责任编辑	张　霆　王志标
出版发行	现代出版社
地　　址	北京市安定门外安华里 504 号
邮政编码	100011
电　　话	010－64267325　010－64245264（兼传真）
网　　址	www.1980xd.com
电子信箱	xiandai@vip.sina.com
印　　刷	三河市国英印刷有限公司
开　　本	710mm×1000mm　1/16
印　　张	19
字　　数	336千字
版　　次	2018年4月第1版　2018年4月第1次印刷
书　　号	ISBN 978-7-5143-6699-0
定　　价	59.80元

　　北京电视台来采访我，却给我妈妈拍了一个专题片《宋静宜老太太话北京》，导演说："你妈妈笑得太开心了，说话太逗了！句句都是大实话！"

　　我儿子从小就是开心果，老师说了，照相带着他，谁都会笑，因为他叫"悦"。

上小学时，儿子是个英俊少年；上中学时，他是乐队首席大号。

和孙子在一起，是我最开心的时刻。比比看，谁笑得最美！

儿孙俩一起游世界，世界真奇妙！

92岁高龄的张效梅老师是我们小学的班主任，从小就是我们心中的女神，我们班同学年年都会去看她。

婆婆一生养育了九个
儿女，照顾了二十几个孙
子、重孙子，现在已经是
太奶奶了。老人家一生辛
劳，劳苦功高。

我们一家三代都是明星校长卓立老师的学生！卓校长把一生奉献给了教育
事业，名师指路，路好走。

　　在首届"少年演说家潜能开发营"的闭幕式上，杨澜（右二）于丹（右一）小雨姐姐（左一）和我，与孩子们见面了。她们的讲话，赢得阵阵热烈的掌声。孩子们惊讶地说："原来大人物小时候上台讲话也害怕呀！"

　　和杨澜、于丹合影，我们准备去看"少年演说家潜能开发营"的孩子们演出了。

　　每次"少年演说家潜能开发营"，敬一丹都要回答小营员提出的各种问题。
"小字条"上倾诉着孩子们心中的秘密，敬一丹看得津津有味。

　　敬一丹说："这是我最敬重的两位大姐。"左一是出版界大咖金丽红大姐。
是彼此的欣赏和爱让我们成为朋友。

　　我和小雨姐姐在一起，有说不完的话。她告诉我，一定要保护好嗓子，一定要戴好围巾。

　　小雨姐姐是"少年演说家潜能开发营"的总教练，她告诉孩子："声音是可以化装的。"她一个人可以装扮出五六个不同年龄、不同角色的声音。

在中央电视台"六一"晚会上，我和"最美孝心少年"合影。

在中国网络电视台，我和鞠萍姐姐围绕"快乐成长"的主题
进行了面对面的交流。

　　"十一"我和清瑕老师一起参加了"寻根探宝"亲子营，来到山西曲沃晋国博物馆，和营员家庭共做泥塑。瞧，我俩做的一对狮子多神气！

　　与作家、方法学家吴甘霖、邓小兰老师的微课是在中国国际广播电台录制的，话题是：父母有爱还不够，还要有方法。

儿童文学作家晓玲叮当走进"悦长大"专家问答平台，讲述了她创作美德系列图书的体会。她的声音和文字一样美。

2008年5月16日，汶川大地震发生，我组织了"知心姐姐陪你过六一"慰问团前往四川，和灾区孩子一起喊出："我能行！"

　　"房子塌了，我们一起建新房吧！"我和灾区孩子共同用木板"建造"了新房，知心姐姐还开展了"灾区孩子美丽的梦想"活动。

　　我参加了山村幼儿早期发展帮扶项目，来到贵州毕节织金县板桥中心幼儿园，又给小学的留守儿童上了一课。我问孩子们："太阳有几种颜色？"他们异口同声地说："一种，红色！"我又问："赤橙黄绿青蓝紫，这七种颜色你们听说过吗？"孩子们说："那是彩虹的颜色！"我又问："彩虹是谁的孩子？"孩子们回答："太阳！"我回应："对！彩虹的颜色是太阳给予的，所以太阳有七种颜色。"

　　69岁生日那天，我来到张家口张北县二台镇九年制学校，这里有1000名农村娃。华夏银行捐建了一个300平方米的图书馆和三万余册图书。建房的工人多为企业家和志愿者。

　　我给千名学生做了讲座"有心的孩子最幸福"。课后，孩子把我包围和我拍照，那真情让我热泪盈眶。

　　2016年中央财政支持的"绿手环"生命教育项目，在江西兴国县落地，这是我和知心姐姐团队在埠头中心小学开展"绿手环"活动。

我和兴国县埠头中心小学留守儿童邓芸的合影。

　　兴国县埠头中心小学六（1）班的留守儿童邓芸的心愿是"能吃到生日蛋糕"。2016年6月24日，在她13岁生日那天，13年的愿望终于实现了。六（1）班的同学为她举办了生日会。

　　作为"小小铅笔"爱心公益活动的"爱心大使"，我和敬一丹带领四名"少年演说家"来到江西井冈山地区。华泰保险集团，正是用这一支支小小的铅笔，为农村孩子的梦想添砖加瓦的。

悦长大（序）

卢　勤

1978 年 6 月 23 日清晨，在北京妇产医院同一间病房里，三个男孩子同时出生了。

给孩子起什么名字呢？

三位妈妈抱着自己的孩子开始讨论，在充满阳光的病房里，每个人的脸上都洋溢着甜蜜的笑容，分娩时的痛苦已忘得一干二净。

"我想给儿子起名叫'悦'，我希望他有乐观的心态，一生快乐。"其中一位妈妈说道。于是，她的儿子就有了一个温馨的名字——李悦。

"叫'悦'好！我们也希望儿子健康快乐！"另外两位妈妈说道。于是，她们的儿子，一个叫"侯悦"，一个叫"马悦"。

"悦，悦，悦。"三个"悦"字好像很有能量，一下子让病房里的阳光更加灿烂。

我就是李悦的妈妈。

出院后，我专门去看望了侯悦和马悦，两个男孩都和李悦一样，活泼、开朗、好动、能吃。

一转眼，39 年过去了。悦儿长大成人，当了父亲。儿子最大的特点就是，幽默、乐观，拥有阳光的心态，他能给别人带来快乐，自己也挺快乐。我想，侯悦和马悦也一定如此。

39 年后，一个"奇怪"的事情发生了。我家门口建了一座商场，名叫"大悦城"，旁边是"大悦公寓"，百米之远又建了"小悦中心"。以"悦"

命名的大小商场、楼盘比比皆是，"悦"已经成为新时代的代名词。

"悦"字，今天为什么备受欢迎？

因为，人们对"美好生活"的渴望越来越强烈。在这个物质丰富的年代，人们越发感觉到：人的幸福快乐并不来自物质，而是来自丰富的精神世界。幸福快乐，不是别人给予的，而是自己感受到的。而这种感受，正出自乐观积极的心态，来自强大的内心。

怎样让孩子品尝到生命的"悦"？

怎样让长大中的孩子给别人带来"悦"？

怎样让长大成人后的孩子给世界增添"悦"？

40年来，我一直在探索"悦"的奥秘。《汉典》中解释，"悦"是高兴、愉快的意思，表示人的心情很好，没有忧愁。"悦"的篆文表示高兴、愉快，造字本义：因为谈话相投机而开心、喜乐。《尔雅·释诂上》："悦，乐也。"《广雅·释诂一》："悦，喜也。"

真正的悦，来自内心。怎样让人内心快乐起来？30年前，我为孩子们总结了"知心姐姐快乐人生三句话"——太好了；我能行；你有困难吗？我来帮助你！

"太好了"，改变心情就改变了世界；

"我能行"，改变态度就改变了命运；

"我帮你"，改变情感就改变了生活。

这三句话，已在亿万孩子和父母的生命中留下了深深的印记。

其中，"太好了"这句话是我讲得最多的。几乎每场讲座报告中，我都会讲到这句话。我给孩子们开办了"有心的孩子最幸福"——心系列讲座。第一颗心，讲的就是"开心"。打开心门的口诀便是："太好了。"

用"太好了"的眼光看自己，才能看到自己的价值；用"太好了"的眼光看别人，才能发现别人的长处；用"太好了"的眼光看世界，才能看到世界的光明。

2008年，儿子自己开办了一家网络公司。2014年，他创办了一个家庭教育专家问答平台，公众号为"悦长大"。他希望天下的孩子都能发挥自己的光和热，让每个孩子都精彩，快乐成长，悦纳天下！

"悦长大"家庭教育专家问答平台，集聚了国内当前一流教育名家，专注解答各类家庭教育问题。同时，以优质的育儿内容，丰富多彩的形式，帮助广大父母和孩子，打造亲密的亲子关系。

这本书分三章。

第一章"悦"智慧，从六个方面讲了"爱的智慧"，帮助父母认识孩子，反省自己。

第二章"悦"讲堂，共讲了三个主题：三种孝心的力量、五种理解的力量、十种体验的力量，从中历练孩子，充实自己。

第三章"悦"对话，收集了八场与名家面对面的对话。其中，有明星校长卓立、著名媒体人杨澜、金话筒主持人敬一丹、故事姐姐小雨姐姐、家庭教育专家清眸、儿童文学作家晓玲叮当、方法学家吴甘霖、邓小兰共八人。这些对话的内容如同甘露，可以滋养孩子，改变自己。

通过对不同孩子成长、成才、成功经历的研究发现，教育必须符合孩子成长的规律。正如法国启蒙思想家、教育家卢梭所言："教育儿童必须符合儿童身心发展的规律和年龄特征，否则会导致不良后果……在万物的秩序中，人类有他的地位，在人生的秩序中，童年有他的地位，即应把成人当成人，把孩子当孩子。"

生活中，我们常常会忽略不同年龄的成长特点，用成人的思维看孩子，把孩子当成人，所以我们会做出一些违背孩子成长规律的事情，只有把孩子当孩子，才可能做到，让孩子认识自己，让孩子表达自己，让孩子成为自己，让孩子自己奔跑。

一个人真正的幸福快乐，就在于他能够真正地做自己，并在社会生活中实现自己的价值。

"悦长大"是所有父母对孩子美好的期许，也是孩子幸福人生的基础。

悦儿，如今当上了爸爸。2010年，当他儿子出生时，他给儿子起名叫"尚"。

他说，三十年后，"尚"字也会"火"。

没想到让他言中了，仅过了六七年，"尚"字和"悦"字就一起"火"起来。有些商店、楼盘竟把"悦尚"放在了一起。

去年12月，我去浙江东阳讲课，入住的酒店是"宝悦"酒店，于是我给儿子发了短信："如今，你的名字遍天下，悦妈太有远见了！"

儿子回复："悦妈厉害！"

我回复："三十年后，'尚'字也会誉满全球，尚爸也厉害了！"

儿子说："那也没悦妈会说话！"

当"悦"走进你的生活，你不想快乐都难。

感谢中国出版集团现代出版社领导能看中这本书，出版这本书，感谢编辑王守本先生为这本书付出的辛勤劳动，也感谢我的好朋友时颖、李旭、胡亚萍、戴莹给予的帮助。

真心希望《悦长大：把孩子当孩子》这本书能帮助更多父母走出焦虑，陪孩子快乐地长大；真心祝愿"悦长大"家庭教育专家平台，越办越好，能成为广大家长的良师益友，悦纳天下！

目录
Contents

第三章 "悦"对话——滋养孩子，改变自己

第一章 "悦"智慧
认识孩子，反省自己

新家庭教育需要六种"爱的智慧"

什么是智慧?

拿得起是聪明,放得下是智慧。只会拿起,不会放下是愚蠢。

知道要什么是聪明,知道不要什么是智慧。只会取,不会舍是愚蠢。

当今家庭教育中有两大误区:

一是,许多父母对自己的孩子拿得起,放不下。孩子从小抱到大,管吃管住管穿管用,管买车管买房,管找对象,管结婚生子,管看孙子,管接管送……周而复始,费尽心血,一生都在为子女服务,自己从未真正活过,但得到的结果又是什么呢?子女无情无义,没有孝心。有的孩子因为父母管束太多,自由选择的空间太少,就对父母心生怨恨,以致终酿悲剧。

二是,别人家的孩子学什么,自己的孩子也要学什么;别人家的孩子有什么,自己的孩子也要有什么,生怕比不过人家,生怕输在起跑线上。这种父母从未想过,孩子需要不需要,适合不适合,该不该有,有没有兴趣,一心只想让孩子出人头地,考重点学校,考名牌大学、考研出国留学……出了国又怎么样呢?孤独、抑郁、心理压力大,有的孩子得了严重的心理疾病,有的走上了自杀之路……

这一切都不是我们想要的!由于我们的愚蠢,害了孩子,也害了我们自己!

今天,提倡做智慧父母,势在必行。那么,做父母的应该如何爱孩子才是科学的呢?

我总结了六种"爱的智慧"与大家分享。

第一种：智慧的爱，知道使用孩子；愚蠢的爱，总爱伺候孩子

刀不磨会变钝，孩子不用会变懒。

愚蠢的父母心甘情愿做孩子的保姆，事事替孩子代劳。在家替孩子叠被、穿衣，甚至喂饭；在外替孩子背书包、背画板、背水壶，明明是孩子能干的事，全由父母代办了。孩子呢？全然不把父母的辛劳放在眼里，他认为：你为我服务，应该的！谁让你生了我！这样的孩子长大会变成无能无情无责任感的人，很难适应社会。父母在儿时替孩子扛住了一切，今后又怎能指望孩子扛住世界？

智慧的父母会巧妙地使用孩子，孩子从小就被"委以重任"，凡是孩子力所能及的事，就支持孩子自己干；凡是孩子为父母做的事，哪怕只是端来一杯水，父母都会欣然接受，真诚地对儿子说："有儿子就是不一样！"赞美女儿说："有个女儿真好！"孩子听了美滋滋的，觉得自己有用，帮父母做事的劲头倍增。长大后这样的孩子往往责任感很强，能扛得住事儿。

第二种：智慧的爱，喜欢激励孩子；愚蠢的爱，总爱指责孩子

挑剔的父母总是在否定孩子，爱用孩子的短处与别人家孩子的长处比较，"你瞧人家"是他们的口头禅。结果呢？在否定中长大的孩子，极易对别人充满敌意，自暴自弃。

宽容的父母总是在肯定孩子，他们容易发现孩子点点滴滴的进步。"很好，孩子，你比昨天又进步了！""不要紧，成功躲在失败的后面！"孩子看到自己的进步会信心十足，在宽容中长大的孩子，将会极富耐心。

苛刻的父母容不得孩子犯错误，面对犯错的孩子非打即骂。这是在逼着孩子说谎话，由此孩子学会了逃避，学会了推卸责任。在指责中长大的孩子，将来容易怨天尤人。

智慧的父母明白，任何一个孩子的成长历程，都是一个犯错—知错—认错—改错的过程。不允许孩子犯错，是对孩子的伤害。于是，他们会耐心地帮助孩子认识错误，让他去感受自己行为带来的后果，这就是我们常说的自作自受，让孩子学会对自己的行为负责。

第三种：智慧的爱，注意让孩子分享；愚蠢的爱，只顾让孩子独享

糊涂的父母，把物质看得比精神重要，好吃的、好喝的、好用的，先给孩子。看孩子"独享"，自己很享受，生怕孩子吃了亏。独享就像一个恶魔，让孩子变得贪心。在独享中长大的孩子，自私冷漠，眼中没有别人，心中没有父母，身边也没有朋友。孩子长大成人后，父母不会感受到一点来自孩子的幸福。

智慧的父母，从小让孩子在分享中长大。分享，是快乐的源泉。当一个人在分享中感到快乐，他内心的世界会变得很大，他会把别人的心装进自己的心，遇事为别人着想，考虑别人的感受。于是，他学会了关心，学会了爱，在社会上拥有更好的人际关系。小时候，在分享中，他奉献了自己的力量，从而产生了成就感和价值感；长大后，会成为一个有益于人民的人。他懂得，不是因为拥有了才付出，而是因为付出了才拥有。

第四种：智慧的爱，事事相信孩子；愚蠢的爱，总爱怀疑孩子

疑心重的父母总爱用怀疑的眼光看孩子，不相信淘小子会干好事，不相信偷拿家里钱的孩子会改好，总是把孩子看成说谎者，不相信他们，总是在众人面前提起孩子说谎的事情。在你怀疑的目光中，孩子会选择继续说谎。长大后，他会变成一个言而无信的人，甚至变成一个大盗。

智慧的父母，一直相信孩子，会用信任的目光看孩子。他们深信自己的孩子是好孩子，哪怕他有过失。他们常常用"发现新大陆"的眼光，去

发现孩子身上的闪光点。孩子从父母独特的目光中，感受到"妈妈相信你"的信任的力量。于是，他们会努力表现自己积极的一面，生怕失去这份信任。在认同中长大的孩子，将会掌握目标，爱人爱己，善解人意，变得优秀。

父母相信孩子，孩子才会相信自己。信任会唤醒沉睡的巨人。

第五种：智慧的爱，善于管教孩子；愚蠢的爱，只会放纵孩子

愚蠢的父母认为，爱孩子就是百依百顺，孩子要什么给什么，不管合理不合理；孩子想干什么就干什么，不管该干不该干。于是，孩子从小目中无人，无法无天，甚至违法乱纪，这样会坑害了孩子的一生。这样的父母不明白一条真理："如果你想让孩子变成不幸的人，就对他百依百顺。"

智慧的父母认为，孩子是需要管理的，规矩是需要学习的。放手不等于放纵，关爱不等于溺爱，帮助孩子从小养成良好的行为习惯，是对孩子一生负责。爱孩子需要智慧，智慧的父母不仅关心孩子今天得到了什么，而且关心孩子明天能用上什么；不仅关心孩子今天装进了什么，而且关心孩子应该扔掉什么。让头脑、身体与房间、书包一样，永远留有空地，接收新的东西。

第六种：智慧的爱，看重过程；愚蠢的爱，只看重结果

人生最大的财富是体验，体验成功，体验失败对孩子都十分重要。

愚蠢的父母看重结果，告诉孩子只许成功不许失败，这样的孩子经不起失败。一个父亲甚至要求女儿只许考第一名，不许考第二名，考不到第一名就别回家。结果，女儿差 0.5 分没考到第一名，就跳楼自杀了。某年 9 月 2 日，一位名人的长子因在单车比赛中受伤而患抑郁症在家中跳楼，惜告身亡。惨痛的教训告诉我们：名利是身外之物，亲身的体验，才是自己的。只要结果的父母最后得到的是一个不择手段、急功近利、急于求成的孩子。

智慧的父母，看重过程。他们认为，孩子长大了早晚要离开父母，自己闯出一片天地，与其让他们面对挫折时，感到愤怒、无助，不如从小摔摔打打，经历失败与痛苦，"撞"出面对人生的勇气和本事。孩子冲刺百米，智慧的父母关注的不是跑第几名，而是摔倒时，怎样跌得有尊严，膝盖被磕出血来，怎样清理伤口，怎样包扎；孩子参加演出，智慧的父母关注的不是孩子获得几次掌声，而是孩子被淘汰后是不是尽力了，是不是还开心？

元代诗人王冕的《墨梅》中有句诗："不要人夸颜色好，只留清气满乾坤。"父母的智慧，实质上就是放平心态，永远用乐观积极的心态去面对人生。作为父母，你想让孩子快乐地成长吗？你想让孩子拥有幸福的人生吗？那么，你就勇敢走出误区，把孩子放下，用智慧的眼光认识孩子，用智慧的方式走进孩子的世界，还给孩子一个有爱的童年，和孩子建立起亲密、温暖的关系吧！

阅读的初心

不忘初心，方得始终。

当阅读的大潮来到的时候，我们想没想过我们的初心是什么？我们当初在童年阅读的时候，那种阅读对人生究竟起了什么样的作用，留下了什么样的痕迹呢？我，一个女人，有三个称呼，女孩、妈妈、奶奶，但我更喜欢的是姐姐。

我一个人经历了三代人，我们这三代人在阅读中是不同的，不同年代、不同的人有着不同的收获。

我是1948年出生的，所以五六十年代是我的童年。那时候家里没钱买书，唯一感到幸福的是妈妈给一毛钱，然后拿着小板凳，去胡同口的小人书摊看书。二分钱看一本，一直看到天黑看不见才回家。那时候最想看最爱看的就是格林童话里的《白雪公主》，那时候的书是黑白的，我就在想：白雪公主的发卡是什么颜色的？她的衣服是什么颜色？天天想。有一天，问我妈："白雪公主住哪儿啊？"我妈正和面，说："住外国。"我说："外国在哪儿？"妈妈跺跺脚说："就在脚底下。"我跟我二姐说："走，去后院！"我俩一人拿一个小桶，拿一把铁锹，到后院去挖去了，挖了一个大坑，汗流浃背，天都黑了。我妈来了："你们干吗呢？""挖白雪公主呢。""挖出来没？"我说："没有。""回家吃饭去吧。"

我心里就想，没挖出来，那白雪公主藏在哪儿呢？天天就琢磨白雪公主。于是我小时候梳了白雪公主的发型，自己还做了一套衣服，直到50岁生日的时候，跑到德国童话作家格林兄弟笔下的白雪公主的故乡——意大利北部的威尼斯，买了一尊像，才圆了我童年的梦想。但是这个经历却让我产生了无限的想象，很多书看完以后脑子会出现形象，这些形象慢慢在心中就形成了故事。

我从小爱给别人讲故事，我下乡插队的时候我们村可穷了，而且没有电灯，一到晚上，农民都去睡觉了。我们知青去了以后，就想干点什么呢？来点文化吧，于是我在我们集体户搞了"故事会"，每天晚上农村的孩子、青年、老人都来听我讲故事。开始把我听到的故事、看到的故事讲给他们听，没那么多故事就开始编故事，如果没有小孩，就开始讲鬼故事，把大家吓得够呛，可天天都还会来。第二天干活的时候有的农民说："小卢，你不用干活了，你到地头儿等着，你那条垄我们给你干了，你给我们讲故事就行了。"于是忽然觉得，我跟农民的关系亲切了，因为我会讲故事。

30岁我就到了中国少年报社，后来当了"知心姐姐"。我发现跟孩子讲话，一定要把道理融在故事里，直接讲道理他是听不懂的，讲故事，他就能听懂，所以我开始学习给孩子们讲故事。

后来我发现孩子们的问题大部分来自父母，于是我开始给爸爸妈妈讲故事，其实他们跟孩子的爱好是一样的，也爱听故事，你讲完一个故事再讲个道理，他就听进去了。而且我讲的大都是真实的故事，比较有说服力。我是个记者，这些年写了不少书，都是家庭教育方面的书，而这些书里的故事绝大部分都来自生活、来自真实的故事。我现在差一年就70岁了，但依然显得年轻，对吧？因为童心未泯嘛！故事永远在我心中，我忽然觉得，虽然童年没有钱买那么多的书，但是童年让我对书产生了兴趣。

儿子是1978年出生的，他的童年是70年代和80年代，他生活在改革开放最初的年代，他比我好多了，我有钱给他买一些书，但是他的阅读方式跟我完全不同。改革开放之后，国门打开了，书飞进来了，什么书？漫画书。这种漫画吸引了那批孩子，他抱着一大堆《机器猫》，一边看一边哈哈大笑，我就很奇怪，翻了几本，一点不可笑，我就问他："你笑什么呢？"他没回答我，说："你缺少幽默细胞。"于是我们之间就有隔阂了。他很幽默，我看不懂，因为他看了幽默之后，他就学会了幽默。后来上中学之后，他就特别喜欢武侠小说，竟然还写了一篇论文，谈论武侠小说。

走过30多年之后，我发现他的身上有了两点我喜欢的，男人的幽默和男人的豪气，这就是他小时候从阅读中所获得的。他这个人跟我完全不同，他说话真的很好玩。他从小就招人喜欢，给同学们说相声，到中学当主持人，专门逗大伙笑。上大学，写小品、演小品、导小品，成了著名的"李导"。他写的小品在清华的艺术节上获得了特别奖，我在网上看了半天没看懂，他说："你这个年龄看懂了，我们看着就没意思了。"后来他去上海工作，好几千人谁认识他呀，五年厂庆，他自编自演了一个小品，一下轰动了，总裁说："咱们这是藏龙卧虎啊！"晚上儿子给我打电话："谁是龙？不就是我嘛，谁是虎？不就是我嘛！"充满了自豪。由于他崭露了头角，被老板看上，当个部门经理，成绩不错。几年以后，北京成立子公司，派他来子公司当副总裁了。一进门我就逗他："李总！"他告诉我倒过来念，我一念"总李"，所以他落一外号叫"总李"。"总李"后来自己办了网络公司，他现在搞了一个叫"悦长大"的公众号，我有时会在那儿讲些微课，跟他接触就很多。我忽然觉得，做一个妈妈有一个幽默的儿子，是多么幸福和快乐。

2010年孙子出生了，我就有了奶奶的光荣称号。孙子跟我们大不相同，他可富有了，他们家的图书上千册，他们家的书架四大个，孙子每天都在看，都是中外的绘本，从小就看书，看得非常的痴迷。他上一年级的时候，我让他给我讲故事，他不给我讲，问学了什么？告诉我忘了。现在二年级了，换了一个非常会阅读的老师，突然就有情绪了。有一天晚上八点半他对我说："奶奶，我给你来一个。"我说："可以啊。"他声音很大，我说："能小点声吗？八点半了，怕影响别人。""老师说了，这个故事要到操场上一起读，声音要大。"我说："好好好，声音大一点。"于是他开始了，一边说一边表演，题目是《植物妈妈有办法》：

孩子如果已经长大，

就得告别妈妈，四海为家。

牛马有脚，鸟有翅膀，
植物要旅行靠的什么办法？

蒲公英妈妈准备了降落伞，
把它送给自己的娃娃。
只要有风轻轻吹过，
孩子们就乘着风纷纷出发。

苍耳妈妈有个好办法，
她给孩子穿上带刺的铠甲。
只要挂住动物的皮毛，
孩子们就能去田野、山洼。

豌豆妈妈更有办法，
她让豆荚晒在太阳底下，
啪的一声，豆荚炸开，
孩子们就蹦着跳着离开妈妈。

草莓妈妈有个好办法，
她把孩子穿在衣服上，
动物把它吃掉，
排泄出去以后，
小种子们就能继续生长了。

植物妈妈的办法很多很多，
不信你就仔细观察。
那里有许许多多的知识，
粗心的小朋友却得不到它。

孙子在讲"草莓妈妈有个好办法"那段时情绪最高，讲到动物排泄的时候，他的动作可夸张了，屁股左扭一下、右扭一下，十分生动。我问他："这段怎么那么精彩啊？"他告诉我："这段是我写的。"

原来老师让所有孩子写一段，有的女孩写的是柳树妈妈有办法，他写的是草莓妈妈有办法。当时就被感动了，我被这个老师感动了。我忽然明白，这一代孩子跟我们不同的是，他们不满足只是阅读，他们开始了创造，他们不仅要学知识还要参与创造的过程，于是他的身上有了我们小时候没有的探索和思考。

他有思辨能力，很多事都有自己的看法。我记得有一次他跟爸爸玩飞镖，飞镖跑到房上去了，爸爸问怎么办？爸爸是够不着了。孙子说："现在只有两个办法，第一把房子拆了，第二养个猴子。"他爸爸拉着孩子说，那咱们赶快去养猴子去吧。

最让我们惊讶的是前两天，我大姐 80 岁了，我大姐跟我大姐夫俩人住在我们小区的西区，一个一居室，真的很狭小，后来他们突发奇想，把一居室卖掉，租我们东区的房子住，是租三居室还是两居室？当我们在讨论不休的时候，孙子回来了。大姐说："小虎啊，你说大姨奶奶是租一个三居室还是两居室呢？"他冷静地问："几个人住？"语惊四座。大家忽然觉得，一个 7 岁的孩子竟然找到事情的关键，几个人住？我们当时非常佩服他，忽然觉得这孩子跟我们不同，他有非常好的思辨能力，与大人讨论问题，他有自己独特的见解。

台湾作家三毛一语道破天机，她说："遇到不能解决的事情，去问孩子，孩子脱口而出的意见，往往就是最精确而实际的答案。"

"成年人最幼稚的想法就是——小孩你懂什么？其实，大半的孩子都不很享受作为一个孩子的滋味，这种情形，在中国偏偏又多些。"

三代人，一家的，却是完全不同，我忽然觉得，不管我们年龄有多么不同，年代有什么不同，读书的环境有什么不同，但有一点是相同的——童年离不开童话，成长离不开故事，阅读离不开喜欢！不喜欢的东西怎么能记住？

什么叫教育？当你把所学的东西都忘掉，剩下的才是教育。当你忘掉了知识，忘掉了理论，但是你形成的思维的方式，科学的精神和做人做事的道理，却深深地沉入心中，留在脑海里了，这才是我们教育的真谛。

我在想，当一个智能的时代来到的时候，唯一不能被智能机器人代替的就是人的思维、人的情感和人的创造力。而人的精神需要营养，营养就来自阅读，这些阅读真正给人生留下了什么呢？

我觉得阅读让人学会了与人交往，走出自己孤独的世界，而融入这个伟大的时代之中，当人的思想丰盈了，人的阅历丰富了，世界的阳光就灿烂了。

和孩子一起探索"屏幕"世界

经常有家长忧心忡忡地问我："怎么办？孩子都快被手机（或电脑）拐走了。"

父母们遇到的问题其实很有普遍性。你的家里可能经常会出现这样的场景：你正在和孩子聊天，别管你们聊的话题多严肃，聊得多起劲，只要手机铃声一响，孩子就会"噌"的一下跳起来，跑去看手机，把你一个人晾在原地。再如，孩子每天都"黏"在手机上，走路看，吃饭看，睡觉的时候也看。家长要是看不惯，要他关掉手机，孩子立刻不高兴，甚至翻脸吵架。前不久，一个男孩仅因为父亲夺走了他的手机，而一跃从楼上跳下去身亡。

信息化给孩子们的成长创造了前所未有的空间，但也给孩子们的成长之路带来前所未有的坎坷。正如一位电脑专家所言："不管爸爸妈妈们是否愿意，被人们称为'数字时代原住民'的这一代孩子一出生就生活在智能手机和平板电脑的屏幕世界里。移动互联网改变了他们与世界的关系，更改变了他们与父母之间的关系。"

2017年国际少年书信写作比赛的题目是：致联合国秘书长的一封信。从成千上万的来稿中选出五篇交最后的专家评委会选出一篇送联合国。我是评委之一，我发现，五篇中有两篇写的是"爸爸妈妈成了手机控"。

陕西西安四年级小学生何彦竹的信是这样写的：

我是一名普通的中国小学生。最近，我发现一个关于智能手机的问题，希望能得到人们的重视。现在，就让我讲给您听吧——

在生活中，智能手机用处多多：通过网络，可以写作业、办公、与亲朋好友聊天，还可以网上购物，等等。手机为我们的生活提供了许多便利，可是，这也给我们带来了大麻烦！

就说说我的妈妈吧，她是一名银行工作者，平时工作很忙。可是，每当她回到家，第一件事不是好好休息，而是立刻拿起"宝贝"似的手机，津津有味地看起来。我向妈妈问好，她只会简单地回应"嗯，嗯"；我向她请教问题，她常常说"等一会儿，我马上就过来"。

上周末，我们一家聚在一起吃饭。餐厅里，只见爸爸、妈妈都低着头，拿着手机"刷"个不停，看朋友圈、发信息。我和爷爷只好在一旁无聊地玩着"石头剪刀布"的游戏。以前，没有智能手机的时候，我们一家总是欢声笑语的，讨论着好玩的事。可是现在……我环顾四周，发现不只我们家是这样，许许多多的大人们也成了"低头族"，"噼里啪啦"地点着手机。

手机，不但让人们的亲情失去了光泽，还容易带来危险！

有一次，我走在路上，看见一位叔叔，一边低头看手机，一边过马路。这时，交通信号灯已经变成红色了，他却浑然不觉，继续往前走。车辆启动，"嗖，嗖"地从他身边经过。呀！远处有一辆汽车急速飞驰，马上就要撞到这位叔叔了，幸好，司机狠狠踩下了刹车，这才避免了惨剧的发生。好险！

20世纪伟大的科学家爱因斯坦曾经说："我害怕，有一天，科技会取代人与人之间的交流，我们的社会将充斥着一群白痴。"

亲爱的安东尼奥·古特雷斯先生，您是否也为此感到担忧呢？在我们的国家，"低头族"带来的问题越来越严重，在其他国家和地区，是不是也存在同样的问题呢？我怀念妈妈手把手教我写字的快乐时光(尽管我写的字歪歪扭扭，像一群小蝌蚪)，我怀念亲朋好友之间"七嘴八舌"聊天的声音，我希望看到昂首过马路的人们，马路上不再有因看手机而产生的车祸。

亲爱的安东尼奥·古特雷斯先生，针对"低头族"的问题，我想提出几点建议，希望您能帮助我们解决这个问题，让我们的生活变得更加美好：

1. 建议联合国把每年的12月31日，确定为"放下手机日"，鼓励人们放下手机、面对面交流，感受亲情、友情的珍贵。

2. 请联合国开发一个小程序，帮助人们戒掉"手机瘾"。只要一个人每天累计使用手机 60 分钟，小程序就会自动提醒他休息。

3. 请联合国设立"预防手机控"基金，帮助全世界的"低头族"们，摆脱因过度使用手机带来的沟通障碍和安全问题。

云南四年级小学生李畅的信是这样写的：

我和您虽然素未谋面，但一想到，我将有机会和您反映我发现的国际问题，就十分激动！希望您能够帮助我解决我的困扰。

是这样的：最近几年，智能手机走进了我们的生活，给很多人带来了欢乐与便捷。但是，对于我来说，它却是破坏一个美好家庭的罪魁祸首。

为什么这么说呢？因为，我的爸爸是一个工程师，平时工作十分辛苦，在家里陪我的时间也很少。以前，爸爸没有智能手机，每次一回家，就会带我出去玩耍，带我欣赏风景啦，呼吸新鲜空气啦；或是帮我检查作业。虽然，他在家的时间不多，但只要爸爸在家，我就很开心。所以，我总是盼望着他回家陪我。

可是，自从爸爸有了智能手机，回家后也不和我聊天了，也不带我出去玩了——就知道玩手机！有些时候我甚至想：难道手机比他的女儿还重要吗？渐渐地，我开始觉得，爸爸回家与不回家都一样了——反正回家了也是玩手机。这样想，我就很难过。我是多么希望爸爸能够抬起头来看看我，多和我聊聊天，陪着我一起长大呀！

不只大人这样，许多小孩也成了"手机控"。我有一个 8 岁的表弟，就因为经常玩手机，成了一个"小近视眼"。现在，他不得不每时每刻都戴眼镜。上体育课时，他不能像其他小伙伴一样，无拘无束地蹦蹦跳跳了，只能小心翼翼地看着地面。有时，他甚至会被其他小伙伴嘲笑！我猜，小表弟现在肯定特别后悔总玩手机吧？

"手机控""低头族"还不只出现在我家里呢！有一次，妈妈带我去坐地铁，放眼看去，那些叔叔阿姨、哥哥姐姐，都在低头看自己的手机，看得很入迷，丝毫不理会旁边的人。我想起了我的爷爷奶奶，他们都不会玩手机，每次外出，都会热情地和村里的人打招呼，这种感觉多么美好啊！我多么希望，这些叔叔阿姨、哥哥姐姐，也能像我的爷爷奶奶一样，放下手机，多和其他人聊聊天，多看看窗外美丽的风景啊！

为了让大家不要沉迷玩手机，我想向您提几点小建议，希望我们的手机添加两个功能：第一个功能，把手机设计成大自然的绿色，这样，即便人们因为工作等原因，不得不看手机的时候，也能看到绿色的风景，降低手机屏幕对眼睛的伤害；第二个功能，希望所有的手机都可以自动计时，当大家超过设定的时间，还在玩手机，手机就会自动关闭程序，第二天才能打开，提醒使用者放下手机，多陪陪家人。我猜，有了这样的功能，"手机控"和"低头族"就会越来越少了吧？

希望我的建议对您有所帮助，也希望您能帮助我解决我的困扰。

看看孩子们讲得多真切！他们说出很多孩子的心里话！家长们应该怎么帮助自己的孩子在享受这些高科技产品带来的各种资源的同时，又不至于失去关掉屏幕的自制力呢？

要做到这一点并不容易——别说孩子们了，家长们自己都很难做到。没有多少家长不是"手机控""电脑控"的。不管是公司开会，还是出门坐车，家长们也牢牢地"黏"在屏幕上。

这是一片没有人探索过的世界，尤其是对家庭教育来说。所有人都在摸索应该怎么在这个充满屏幕的世界更好地教育自己的孩子。你怎么区分孩子用电脑是在娱乐还是在学习？当女儿跟你说，上网的时候是她一天最开心的时候，你怎么回答？当儿子告诉你，他最好的朋友是他那些一起网游的网友，你该如何是好？

我给不出一套能适用于每个家庭、每个孩子的方法，因为这个问题太复杂了——每个孩子都有不同的性格，每个家庭又都有一本难念的经。在这里，我提出一些宏观指导原则，或许可以帮助你"管理"好孩子和他的屏幕时间。

首先，家长们需要明白的是，孩子之所以总是泡在手机游戏或者电脑游戏上，是因为身边好玩的东西太少了。做家长的也不知道什么是孩子觉得好玩同时又是可以玩的。经常有这样的情形：家长不让孩子玩手里的游戏，孩子问：那我能玩什么？家长却举不出一个很好的例子。很多孩子抱怨家长各种忙，每天扑在工作上，扑在自己的手机、电脑上，陪孩子的时间越来越少。

其实，让孩子不沉溺于电子产品并不难。鸡蛋怎么打碎？最好的办法不是敲碎、打破，而是从内里破碎——用温暖的力量孵化它，让它获得成长，自然会"破壳而出"。教育孩子也要这样，不是通过外力逼迫他，打骂他，而是用爱的力量，让他们感受到家庭生活的乐趣。

越是能从父母那里得到关注和关爱的孩子，越不容易沉溺于电子产品。当然这里说的关注和关爱指的不是每天逼着孩子写作业，上补习班，而是单纯与孩子相处，陪伴孩子，用爱的目光注视孩子，用爱的微笑面对孩子，用爱的语言激励孩子。孩子需要的是有血有肉、有情有感的活生生的爸爸妈妈，而不是手机爸爸，手机妈妈。如果我们不注意这个问题，早晚有一天，孩子成了手机的孩子，父母成了手机的父母，亲情之间的面对面的沟通交流不存在了，只剩下冷冰冰的人机交流，那将是一个多么可怕的情景！

其次，我希望家长们不要那么怕自己的孩子。没错，当你要求孩子放下手机或者关掉电脑的时候，他们可能会不开心，甚至生气。但这并不意味着你就要一味地迁就他们的行为。孩子对家长的一些要求和决定不满意，这没什么大不了。承认并接受他们情绪，别害怕给孩子在用屏上设置限制。

最后，家长要以身作则，做孩子的榜样。你可以很轻松地对孩子说"别玩手机了，到外面玩去"，但却很难抗拒手机的"魔力"，过一会儿不拿起来看看就浑身不舒服，看到有人发朋友圈，一刷就是半个小时。如果你每天花好几个小时玩手机、用电脑或者在和孩子聊天的时候看微信，很容易让孩子跟你产生距离感。正确的做法是，经常带孩子散散步，或者一块儿读一本书、画一幅画。当孩子看到你不用手机和电脑也能玩得很开心时，他们就会开始模仿你。

俄国文学家托尔斯泰曾说："全部教育，或者说千分之九百九十九的教育都归结到榜样上，归结到父母自己的端正和完善上。"

家庭教育的实质是榜样教育，孩子都是看着父母的脊背长大的。

晋代书法家王献之自小跟父亲王羲之学写字。

有一次，他要父亲传授习字的秘诀，王羲之没有正面回答，而是指着院子里的十八口水缸说："秘诀就在这些水缸中。你把这些水缸中的水写完就知道了。"

王献之心中不服，认为自己人虽小，字已经写得不错了，下决心苦练基本功，好在父亲面前显示一下。

他天天模仿父亲的字体，练习横、竖、点、撇、捺，足足练了两年，才把自己写的字给父亲看。父亲笑而不语，母亲在一旁说："有点像铁画了。"王献之又练了两年各种各样的钩，然后给父亲看，父亲还是不言不语，母亲说："有点像银钩了。"王献之这才开始练完整的字，足足又练了四年，才把写好的"大"字捧给父亲看。

王羲之看后，在儿子写的"大"字下面加了一点，成了"太"字，因为他嫌独生子写的"大"字架势上上紧下松。母亲看了王献之写的字，叹了口气说："我儿练字三千日，只有这一点像羲之了！"

王献之听了，这才彻底服了。

有一天，王献之出门看见一个老奶奶在路旁烙饼。每烙好一张饼，她看都不看往后面一扔，那些饼整整齐齐地摞成一座山。王献之很惊讶，忙走上前问："老奶奶，您怎么扔得这么准呀？"老奶奶笑着说："跟王羲之一样，练呗！"王献之听罢赶忙回家去练字。

王羲之看到儿子用功练字，心里非常高兴。一天，他悄悄地走到儿子的身后，猛地拔他执握在手中的笔，没有拔动，于是他赞扬儿子说："此儿后当复有大名"。

王羲之知道儿子写字时有了手劲，这才开始精心培养他。后来，王献之真的写完了这十八口缸中的水，与他的父亲一样，成了著名的书法家。

　　这是真正的家教。孩子心中佩服父亲，才会以父亲为榜样，效仿父亲，向父亲学习。所以，你想让孩子怎么用手机，怎么用电脑，平时你在孩子面前就应该怎么用。用餐的时候，不要把手机放在餐桌上，时不时看上一眼，而是和孩子家人说话；和孩子在一起时，要把手机放在包里，尽量关机或放静音，专心地听孩子说说心里话。

　　一定要抽出时间，和孩子一起看纸质的书籍，玩一些亲子游戏，放假的时候，带孩子出去旅游，听听音乐会，参观参观博物馆，拓展孩子更多的兴趣。帮他们发现生活中更好玩的东西。

　　在数字时代，如何做一个榜样父母，如何和孩子一起探索"屏幕"世界，对新时代的父母来说，任重而道远。

让花儿拥有中国情怀，世界眼光

2017年，中央电视台少儿频道"六一"晚会主题是"花儿向阳开"，我倍感亲切。

记得，我小时候，看过一部儿童电影《祖国的花朵》。从那时起，我便知道，祖国是个大花园，每个小孩都是花朵。

花儿怎样开才能开得茂盛，开得美丽，开得幸福呢？

这台精彩的"六一"晚会，用生动活泼的方式，高超现代的手法，向全世界展示了这个主题，即：让花儿拥有中国情怀，世界眼光。

何谓"中国情怀"？

即是：爱党、爱国、爱家。

晚会一开场，就展示了"爱家的情怀"。

每个人都有童年，"六一"儿童节是属于你的、我的、大家的。所以，"六一"儿童节，不仅是孩子们的节日，也是老顽童的节日。

当年龄加起来500岁的6名著名歌唱艺术家李光羲、叶佩英、刘秉义、杨洪基、邓玉华、卞小贞老师，带领一群七八岁的小朋友一起登台，唱起几代人熟悉、喜爱的《童谣与赞歌》时，每个人都心潮澎湃。尤其是唱起90岁的乔羽老先生创作的《祖国的花朵》主题歌《让我们荡起双桨》时，更激起孩子们的爷爷奶奶、爸爸妈妈童年最美好的回忆。

歌声是记忆的符号。这些优美的少儿歌曲，给一代又一代花儿留下了永不磨灭的童年记忆，也成为凝聚一家人的力量。

88岁的老艺术家李光羲爷爷说得好："小朋友们，你们是花儿，我们是绿叶。"是啊，当年的花儿，如今都变成了绿叶，呵护着花儿苗壮成长。这就是爱，这就是家！没有爱，哪有家？没有叶，哪有花？

　　所以，"六一"晚会，不仅仅是孩子的盛大聚会，更是中国家庭一年一度共同相守的文化大餐！

　　特别要提的是，今年的"六一"晚会不忘初心，自始至终突显了"爱家爱国的情怀"。

　　开场主题歌舞《花儿向阳开》大气磅礴，处处洋溢着童真童趣和昂扬热烈的气氛。

　　"花儿向阳，童心向党。"花开是孩子们快乐幸福的生命状态，向阳是少年儿童亲近党、了解党、热爱党、跟党走的志向。极其热烈的场面，淋漓尽致地表达了孩子们与党和祖国之间的情感。

　　尤其让人震撼的是，青年钢琴家沈文裕、三位钢琴少年和56个民族的少年儿童，用钢琴与合唱的形式，激情演唱了《我的祖国》，此时，合唱团的孩子们亮出手中的LED音符，组成一幅完整的中国地图。当孩子们唱到"这是强大的祖国，是我生长的地方，在这个辽阔的土地上，到处都有明媚的阳光……"时全场人热血沸腾了。孩子为祖国的强大感到无比自豪。有句话说得很贴切：今天的孩子，并未生长在和平的年代，而是生长在和平的国家！想想那些在炮火中失去家园的孩子，那些难民潮中，可怜逃难的孩子们，我们中国的孩子多么幸福！没有国，哪有家！没有和平的环境，哪有花儿的绽放？中国强则少年强！

　　整场晚会中，孩子们还欣赏到中华文化的魅力。民族乐器表演，国粹戏曲展示，情景魔术和中国功夫的神奇，以及少儿频道主持人与节奏部落人声乐团共同打造的纯人声音乐短剧《动物狂欢节》，每个节目都精彩纷呈，可谓万里挑一，让人惊叹不已。尤其是二胡演奏家陈军和女儿合奏的《赛马》，更显中国的特色。在马头琴的伴奏下，气势磅礴，催人奋进。

　　《鼓舞少年》也是一大创新，首次将中国功夫和中国传统鼓文化组合。90名中国功夫少年翻腾跳跃，用身体的各个部位敲响中国鼓，展示一系列武术绝活，让人不禁想到"少年强则中国强"的名句。

　　特别是，当著名京剧表演艺术家和数十名京剧小演员同台表演京剧经典唱段时，让人欣喜地看到中国传统文化薪火相传，后继有人。

这台富有中国特色的演出，让今天的孩子心中产生对中国传统文化的热爱，对祖国的热爱，对党的热爱。

晚会结束时，大屏幕上出现了"中国少年先锋队的队徽"。全场戴红领巾的少先队员敲着雄壮的队鼓，共同唱起中国少年先锋队队歌《我们是共产主义接班人》，把晚会引向高潮，充分表达了今天的少年儿童"花儿向阳开，从小跟党走"的热情与信心。

整台晚会，充分体现了总导演尹永斌的编导意图："我们要围绕少年儿童在党的阳光雨露哺育下快乐成长的核心主题，用春风化雨般的追求，润物细无声的表达，传达做人、立志、创造的道理。"

童年是不分国界的，"六一"儿童节也是世界各国小朋友的节日。

何谓"世界眼光"？

即：让中国孩子站在全球的角度看世界，拥有国际视野。

不久前，"一带一路"峰会在北京召开，中国"一带一路"的理念，将沿线国家连成一个整体，也增加了各国小朋友交流学习的机会。

这台"六一"晚会与时俱进，抓住良机，创造了中国孩子和世界小朋友手拉手的机会。

情景歌舞《丝路相连》，让中国、巴基斯坦、哈萨克斯坦、俄罗斯、意大利等"丝路"沿线国家的孩子，用不同的母语演唱了最具代表性的经典民歌。节目最后，不同国家、种族、肤色的少年儿童，用中文共同唱《同一首歌》，用歌声连接起他们心中和平友谊的"一带一路"。300多名不同年龄的青少年敲打着手中的杯子，演出了当今传唱度极高的歌曲《杯子歌》，体现了互爱互助的力量。

"一带一路"打开了中国连接世界的大门，对于今天的孩子意味着什么呢？意味着，他们将有更多的机会和各国小朋友交流、学习、玩耍，意味着他们长大之后，将手拉手，共同创造一个和平、美好、现代的世界，让花儿在世界各地开放，让童年美的梦想变成现实。

"花儿向阳开"不仅仅是今天中国孩子的梦想，也是全世界孩子的梦想！

特别的孩子需要特别的爱

爱孩子，是世界上最难的事。

孩子来到这个世界是用来爱的，可是如何去爱才是最适合孩子成长的爱呢？

有位科学家曾说："人类在探索太空、征服自然后，终将会发现自己还有一个更大的能力，那就是爱的力量。当这天来临时，人类的文明将迈向一个新纪元。"

那么这一天是否已经来临了呢？只能说，这一天，正在向我们走来。成千上万的父母，正在用自己的实践，体验"爱的力量"。

但是，真正懂得爱孩子，又何尝容易？

父母的爱，是博大的爱，会让孩子刻骨铭心。在爱的记忆中，有的爱，让孩子幸福，促进孩子成长；有的爱，却令孩子痛苦，阻碍孩子进步。

记得 20 年前，1996 年 7 月，我的第一本畅销书《写给年轻妈妈》，全书是围绕着一个"爱"字写的，分析了家庭教育中爱的误区，提出让孩子从小"学会关心学会爱"是做人的基石。全国妇联和中国妇女出版社开展了"年轻妈妈读书活动"，两年内发行了 240 万册，荣获中宣部"五个一"工程奖。

当 21 世纪来临时，2001 年 3 月，我又写了本《写给世纪父母》。在这本书中，我专门写了一章"真正的爱是什么"，提出"施爱八法"。即：用爱的目光注视孩子；用爱的微笑面对孩子；用爱的语言激励孩子；用爱的渴望调动孩子；用爱的细节感染孩子；用爱的管教约束孩子；用爱的胸怀包容孩子；把爱的机会还给孩子。此书发行了一百多万册，荣获"国家图书奖"。

2008年我写了爱的专著《卢勤谈如何爱孩子》。之后又出版了一套告诉系列《告诉孩子你真棒》《告诉世界我能行》《告诉自己太好了》《长大不容易》，等等。

二十年来我出的家教类图书中，始终没有离开过爱的主题。爱的教育，始终是从事家庭教育永恒的话题。

2016年，美国哈佛大学公布一份调查报告："什么样的人，最可能成为人生的赢家？" 调查跟踪了76年，调查了268名19岁的哈佛大学生成长的轨迹，结果表明：爱、温暖和亲密的关系，才是美好人生最重要的开场！

这个调查，引起教育界的极大关注。人生的幸福，不在于金钱和名利，而在于爱的关系。给孩子留下金山银山，不如给予一个孩子充满爱的生长环境，与孩子建立起爱、温暖和亲密的关系。

在北京开往苏州的高铁列车上，我拜读了来自大洋彼岸的留美妈妈晓霜用生命书写的书稿《孩子，我该怎样爱你》。心，瞬间被悸动，一句"特别的孩子需要特别的爱"一下子涌了出来。

晓霜的力作《孩子，我该怎样爱你》的出版，对"今天我们如何爱孩子"的社会热点的讨论，起到极其重要的作用。让我们看到什么才是真正的"爱"的力量！

晓霜有个特别的儿子，从小被医生诊断患有严重的"ADHD"（多动症），注意力非常不集中。这个诊断，对于拥有美国杜克大学法学博士、纽约华尔街国际律师事务所律师、加州科技公司高级经理众多头衔，成绩卓著的才女晓霜来说，无疑是沉重的打击。她的人生中经历了"如何去爱这个特别的孩子"的严重考验。

然而，她经受住了考验，她把母亲"特别的爱"，奉献给了自己"特别的孩子"。正是这神圣的母爱，让她的患有ADHD的孩子，成长为一个正常的人，一位出色的少年，并以优异的成绩考取了美国伯克利大学。在大学里，他爱好羽毛球，还是乐队的骨干，并热心公益活动。

晓霜对儿子"特别的爱"，究竟是什么呢？我认为她拥有了"四心"的爱。

一、"安心"的爱，承认差异，接受不同

"安心"是安稳的心，不急不躁。做母亲的必先要找出心的所在，然后才能够把它安放在安稳、安静而且能使自己感到安详、安慰的地方，孩子才能有安全感，才能按成长规律成长。所谓"女子安，天下安"，正是这个道理。

面对被医生诊断为"多动症"的儿子，让一个母亲"安心"是非常难做到的。

学前班的老师发现，晓霜的儿子注意力很不集中，便写信建议将儿子转回幼儿园。老师在信中说："您的儿子生日比较小，我建议您是否可以考虑让他回到幼儿园大班，再过一年来上学，也许他可以成为更出色的学生。"

晓霜无法接受这个现实，硬是让儿子上了小学，结果儿子极不适应，大大伤害了他的自尊心。事实证明：老师的建议是对的。

在一年级，最大的和最小的孩子相差几乎一年。生日小的孩子是比较吃亏的。新生儿期孩子的差异是按天算的；婴儿期孩子的差异是按月算的；幼儿期的孩子的差异是按季度算的；儿童半年的年龄差，也会在孩子的各种行为中表现出明显的差异。全国十大明星校长卓立校长提出忠告："6岁上学，不要抢跑。"抢跑了的孩子，在知识的学习上也许不比别人差，但在班里往往成了"小字辈儿"，总爱跟从比他大一点的孩子，或养成从众心理，缺乏创造性，缺乏领导或管理能力的培养。这样的缺失，往往需要很长一段时间才能显示出来，但感觉出来已经悔之晚矣。想想看，对于先天患有多动症的孩子来说，本来先天不足，再抢跑，对于孩子自信心的打击该有多大！

幸运的是，晓霜的悟性很好。她终于弄明白这个道理，很快意识到自己由于恐慌与焦虑带来的急于求成，对孩子是害，不是爱。后悔当初应该听从老师的建议，让儿子慢慢长。于是，她认真面对现实，了解了 ADHD

患儿的各种症状，及时从恐慌、焦虑和虚荣中走出来，把自己的心安放在安稳、安静，同时使自己感到安详、安慰的地方，全盘接受了儿子的现实。正是这颗母亲的"安心"最终成就了儿子。

长大不容易，成长有规律。走过了，才会明白。世界上没有什么后悔药，如果明白地走，会走得更好。

二、"耐心"的爱，耐心等待，静等花开

耐心是身在逆境中仍然心情平和的心，不厌烦，不急躁。可以帮助人长时期面对逆境，不退缩，不畏惧。

面对一个有病的孩子，对父母就是一种修炼。时时从学校老师口中，从医生口中传来的"坏消息"，对这个要强的妈妈来说，内心的压力是可想而知的。

但晓霜的内心是强大的，她接受了儿子"不写作业""考试不及格""打架出事""少年叛逆"，这些让所有父母都头疼的事情，探索着儿子成长的规律，耐心地培养孩子的生活习惯和学习习惯，默默地等待着孩子变化，哪怕只是一点点。

"梅花香自苦寒来。"终于，晓霜悟出一个真理：每个孩子都不同，如果你的孩子跟别的孩子不同，请不要放弃，耐心陪伴他们，做我们应该做的事情，然后让我们耐心等待，静等花开，相信咱们的孩子最终能够找到自己的人生之路。

"龙生九子，子子不同。"面对孩子的不同，母亲的耐心等待，换来的是孩子慢慢长大的时间，等来的是一个健康快乐的孩子。

三、"赏心"的爱，发现亮点，及时肯定

赏心是一颗有能力欣赏别人的心，能够欣赏到世间的甜、酸、辣、真、

善、美。人拥有一颗赏心，令世界更美好，肯定是人生一大乐事。母亲拥有一颗赏心，对孩子就是一种福分。尤其是对于特别的孩子，更需要这种特别的爱。晓霜身上有这种爱的能力，而这一切却来之不易。

获得父母的肯定，是所有孩子儿时的渴望。晓霜从小到大的记忆中，父母从来没有当面夸过自己。她和妹妹童年时代没有在父母身边长大，从小渴望得到父母认可的心态便是愈加强烈，而她没有得到，她幼小的心灵中充满挣扎、埋怨，甚至把所有的不安全感都归结于远离父母的童年。"年少的我是多么渴望父母能告诉我一声，'孩子，你真棒！'然而，在我的记忆中，这样的事情好像从来没有发生过。我曾经发誓要用不同的方式来抚养我的孩子，然而这种原生态家庭的生活模式却仍然深深地影响着我。"

初为人母，面对孩子种种不如意，晓霜充满焦虑和挫折感。她是儿子在上学时被诊断患有严重的注意力不集中、多动症（ADHD）后，才读到我的书《告诉孩子你真棒》。我的教育观念与她内心的渴望产生了强烈的共鸣，她很快接受了我书中的观点："其实，你的孩子和人家的孩子是不同的，就像天下没有一模一样的树叶一样，人间也没有一模一样的孩子。""教育孩子的目的就在于让'不同'孩子的潜能最大限度地发挥出来；孩子接受教育的目的，也是寻找'最真实的自己'。不必总让自己的孩子和'别人家'的孩子竞争，应该在乎的是你孩子的明天要比今天更棒！""你真棒！这句话就是开启孩子心灵宝藏的一把金钥匙。"

晓霜开始用欣赏的眼光去看待眼前这个"不一样的孩子"，结果，她果然发现了孩子身上与众不同的长处，当这些长处闪光的时候及时给孩子以鼓励，结果奇迹发生了！她的儿子找到自信，成绩一天比一天好，发生了"白天与黑夜"的转变，很多科目从小学的不及格到后来门门功课得 A，还担任了校羽毛球队队长，成为青少年交响乐队的骨干。他从中获得了快乐和自信，最终考入美国名牌大学。

晓霜从中感受到，每个孩子都不同，都有着自己天赋和秉性的不同，但他们每个人身上都有他闪光的东西。让我们去发现他们那些闪光的东西，去鼓励、帮助他们追求梦想。让他们有希望，有尊严地活在世上。不管他们今后将面对何种人生处境，让他们相信生活的美好和各种可能。

晓霜的感悟，很值得每一位父母借鉴。原生态家庭给自己身上留下的缺陷，不要在孩子身上重演，面对"特殊的孩子"，要用特别的爱，这种爱就是用爱的眼光去发现孩子，用爱的语言去鼓励孩子，孩子的潜能就迸发出来了！

四、"恒心"的爱，不怕反复，永不放弃

"恒心"，锁稳自己的目标，不论面对什么环境都始终如一，不会变更。

孩子人生的成长，不是短跑，是长跑。长跑需要的是恒心，持之以恒，不离不弃。

"特别的爱"，就是持久的爱，永不放弃的爱。晓霜同样拥有了这份爱。

她从关注孩子的病状，到关注孩子的成长；从焦虑、恐惧孩子的不足，到从容、鼓励孩子的闪光点；她一点点改变着他，认准自己的儿子一定会是个出色的男子汉，一步一个脚印，锲而不舍地努力，终于看到太阳的升起！

晓霜真诚地说："如果一切可以重来，我希望自己能够做一个更有耐心的妈妈，做一个更好的聆听者。我希望更早地告诉儿子，我爱他；告诉他，我从来不曾放弃过他，从不曾放弃过对他的爱，永远不会。"

这种"永不放弃"的爱，是难能可贵的。它会让在长跑路上奔跑的孩子，永远看到光明，看到希望，永远充满力量，最终跑到终点。

"恒心"的背后，站着一个巨人：信任。相信自己，是自信；相信别人，叫信任。信任有一种无穷的力量，对孩子心灵的成长，起着重要作用。信任是父母能够送给孩子最好的礼物。父母的信任不仅能带给孩子心灵的安全感，还能让孩子产生自信，让他拥有无穷的力量。当最亲密、最信任的人告诉孩子"我相信你"时，奇迹是会发生的。

晓霜用她不平凡的经历，解释了什么是"特别的爱"，那就是："安心"

的爱，"耐心"的爱，"赏心"的爱，"恒心"的爱。有了这四种爱的力量，不论孩子如何"特别"，他的人生都会精彩。

多么希望更多的父母能够读到晓霜这部力作《孩子，我该怎么爱你？》，这是一本难得的好书，是一种生命的思考和感悟。是一部志存高远，眼界开阔，面对世界，面对未来的书。晓霜让我惊奇，让我惊叹，让我深感生命的潜能是如此之巨大，生活是如此之美好。任何的孩子只要我们信任他，鼓励他，支持他，他的一生一定能精彩！

相信这本书，能够点燃天下父母生命的火炬，把自己燃烧得更加光明，然后交给我们的下一代。

关注留守儿童心灵的缺失

孩子的小宇宙里，装着许多小秘密。有的秘密是甜蜜的，有的秘密是苦涩的。孩子小的时候会把小秘密告诉父母，孩子大点的时候，会把小秘密告诉朋友，如果身边没有父母，没有朋友，那么孩子就会陷入烦恼甚至是痛苦之中。

在中国有一群特殊的孩子，叫留守儿童。当他们小小年纪正需要父母陪伴的时候，父母却离开他们，离开家乡外出打工了，他们大都跟着年迈的爷爷奶奶、姥姥姥爷长大。他们心灵的世界里缺少沟通，缺少亲情，更缺少安全感。如果不能及时弥补，到青春期时，会产生强烈的逆反。

近年来，国家十分关心留守儿童，采取了许多办法，温暖孩子们的心灵。2015年中央财政支持社会组织支持项目——"绿手环"少年儿童生命教育在留守儿童中间开展，我参加了这项教育活动。

2015年6月18日，我和知心姐姐团队来到江西兴国县埠头中心小学。讲完课后，我和鲁颖走进了六（1）班的教室，孩子们用好奇的眼光看着我们。

"你们有什么愿望想告诉知心姐姐吗？"我向孩子们发问。他们的父母长期在外打工，平时大多跟爷爷奶奶生活在一起。

"我希望爸爸妈妈早点回来！""我希望他们这次回来就不要再走了！""我希望爸爸妈妈就在家门口打工吧，不要离我那么远！"……孩子们七嘴八舌地说着。

"我想要，我想要……"一个女孩站起来，开始哽咽。

"慢慢说，你想要什么？"我轻轻地问。

"我从没过过生日，想要一个生日蛋糕。"她小声说。

"你多大了？"

"13 岁。"

"从来没有吃过生日蛋糕？"我惊讶地问。

"从来没有，奶奶只给弟弟买生日蛋糕、做生日面，我只是看。"说着，大滴大滴的泪水从她脸上淌下来。

我心一紧："你哪天过生日？"

"6 月 24 日是我的生日。"

"好！今年过生日，就让你吃到生日蛋糕！"说着，我拿出 100 元钱对同学们说："谁愿意在 6 月 24 日那天，买一个生日蛋糕拿到班里来？"

全班同学立刻把目光投向一个胖胖的男孩："他家做蛋糕的！"

男孩站了起来。我问他："太好了，你家蛋糕多少钱一个？"

"有大的，有小的。"男孩小声说。

"100 元钱能买多大的？"

"能买一个大的。"

"好，这 100 元钱给你，别忘了 6 月 24 日那天，从家里带一个大蛋糕来，全班给她过个生日，大家同意吗？"

"同意！"教室里响起掌声和笑声。

"这件事就由班长负责了。"

四个月后，我收到了女孩的来信。她在信里写道：

我想要一个生日蛋糕，不需要多大，和同学们说的一样，有家人，有祝福，有生日歌，有欢声笑语。那时我会许愿，爷爷奶奶眼里不再只有弟弟，爸爸妈妈能发大财。

我的生日是 6 月 24 日，我今年 13 岁。可是我从来没有过过生日，只有弟弟过生日的时候，我才知道原来过生日是这样的。我家住在偏僻的农村，家里只有爷爷奶奶、弟弟和我，爸爸妈妈只有在过年的时候才能见上。在家里我可是老大，所以家里所有的家务，我都得帮奶奶干。我不喜欢周末，因为只要一到周末，我有干不完的农活，而且还常常被骂，在一旁玩耍的弟弟每次只会笑话我。

我不喜欢放暑假，因为除了干活以外，还有让我特别难受的事情，奶奶总会做弟弟爱吃的。吃我最爱吃的西瓜时，家里的哥哥姐姐总是在，我要抢才能吃到嘴。而弟弟呢？奶奶总是拿了最大最好的给他。我和弟弟吵架了，我总是被打一顿，因为我是姐姐；我不可以和弟弟抢任何吃的，因为我是姐姐；我要让着弟弟，因为我是姐姐；我要干很多农活，因为我是姐姐……可我也是个孩子，可不可以让奶奶多关注我一些，在我生日的时候，给我做上一碗面条，哪怕记得也好。在生日那天，哪怕妈妈也给我打上一个电话，祝我生日快乐。

那些我从来没有对谁提起过，一直埋藏在我心底的最深处。

直到有一天，不是老师给我们上课，听说是北京来的知心姐姐，她和我们交流，让我们说出心里话。很多同学都说了，可我很害怕，怕我说出来会被同学们笑话。但是最后，我还是鼓起勇气，说了出来："我从来没有过过生日。"看着同学们诧异的表情和惊叹的语气，我眼泪不禁流出来了。知心姐姐开导我，还许诺给我送上蛋糕……

日子过得很快，6月24日，这个世界上只有我记得的日子，终于来到了。那天，我和往常一样去上学。第一节课上课时，只看到老师笑眯眯地走进来，同学们的脸上挂满了笑容。紧接着班长来了，对，没错，手里还端着生日蛋糕。此时，我听到老师和同学们异口同声地唱起了生日歌，"祝你生日快乐！祝邓芸生日快乐！"我的眼泪在眼眶里打转，那个蛋糕是属于我的生日蛋糕，只有我自己记得的生日，今天我被记起了！之后，老师和同学们纷纷给我送上生日祝福和礼物。同学们的礼物有自己用零花钱买的，有的是手工制作的……我想今天发生的一切足以让我终生难忘。

带着一天的感动我跑回家，想把这个好消息告诉奶奶。可是我没想到的是，奶奶早已坐在屋里等我了，见我走进来，奶奶站起来笑着说："芸芸，奶奶祝你生日快乐，老师来电话，都告诉我了。"只见桌子上有一碗热腾腾的生日面，我们谁也没有说话，我只是边哭边吃着面，我懂了，我都懂了。

我想和奶奶说，13年来我想要一个生日蛋糕，今天我的愿望实现了。今天我还许了个愿，就是好好学习，将来报答所有爱我的人。

邓芸的来信让我泪流满面，我立刻提笔给她写了回信：

"邓芸，有些爱是藏起来的。其实，奶奶是爱你的，妈妈是爱你的，老师同学都爱你。可你心里的秘密没有说出来，他们不知道。今天你说出来了，就得到了，所以爱是需要表达的。"

微信中传来几张照片：一张是全班同学在教室里给邓芸过生日，每个孩子的脸上都洋溢着幸福和快乐；一张是教室的黑板上写满了同学们的祝福——"邓芸，祝你生日快乐！""邓芸，我希望你天天快乐！""祝邓芸天天开心！"；一张是同学们送给邓芸的礼物，有机器猫卡通娃娃，有小白兔玩具，有漂亮的生日礼盒，有好看的书籍；一张是"知心姐姐"送的生日蛋糕，蛋糕很大，有两层水果，看上去很诱人；最后一张是邓芸过生日的现场，两位女生正和邓芸一起给同学们分生日蛋糕。我没亲自到现场，可是通过这些照片我已经感受到浓浓的爱，深深的情。

兴国县一位县委领导听说了这件事，感慨地说："一个蛋糕改变了一个孩子的命运。"

我觉得，是这个孩子真情的表达，感动了她的伙伴，改善了她与伙伴的关系；是这个团队的友爱，改变了她的命运，让她看到自己存在的价值。

邓芸的奶奶并不是不爱她，而是当自己儿女都不在身边，奶奶就把孙女当成一个大人，忘记她还是一个孩子。女孩也需要爱，也需要生日的时候有人想着她，让她吃到生日蛋糕，吃到生日面，奶奶只顾弟弟而遗忘了她。我想如果我们不去他们班，邓芸没机会表达，奶奶可能永远不会知道，孙女也要过生日！那这个孤独的女孩会把这个愿望深深地埋在心底，成为童年永远的遗憾！

那么别的孩子呢？他们幼小的心灵里还有什么样的小秘密，还有什么样的缺失需要关注呢？对于这样一群特殊的孩子，我们每一个人都要给予他们更细腻的关心，不要让他们的童年留下遗憾。

第二章 "悦"讲堂
历练孩子，充实自己

第一主题：三种孝心的力量

第一讲：孝心，让孩子勇于担当

百善孝为先，孝心是子女对父母的反哺之心，是千百年来中国社会维系家庭关系的道德准则，也是中华民族的传统美德。元代郭居敬把古代二十四个孝子的故事编成了一本《二十四孝》，其中有很多故事都表现出孝心感天动地的伟大力量。

大家非常熟悉的《哭竹生笋》讲的就是，三国的时候，孟宗孝母的故事。孟宗少年亡父，母亲年老多病，大夫嘱咐他用鲜竹笋做汤给母亲吃。但当时正值严冬，根本找不到鲜竹笋，孟宗自己跑到了竹林里抱着竹子哭泣。过了一会儿，他突然听到大地裂开的声音，只见地里长出了很多鲜竹笋。孟宗非常高兴，赶紧挖了竹笋回家做汤，他的母亲喝了以后果然大病痊愈了。

为什么孝心有这么大的力量呢？

因为，孝心是一种正能量，它连接着亲情的关系，让世代繁衍，也让社会发展，如今这种能量正发挥着越来越大的力量。

有一部反映孝心的电影叫《小棉袄》，我看了多次流下了热泪。电影主人公的原型叫段红艳，是一个女孩儿。这个女孩出生在陕西榆林的一户贫苦农民之家。出生以后，她妈妈因为类风湿关节炎导致全身瘫痪；3岁的时候，她的爸爸又因为视网膜脱落双目失明了。小红艳就扛起了照顾父母的重任，成了妈妈的拐杖，爸爸的眼睛，爸爸妈妈的贴心小棉袄。这种特殊的生活经历，使小红艳形成了优秀的道德品质。她学习非常好，而且积极帮助其他困难家庭的同学，力所能及地回报社会，引起了全社会的关注，被评为"全国十佳美德少年"。这个影片如果有机会能看到，我希望爸爸妈妈和孩子一起去看，真的很感人。

近几年，有很多社会新闻是关于青少年自杀的。有一个女孩要自杀，后来她放弃了。找我谈心的时候我就问她，你为什么没自杀？她说，我在那一刹那忽然想起我妈生我养我不容易。我忽然觉得，孩子懂得父母生育的不容易，真的很重要。所以父母爱孩子，不能一味溺爱孩子，更不能粗暴地打骂孩子，而要用博大的胸怀去爱孩子，感动孩子，唤醒孩子对生命的敬畏，对生命的尊重。其实，对母亲的爱就是最珍重的生命的爱。

我觉得孝心产生于付出，付出得越多，爱得越深。因为，孝心本身就是一种责任，付出的人才懂得什么叫责任，只有真正负起责任的人才能体味人生什么是真正的幸福和价值。过去老说一句话，穷人家的孩子早当家，为什么呢？因为孩子从小就承担了家庭的责任，这样的孩子长大之后能够照顾父母，哪怕他身体不好或者有病。

我认识一个孩子，这个孩子真是让我很感动，她也被中央电视台评为"最美孝心少年"，她叫黄凤。黄凤6岁的时候，爸爸因为意外摔伤了，高位截瘫，大小便都不能自理，吃饭、穿衣、翻身都要依靠别人。面对卧床不起的丈夫和双目失明的婆婆，黄凤的妈妈选择了离开，当时黄凤擦干眼泪对爸爸说："妈妈走了，我就是妈妈，我来照顾你的一生。"从此，年仅6岁的黄凤成了爸爸和奶奶唯一的依靠。

每天天刚蒙蒙亮，黄凤就已经起床，为爸爸擦洗身子，换尿片，每次给爸爸翻身都是不小的挑战，因为她个儿很小，只能抓住爸爸的胳膊，用头顶着爸爸的背向后转才能挪动一点点。在黄凤精心的照顾之下，卧床多年的爸爸从来没有生过褥疮。在照顾爸爸的同时，黄凤没有放弃学业，每天午休成了她一天最忙碌的时候，洗衣服、做午饭，忙完又一路狂奔地跑回学校上课。临近中考的时候，黄凤要上晚自习，回到家已经是晚上10点多了，她还要给父亲翻身、擦背、洗衣服，一切收拾妥当已经是深夜11点钟了。

有一次，黄凤在课堂上晕倒了，老师想给她爸爸打电话，黄凤坚决不让。她特别怕让爸爸操心，在她的心里是爸爸支撑了这个家，有爸爸在这个家就不会散，她就有动力把家照顾好。所以，她每天风里来雨里去，从来没叫过苦。2008 年的时候，黄凤已经 11 岁了，她听说上海有一家大医院能治好爸爸的病，就推着 400 斤的板车，带着课本和家里仅有的 27 块钱，领着失明的奶奶把爸爸推到了 400 公里以外的上海。黄凤是非常瘦小的，她推着车在上海的大街小巷，一边乞讨，一边找医院，累了就坐在路边看课本，晚上就在桥洞底下休息，一个馒头就是全家一天的伙食，好不容易来到医院，医院却告诉黄凤，她爸爸的病治不好。坚强的黄凤没有放弃，一家不行就换另一家，黄凤的孝心感动了大家，有人将黄凤推着爸爸看病的视频发到了网上，很多好心人看了纷纷献出了爱心。大家捐了很多钱，她爸爸想把这个捐款留下来给黄凤上大学用，而黄凤坚决用这笔钱给爸爸看病。当选为"最美孝心少年"以后，黄凤得到了一家公益基金的援助，终于盼到了属于自己的一片晴天。

一个孩子在父母的抚育下长大成人，然后用心去照顾年迈的父母。这就是生活，这就是责任，这就是一个人成长的历史。

电影《唐山大地震》为什么让观众潸然泪下？我想就是因为儿女和母亲之间的那种情感和理解。唐山地震仅仅 23 秒，但是带来的却是母亲和女儿之间 32 年的误会，当地震发生的时候，她父亲为了救自己的妻子，自己死去，当时妈妈看到石板下压着的两个孩子，一个小姐姐，一个小弟弟，妈妈找了几个人救孩子，来人看了看说："只能救一个，你救哪一个？""都要。""人家说不可能，只能救一个，你快决定吧，要不然两个都救不起来了。"就在这时候，妈妈想到刚刚死去的丈夫，说了句："那救弟弟吧。"女儿听到了流下了伤心的眼泪。弟弟被救出来了，失去了一条胳膊，妈妈抱着女儿的尸体放声大哭："妈妈对不起你，妈妈实在是没有办法呀。"妈妈把女儿的尸体放到了尸体堆里，一场大雨过后，女儿奇迹般地活了下来，被两个军人收养，长大后进了医学院，成绩优秀。女儿因为和研究生要好，不幸怀了孩子，可是那个研究生很不负责任，女儿毅然退学，悄悄生下了孩子，靠给别人当家教养活孩子，后来远嫁到加拿大。

汶川地震发生之后，她回国去救灾，在救灾现场巧遇了她的弟弟，俩人一起回到了家，妈妈在厨房做饭没出来，只说了一句："先进屋吧。"女儿进屋一看，墙上挂着自己和爸爸的遗像，桌上有一盆西红柿，女儿忘不了，地震那天晚上，家里只有一个西红柿，女儿想吃，妈妈说留给弟弟，那是她双胞胎弟弟呀！女儿从此怀恨在心，没想到这也成了妈妈心中最大的痛，用一盆西红柿迎接远来的女儿。一会儿妈妈进来了，扑通跪下了，"我给你跪下好不好？我实在是没有办法呀。"她说："我问你，既然你活着，为什么不回家？我等了你整整32年呀！"女儿来到墓地惊呆了，木盒里全是课本。弟弟说："每次开学，妈妈都拿两份课本，给你留一份，我给妈买的新房都不去住。说守在老房子里，怕你和爸爸的灵魂回来找不到家。"女儿放声大哭："妈妈对不起，实在是对不起呀！"妈妈只说了一句话："没了，才知道什么叫没了。"

很多人流下了热泪，为母女32年误会的痛苦而感动流泪，也为32年误会的解除而感到欣慰。但是人生有多少32年？因为误解让多少人在痛苦中煎熬，但是理解一个人又何尝容易。

我曾经看一篇小文，一个60岁的女教授退休了，不幸患了脑癌晚期，儿女从国外回来跟医生说救救我妈妈吧，医生说手术没有任何意义。一天教授敲响了医生的门，"我要求手术"。医生说："那会很痛苦，而且没有意义。""我知道，如果我现在死去，我的孩子会很痛苦，如果能手术，他们还有一线希望，我不希望我的孩子现在就绝望。"医生被最后的母爱深深感动了，为她做了手术，手术是成功的，但是没有意义。这个从来没有麻烦过儿女的老人开始麻烦她的孩子，一会儿要求翻身，一会儿要求讲故事，一会儿要起了小孩子脾气。她悄悄地跟医生说："我就要麻烦他们，让他们有机会为我尽力，等我死了以后，他们心里会好受一点。"不久老人去世了，她的儿女很痛苦，但是她们心里真的有一种安慰，因为他们终于有机会尽孝了。

看到这个故事，我就想起了我自己，30岁回到北京，妈妈已经很辛苦了，给我哥哥姐姐看过孩子。可是我的儿子当时才几个月，不能送幼儿园，我妈帮我看了一年多才送幼儿园全托。我多想陪我妈去玩，可我一直没有时间，有一天电视台来我家拍电视，我把我妈接来了，我妈在我有阳光的房子睡个午觉，醒来说："好暖和呀！"

我妈睡的房子是一楼拆迁房，没阳光。我当时就下决心，好好工作，挣了钱买个阳光灿烂的大房子，给我妈接来，让她享受阳光。可是，当我买了房子的时候，我妈已经不在了。古人云："树欲静而风不止，子欲养而亲不待。"

妈妈临终前住进协和医院，我们姐妹四人轮流护理。每当我值班时，我都尽心尽力。听人说，老人躺久了会得褥疮，如果把鸡蛋里那层薄膜撕下来，贴在疮口上，就不容易感染。于是，我一大早去早市，买来鸡蛋，一张张撕下薄膜，贴在妈妈的褥疮上。医生护士都说，你女儿多孝顺呀，妈妈只笑笑什么都没说，任凭我的摆布。妈妈去世了，我的心里很痛苦，但我内心真的有一种安慰，因为我终于有机会尽力。

给孩子一个机会，让他去尽力爱他的妈妈，爱他的爸爸，那对他来说人生才不会后悔，才会感受幸福和快乐。其实亲子之间最重要的是什么？就是彼此的了解和相互的一种牵挂。这种牵挂每个家庭都发生过，在我的内心里真的感觉到，其实孩子牵挂妈妈，妈妈牵挂孩子，是很让人难忘的事情。我记得我曾经看了儿子上小学写的一篇日记，上面是这样写的：

妈妈已经出差两个星期了，我真希望妈妈快点回来，今天妈妈能不能回来呢？我一边放学一边想，不知不觉走过了车站，当我醒过来已经走过去了一大截了。车快到家了，我充满信心地想，妈妈一定回来了。下车以后我在心里默默地说，妈妈你快点回来吧，越接近家门口我越紧张，手里捏得出了汗。我抬头往家的窗口一看，没有亮灯，我的心顿时凉了一大截，可是我又一想，可能妈妈太累了在睡觉，我轻声上了楼，到了门口我几乎屏住了呼吸，心里一直嘀咕，我打开门看见厨房灯亮着，我想爸爸每天六点回来，现在才五点，一定是妈妈回来了。我跑去厨房，一看果然是妈妈，我高兴得不知道说什么才好，今天我算没白盼。

看到这篇日记的时候，我已经年过六旬了，可是我还是忍不住流下了眼泪，那一刻我读懂了儿子，想想儿子上学的时候，我常常出差，有时候把孩子一个人留在家里，没想到他是那么期盼妈妈早点回家。在一个 11 岁孩子情感的世界里，已经懂得了对亲人的思念与牵挂，人们常说："儿行千里母担忧，母行万里儿不愁。"可是亲子之间的思念与牵挂是与生俱来的，不能割舍，世上没有任何一种关系能像亲子那样亲密，那是血缘关系，别人代替不了。思念和牵挂常常在小孩和老人中表现得最强烈，人年轻的时候因为忙于工作常常会忘家，就像当年血气方刚的我们去边疆插队，义无反顾地，无忧无虑地走了。忙起来连封家信都顾不上写，而那一端，年迈的母亲牵肠挂肚地盼着每日能够有一封信寄过来。为什么一首《常回家看看》让我们这一代人泪流满面，因为当年我们这一代人上山下乡，当兵流血的，对自己父母关照得太少了。

还记得 1993 年我 87 岁的老父亲到了弥留之际，临终之时，他已经不能说话了，可他的手一直不停地在指着天空，我大姐守在他身边，不明白他的意思，望着父母期盼的目光，我忽然明白了，父亲是在问我：你大哥的飞机怎么还没到啊？我大哥去了美国多年，每两年才回来探亲一次，头年刚刚回来，这一年不能再回来了。我趴在父亲耳边轻声说："爸，大哥赶不回来了。"父亲用笔写了模模糊糊几个字："我就想他！"几个小时后，他永远闭上了眼睛。

大哥从大洋彼岸回家探亲时，听到这个情景，哭了。这便是父亲对儿子的牵挂。

原全国妇联书记处书记，我最敬重的（黄启璪）大姐，生前一直顽强地与癌症抗争着。她的女儿，我的好朋友李皓说，她母亲临终之前时常睁着眼睛仰望天空，静静等着，直到有那么一天，小女儿从国外回来了，她安详地躺在了女儿的怀里，最后她含着微笑走了。这便是母亲对儿女的牵挂。

珍惜亲子间用血肉凝成的关系吧，远走高飞的孩子要常回家看看年迈的父母，生命比金钱重要，不要等钱攒够了，买了好多吃的再回去孝敬父母，那时候再好吃的东西他们也吃不动了，他们没有几颗牙了；不要等他们卧床不起的时候才回家看看，也许你赶到的时候，是和他们临终道别了。

珍惜亲子间用生命凝成的关系吧，年轻的父母不要为了多挣钱外出打工，出国留学，把年幼的孩子放在家里而不顾。在孩子幼小的心灵里，任何的关心都代替不了父母的关心，任何的物质都弥补不了亲情的缺失。回家看看吧，看看自己的孩子，别让他们等妈妈等爸爸等得那么苦。回家看看吧，看看自己的老人，不要让他们在临终的时候眼巴巴地等你回来。

父母真爱孩子，就要把孝心留给孩子。孝敬我们的父母，孝敬我们的婆婆，孝敬我们的公公，孝敬一切抚育我们成长的人。其实对老人的孝心不仅是看看他们，给点钱，更重要的是听他们说话，老人非常需要倾听，一肚子话想跟自己孩子说，孩子没时间坐下来听。所以老人是一本书，我希望我们所有的父母珍惜这本书，先把自己的老人的书读好，把自己的书写好，传给你的孩子，这是人生最有价值的礼物，也是把孩子培养成国家财富的最重要的教材了。

第二讲：孝心，让儿女学会分享

中华传统美德的传承，离不开实践。孩子只有在社会实践的体验中，获得了切身的感悟，才能将美德融化为精神成长的营养，成为人生中最宝贵的财富。

习近平总书记对全国少年儿童说："世界上最难的事情，就是怎样做人，怎样做一个好人。要做一个好人，就要有品德，有知识，有责任，要坚持品德为先。你们现在是小树苗，品德的养成要有丰富的营养、肥沃的土地，这样才能茁壮成长。现在，把自己的品德培养得越好，将来人就做得越好。要学习做人的准则，就要学习和继承中华民族的传统美德，学习和弘扬社会主义新风尚，热爱生活，懂得感恩，与人为善，明理诚信，争当学习和实践社会主义核心价值观的小模范。"

如果说，人生是一棵大树，"做人"就是大树的根，根深才能叶茂。传统美德就是滋养根的丰富营养；父母的榜样，就是养育根的肥沃土壤。而真正要成为参天大树，归根结底，要靠树自己吸纳营养。

与人为善、助人为乐、孝敬老人，是中华传统美德中的精华，是培养孩子做人不可或缺的营养。怎么让孩子真正接受呢？那就要让孩子在自己学做人的实践中，真正体验到善有善报，体验到助人的快乐，体验到敬老的责任。

我家的家风是分享，回想一下，分享的家风是怎样一代一代人传承下来的呢？

爱是一个口袋，往里装得到的是满足感，往外拿得到的是成就感和幸福感。所以，在分享中长大的孩子爱人爱己，在独享中长大的孩子自私冷漠。

父母要给孩子"分"的机会，同时要去享受孩子"分"的快乐与幸福。

我家有六个兄弟姐妹，妈妈教我们分享的办法十分简单，就是一句话："给妈咬一口！"每次买冰棍，我妈买六根，不给自己买。但她会要求每个孩子都给妈妈咬一口。那时候，我哥哥姐姐都很主动，我排行老五，每次都躲在后面，希望妈妈咬一小口，最好一口都不咬，可我妈每次都"狠心"地咬一大口。后来大家都习惯了，如果妈妈没咬一口，就觉得没法吃。长大后，家里不管有什么好吃的，大家首先会问一句："我妈呢？"好像妈妈没吃到，这东西就没那么好吃似的。

记得妈妈临终时，最想吃两样东西——豆汁和柿子。我们跑遍全北京，终于在隆福寺买到了豆汁。我妈喝了一口说："真好喝。"妈妈的话让我特别有成就感。

可是柿子怎么也买不到，我姐就买了两个橙子说："妈，这是柿子。"

我妈尝了尝说："这年头柿子都变味儿了。"

有一天，我到柳斌主任家送请柬，他的爱人从早市回来，买了好多小柿子。我要了六个，直奔医院送到妈妈手里。我妈尝了尝说："这个味道对了。"我当时心里热热的，眼泪不知不觉流了下来。三天之后，妈妈过世了，她终于吃到了小时候爱吃的东西，我们心里也没有留下遗憾。

长大了才明白，小时候家里虽然不富裕，但三分钱五分钱一根的冰棍儿还是买得起的，那么妈妈为什么不给自己买一根，而是让孩子每人"给妈妈咬一口"呢？原来，这是让我们从小舍得分享，而且体验到分享的快乐，心中有妈妈。

我妈妈有一个抽屉一直锁着，钥匙放在她自己兜里，我们谁也不知道她藏了什么。妈妈去世之后，我们打开抽屉一看，里面没有一分钱，只有一个小本子，上面密密麻麻地写着儿孙们出生的详细时间，这就是妈妈的存折，她全部的遗产。

在这个小本子后面，还有一个清单，上面列着：沙发谁买的，立柜谁买的，桌子谁买的，凳子谁买的……后面有一句话："我走以后，谁的东西谁拿走。"

妈妈一生最大的财富就是她的六个孩子，我们从小在爱和分享中长大，又把爱和分享传给了我们的儿孙。至今为止，我们兄弟姐妹从没吵过架，谁有好吃的一定要送到各家去。所以，我们的孩子也学会了分享。当孩子学会分享，其实也学会了快乐。

儿子出生了，我当了妈妈，也把"分享"请进了我的小家。儿子从小就在"分享"的氛围中长大。

儿子第一次跟我分享是在他上幼儿园时，有次"六一"表演节目，老师给每个孩子发了两块巧克力，儿子腾地站起来，跑到我身边，说："妈妈，分你一块。"

我说："好！"一张嘴就吃掉了那块巧克力，儿子很得意地跑回自己的座位。坐在身旁的一位家长很羡慕地说："你多幸福啊，瞧我儿子，两块都吃了，瞅都没瞅我一眼。"

"这是习惯，独享和分享都是从小培养的啊。"我笑着说。

在我的大家庭里也充满了分享。有一次，四岁的儿子悄悄跟我说，他发现了一个秘密："晚回来的人最好。"

"为什么啊？"

"因为爷爷总是把最好的留到最后，我问爷爷为什么，爷爷说，你妈妈还没回来呢，你大姨还没回来呢，要留给她们一份。而最晚回来的人，就能得到最后最好的那份儿。"

儿子还发现家里的男性经常做饭，于是，他每天都守着看爷爷怎么做饭。

有人问他："你在看什么呀？"

他一本正经地回答："我得学会做饭了，将来当了爸爸，在家得做饭啊。因为我爷爷做饭，我爸爸也做饭。"

五年级的一天，我在报社加班，儿子给我打电话，让我早点回家吃饭。我说："好。"可那天我加班，很晚才到家。

回到家的时候，儿子已经睡了。我妈说："你儿子真没白疼，他今天跟爷爷学炒虾仁，炒好了就给你打电话。后来他等不及了，就把那些小个的、不好看的自己吃了，把最大的都留给了你。"我含着泪吃了儿子第一次炒的虾，真好吃！

冬天家里很冷，有一次我下班回家很晚发现儿子已经睡了。而我的床上多了一床被子，被子上夹了一张纸条："妈妈，天气冷了，我把被子从上面的柜子里找出来了，你盖上就暖和了。"

我鼻子一酸，再看儿子，他自己的被子上面只加了一床棉絮，原来他只找到一床被子，让给我盖了，而他自己盖了一床棉絮。这时，我的泪水再也控制不住，滚落下来。

现在，我们和儿子一家住在一个小区，经常吃到儿子做的美食，一大家人每天其乐融融，幸福无比。

六年前，孙子出生了，我们又把"爱"请进了他小小的心门。孙子出生后，在他刚能听懂话时，我就常跟他说："给奶奶。"每天一进门就说："给奶奶。"

他手里有什么就给我什么。有一次什么都没有，他就抓了一把空气给了我，我也照收不误。

孙子三岁时，一家人开车出门，他坐在后面问我："奶奶你吃口香糖吗？"

其实，我不吃口香糖，但他问我，我就回答说："吃呀。"于是，他把手中的口香糖分给我一块。

第二次，他又问我："奶奶你吃口香糖吗？"

我说："奶奶今天不能吃口香糖，因为今天没带水。吃口香糖不喝水，奶奶会牙疼。"

第三次，他想给我口香糖，就问："奶奶你带水了吗？"

我说："没有。"

他就很认真地说："那奶奶你不能吃口香糖了。"

我当时很感动，一个三岁孩子就会考虑你需要什么。永远不要小看孩子，当生活给了他点点滴滴正面的影响，他们会将这些影响一点一滴地展示出来。

孙子四岁时，我带他去参加夏令营，住宿在大山里。山里的朋友用树枝给我做了一根拐杖，上下山方便走路。本想把这根拐杖带回北京，可走时忘了拿。回到家，我无意中念叨："可惜我那树枝做的拐杖了，多好用呀！"

有一天傍晚，孙子和妈妈去小区公园玩，突然给我打来电话："奶奶，我给你找到一根拐杖。"

"真的吗？太好了！我正缺一根拐杖呢！"我兴奋地回答。

不大一会儿，孙子回来了，手里拿了一根树枝："奶奶，给你拐杖，我在公园捡的！"

我仔细一看，一根笨重的树枝，样子有点难看，可我还是高兴地说："好，好，我孙子老想着我，谢谢！奶奶正需要呢！"

孙子走后，我觉得这树枝放在门厅不大好看，就放到阳台上了。

过了几天，孙子一进门就问："奶奶，我给你的拐杖呢？"

我心里有些惭愧，孙子给我的不是一根拐杖，而是一份关爱。我连忙说：

"奶奶收起来了，怕丢了！"

在孩子眼中，那根树枝并不难看，那是奶奶的拐杖呀！他心里有奶奶，拐杖也变得有爱了。可我还有点"以貌取棍"，这是孙子的一颗心呀！

当一个人有好东西都想到别人，你说他会不幸福吗？这种分享是从小养成的习惯，当孩子在分享中感受到快乐时，他的一生都会是幸福的。

现在很多孩子都是由老人带大的，我看到过很多次，老人们都是看着孩子吃。最常听到的对话是这样的：

"宝宝吃，爱吃什么，奶奶给你买。"

"奶奶你也吃。"

"奶奶不爱吃，奶奶最爱看孙子吃。"

于是，奶奶永远成了"参观团"。以后奶奶想吃的时候，孩子也不会想到要给奶奶吃一口了。

在学校里，我很多次问过孩子们同样的问题："爸爸妈妈最爱吃什么？"一个小男孩的回答让我印象深刻，他站起来大声说："我爸最爱吃我的剩饭。"

我跟父母们说，不要当着孩子的面吃他们的剩饭，吃习惯了，你就成吃剩饭的了。当孩子给你东西时，不要不接受。只要是给你的，就欣然收下。因为那一刻，孩子脸上会洋溢着满足感和发自内心的微笑。其实，分享就是这么简单。

一份快乐，两个人分享，就变成两份快乐。一个烦恼，两个人分享，就变成半个烦恼。一个人懂得这个道理，那他一定会是生活中的智者和幸福的人。

有人"分"就要有人"享"，享受分的人必须学会感恩，分的人才有成就感。作为父母，要学会九个字：爱孩子，用孩子，夸孩子，一样不能少！

有个男孩对我说，晚上在家写作业，爸妈在旁边看电视。我想他俩多渴呀！于是，倒了两杯茶："爸妈，喝茶！"我以为他俩会多高兴呢，没想到，他俩把脸一沉，一起说："别借着倒茶出来看电视，知道你是黄鼠狼给鸡拜年没安好心！去去去，念书去，考100分比什么都强！"

男孩委屈地说："再给他俩倒茶，我就不是人！"

你看，孩子孝敬父母的传统美德就这样被不文明的父母粗暴地断送了。

父母怎样让孩子拥有责任感，我送父母两句话：第一句，享受你的儿子，对儿子说："有儿子没儿子就是不一样！"第二句，欣赏你的女儿，对女儿说："有个女儿真好！"

孩子在充满爱的土地中生长，才能懂得什么是传统美德，自觉传承传统美德，成为一个有爱心、有品德、有责任、顶天立地的人！

第三讲：孝心，让孩子拥有强大的内心

人们常说："少年强，则国强。"

少年怎么强？身体要强，能力要强，内心更要强。

中央电视台大型公益活动"众里寻你"——2017 寻找最美孝心少年，已经连续举办五届。每年推出的"最美孝心少年"的事迹，我都会认真看，每一次都会被这些孝敬长辈、为家庭排忧解难、代父母担当家庭责任、自强不息、阳光向上、奋发有为的孝心少年楷模的动人事迹深深感动。

感谢中央电视台主创团队的记者，每年跋涉上万公里，足迹遍布海拔4000 米以上的高原和交通不便的大山深处，用自己的汗水和心血，寻找到这些最美孝心少年，为他们拍摄下一个个感人至深的人物短片，用镜头生动地记录了孩子们不畏艰难困苦践行孝心，以乐观的心态和稚嫩的肩膀扛起全家的希望的顽强精神。

然而，当今在独享和溺爱中长大的孩子，内心变得脆弱，经不起风雨，受不了挫折，扛不住事儿。考试分数不佳或没考上理想的学校便跳楼自杀，听了几句批评，受了点委屈，便离家出走，遇到一点点挫折与失败，便一蹶不振，畏缩不前，交友不顺，人际关系紧张，便不想上学，甚至患上抑郁症……这一切表明这些孩子内心不强大。在家庭教育中，过高的期望带来的是孩子的无望，过度的保护带来的是无能，过分的溺爱带来的是无情。

面对这样的现状，父母焦虑，孩子痛苦，社会在反思：究竟怎样才能使孩子变得强大？

2017 年，中央电视台推出"最美孝心少年"的事迹，为我们揭示了一个真理：孝心和爱心，会使孩子内心变得强大。

一、内心强大的人，在逆境中，会寻找希望，告别绝望

而孝心，给予人的正是最美好的希望，使人在黑暗中看到光明，相信阳光总在风雨后。

人的一生并不是坦途，每个人都会经历难事。用什么去解决这些难事？用什么力量去度过这些障碍？希望！

我们孝心好少年，小小年纪，就经历了人生的磨难，正是"孝心"，让他们坚强地活下来，并帮助他们战胜了苦难。

黑龙江 13 岁女孩马芯洋的爸爸出了车祸，没能醒过来，变成了植物人，"把爸爸唤醒"，成了芯洋心中最美的希望。她帮助妈妈挑起生活的重担，用最好的方法安慰妈妈，她每天早起为爸妈做早饭，给爸爸熬粥，做流食，喂爸爸吃，她帮助妈妈把爸爸从床上抱到轮椅上坐一坐，把爸爸的床单、衣服全部换掉清洗干净。

每天，她还要帮爸爸洗脚、按摩，不断刺激爸爸的脚部神经，虽然爸爸至今还没有醒来，可芯洋相信：爸爸一定会醒来！

贵州省毕节市七星关区阿市乡头庄村 14 岁少年王泽盼，有一个先天肢体残疾、驼背不能走路的姐姐。2007 年，姐姐到了该读书的年纪，可不幸的是，父亲在一次意外中身亡，母亲只能出去打工，姐姐没有办法去上学，可姐姐多想去读书呀！泽盼为了帮助姐姐实现愿望，泽盼决定背着姐姐去上学。一背就是好几年！泽盼用他稚嫩的双肩，承担起照顾姐姐的重任，每天背着姐姐去上学，从没让姐姐落下一门功课。支撑泽盼的，正是他那颗爱姐姐的心。

宁夏 14 岁女孩柯原的一家，生活在一个小村庄里，父母开了一家小凉

皮店维持生活。柯原的妈妈一辈子生活在大山里，上学是曾经心里最深的渴望，柯原为了实现妈妈的渴望，一有时间就会教妈妈认字，给妈妈读书，看到妈妈为了给自己多攒些学费，省吃俭用，柯原很心疼，就想办法自己挣学费。放暑假，城里的孩子去旅游、度假，柯原却凌晨三四点起床，带上干粮到四五十里以外的枸杞种植基地，摘一斤枸杞就能挣一块多钱的手工费。蚊虫叮咬，太阳暴晒，尖刺扎破手，她都不在意，她只想多挣些钱上学用，将来有机会要带妈妈到外面的世界看一看。

17岁四川女孩杨小婷，10岁时得了白血病，从此以医院为家，坚强的小婷从未放弃过对生命的渴望，她积极面对病魔，2013年杨小婷病情复发，这时父母生下弟弟，没想到弟弟2岁时也查出白血病，从此，杨小婷主动挑起家庭的重担，买菜做饭她全干，母亲带弟弟去医院看病的日子，小婷做好饭菜放进保温桶送进医院，她还为医院贫困小伙伴捐款。她最大的希望是能继续学习，学到真本领，成为一个有益于家和社会的人。

你看，"孝心"就有这样伟大的力量，让十几岁的少年用自己的双肩担起家庭的重担！正因为他们爱爸爸、爱妈妈、爱姐姐、爱弟弟，也爱自己，才克服了常人无法克服的困难。他们心中有希望。

正如清代诗人郑板桥在《竹石》中所写："咬定青山不放松，立根原在破岩中。千磨万击还坚劲，任尔东西南北风。"竹子牢牢咬定青山，把根深深地扎在破裂的岩石中，经受了千万种磨难打击，它还是那样坚韧挺拔，不管哪个方向的风，都不能把它吹倒，不能让它屈服。我们最美孝心好少年，不正如那岩石中的竹子那么坚韧吗？

二、内心强大的人，会激发潜能，战胜不可能

从小到大，我们给自己的孩子设过太多的限制，这个不可能，那个做不到。其实"每个人都有无限可能！"

孝心，正拥有这种特殊的能量，在"不可能"的势态下，让孩子的潜

能被唤醒，表现出无限的可能。

几年前，重庆市巫溪县 10 岁女孩李升玫和 12 岁哥哥李升财的爸爸，在干活时从高处跌落，造成脑、腿严重受伤，失去了劳动能力。更不幸的是，妈妈不久也离开了这个家。兄妹俩没有退缩，他们勇敢地担起照顾爸爸的责任，为挣钱养家，暑假中，卖了一百多个陀螺，攒下将近一千元。兄妹俩没花一分钱，而是买了一台冰箱。让爸爸在烟台卖烟时，再卖点矿泉水。孝心，让兄妹俩为家庭找到一条生路。

河南南阳 12 岁的李家帮，是个收养来的孩子，全家三口人，奶奶因眼疾失去视力，父亲股骨头坏死，丧失了劳动能力，只能拄双拐行走。从此，李家帮成了"奶奶的眼睛""爸爸的腿"，他撑起这个家。周末从学校回来，他都要上山拾柴，下地担菜，挑好水，准备好下周奶奶、爸爸生活所需。种菜、做饭、喂猪、针线活他全部不在话下，他说得好——"生的不如养的亲"，他会用自己的能力养活父亲和奶奶，让这个家越来越好。

年仅 12 岁，就成了家里的顶梁柱，这种能量不正是孝心激发出来的吗？

16 岁女孩，正处在好美爱玩的花季年龄。然而 16 岁的北京独生女孩黄海宁，却担负起照顾三位 80 岁以上老人的重担。去年 85 岁爷爷大病一场，病好后，为了照顾独居的爷爷，海宁主动搬过去和爷爷一起住。爷爷家离学校远，海宁宁愿每天早上 5 点 40 就骑车上学，也要照顾爷爷，姥姥、姥爷也都 80 多岁，每次住院，海宁都要去陪护，从此，她有了丰富的照顾老人的经验，三个老人都离不开她，这是多么了不起的孩子！她的价值超过了她的年龄。

有人说，中国年青一代人里面，有很优秀者，但很少有扛得住事儿的人。这话虽然不够全面，但也反映了一些事实。"能扛住事儿的人"是责任心很强的人。我们的"最美孝心少年"所以能扛住事儿，正因为有很强的责任意识，把孝敬老人当作自己的本分，这种经历，让他的内心变得强大。我们相信，今天他能扛起这个破碎的家，明天他们就能扛起这个世界。不是因为成长了才会承担，而是因为承担了才会成长。

今天，父母为儿时的孩子扛住了一切，今后又怎么渴望他们去扛住世界？

三、内心强大的人，有信仰，有责任，有爱心又有爱力，而孝心，正能增长人的爱力

一个有孝心的孩子，有能力去帮助别人。他懂得关心的含义是：把别人的心关进自己的心，把帮助别人当作自己人生的快乐。

年仅 6 岁的王安娜，是贵州大山里一个可爱的女孩。这年龄的孩子，还在妈妈怀里撒娇呢，可家庭的变故，却让小小的王安娜担负起照顾家的重担。一个人照顾两位老人，奶奶病重无法行走，她冒雨给奶奶拿药，哄奶奶开心，给曾祖母喂饭、洗脸、洗脚。艰难的生活并没有抹去小安娜脸上灿烂的笑容，她唱的《世上只有妈妈好》让无数人动容。她没把照顾老人当成苦事难事，而当成了快乐的事，于是她拥有同龄人没有的生存能力。

14 岁藏族女孩索朗曲珍，是西藏拉萨 SOS 儿童村的孩子，她帮助儿童村的妈妈分忧，担起照顾弟弟妹妹的责任。

16 岁新疆女孩娜迪热·艾买尔江，在小区里照顾一位 80 多岁的汉族老奶奶，夏天陪老人散步，冬天陪老人下棋，给老人讲故事，陪老人过节，奶奶教她说汉语，她教奶奶说维吾尔语，成为亲亲热热一家人。

这种突破血缘关系的大美大爱，真正体现中华民族源远流长的"孝文化"，彰显出传统文化的现代价值，诠释了中华民族"百善孝为先"的传统美德。

在关心帮助别人的过程，我们孝心少年，并练就了生存的本领，学会了与人相处，从而拥有了更强大的生命力。

孝文化为什么有这么大的力量呢？因为它传播的是一种正能量，它连接着亲情的关系，它连接着友情的关系，让人与人之间更加和谐。它连接着人与社会的关系，让社会发展得更好更强。

习近平总书记在十九大报告中说，近代以来久经磨难的中华民族迎来了从"站起来，富起来，到强起来"的伟大飞跃。

今天中国要强，少年一定要强。让弘扬孝文化帮助孩子们拥有更强大的内心吧！

第二主题：五种理解的力量

第一讲：父母理解了儿女，就学会了沟通

今天，当孩子真累，当父母真烦，当老师真难。当父母烦在哪儿呢？不了解自己的孩子呀！每天和自己在一起的孩子，怎么越来越看不懂了呢？

我们这一代，我们的下一代，下一代的下一代，差距巨大。新中国成立六十多年，改革开放四十年，我们的世界，我们的国家发生了翻天覆地的变化，孩子的生活体验与我们过去完全不同了。两代人，两个世界，都是不一样的世界，父母不理解孩子，孩子也不理解父母。

有一个初二学生的妈妈跟我说："我的女儿爱吃爱喝爱打扮，就是不爱学习。"这位妈妈花了400块钱，买了两张《白毛女》歌舞剧票，两人去看。看完后问女儿："你受到什么教育了？"女儿想都没想就回答："喜儿的悲剧完全是被她爸爸杨白劳逼的。欠债还钱是天经地义的事情，杨白劳借了钱为什么不还钱，居然拿女儿去抵债。喜儿也够傻的了，黄世仁那么有钱，嫁给他算了，干吗自己跑到深山去当白毛女？"她妈妈特别困惑，说："我小时候看杨白劳电影流了那么多眼泪，那么恨黄世仁，那么同情喜儿和杨白劳，如今我的女儿却替黄世仁说话！"

我告诉她，一个人要认识一个历史事件需要两个条件：要么亲身经历，要么学好历史。你的女儿一样没有，她怎么能理解白毛女？

我对她说，有个妈妈带了一个年幼的孩子去吉林市，在广场上看到一座毛主席雕像，毛主席正挥着手。妈妈问孩子："你认识这位爷爷吗？你

知道他是干什么的吗？"孩子回答："我认识这位爷爷，他是毛主席。毛主席正在打的士呢。"妈妈很无奈："毛主席那个年代有的士吗？"

还记得有一次，我到贵州青岩镇去参观，村子里立了一个节孝坊，一位妇女的丈夫去世后，她一直没有改嫁，村里为她立了这座牌坊。"文化大革命"的时候"破四旧"，节孝坊被破坏了，后来又被修复好了。一位11岁的小导游对我说："这个节孝坊在'文化大革命'中被红卫兵弄坏了。"我就问她："你知道什么是'文化大革命'吗？"她回答说："知道，就是八国联军进北京。"

所以我发现，这些历史对我们的孩子来说根本不懂，很多事情也说不清楚。当知青的爸爸带孩子去知青餐馆吃玉米面大贴饼子，和孩子说："你爸插队的时候，天天吃这个。"孩子回答说："难怪你愿意去插队，玉米面大贴饼子真好吃。"

说不清楚怎么办？就得让孩子去体验。带孩子去你工作的地方看看吧，看看你努力工作的状态，让他觉得我爸爸特别棒，就很有面子。别让孩子光看你打麻将、玩手机的样子，和人喝酒喝醉的样子，如果爸爸妈妈在孩子心中是这种模样，他们的心中肯定没有崇拜。了解父母的工作状态，孩子才能了解父母。

同样，今天对孩子们的世界，父母同样不了解。对于父母来说，那也是个完全不知道、陌生的世界。

"童话大王"郑渊洁有一次告诉我，他儿子上小学时不太会写作文。儿子让保姆帮着写作文，得了100分；结果他是个作家，帮儿子写篇作文，被老师判为不及格。他觉得教育有问题，于是让孩子在家自己教，功课倒没落下，只是人际关系有问题，总是找不到女朋友。好不容易在网上认识一个女孩，女孩问他："F4是谁？"他不知道，他问爸爸，结果爸爸也不知道。他爸说没关系，我帮你查字典。查完字典后，郑渊洁告诉儿子，F4就是美国轰炸机。他儿子和女孩说，F4是美国轰炸机，结果女孩告诉他："我奶奶都知道F4是谁，你简直是个外星人，咱俩拜拜吧！"

所以在今天，在孩子们的眼中，爸爸妈妈都是外星人。过去的孩子向你提个问题，你就会说：你太小，你不懂。现在你向孩子提个问题，孩子说：你太老，你不懂。说实在的，我们真的跟他们大有差距，你不懂他们。但你要尝试去了解他们，跟他们站在一起。我们不要轻易地去否定他们。如果他们的提问，你不懂，请说："嗯，你说得很有道理，我怎么没想到呢？"这样，他会很有自豪感。如果你回答说："你说的什么呀，我早就知道了。"他肯定会很有挫败感。

我家门口有个商场，原来可以随便进去买，现在一进门，就有人喊："卢老师来了！"我一回头，肯定有人在等我咨询呢，"我们家孩子这么了""我们家孩子那么了""给我们家孩子签个名吧"。原来买个袜子就五分钟，现在要四十分钟。有些摊位原来是可以砍价的，现在大家都认识你就没法砍价了。

有一天，我去一个医院看朋友，去洗手间，那天人特多，为了顾全大局，我上完厕所拎着裤子就下来了。刚下台阶，有个小护士笑眯眯地对我说："您怎么上这儿来了？（我心想，我怎么就不能上这儿来呢）我妈可喜欢你了，天天在电视上看你。"我说，谢谢你妈。我心想，下次人再多，也得把裤子系好了再出来。

以前我家住人民日报社宿舍，有一天傍晚，在小区院子里走，有一个中年妇女眼睛直勾勾地看着我，朝我走来，拍着我的肩膀说："我怎么越看你越像卢勤呢？"我只好告诉她，我就是卢勤。哇，她拍着我的肩膀，跟我拥抱，都没经过我允许。她和我说，她是这儿打工的，给人民日报社一位领导家当保姆："我天天看你的节目，看不到就急，没想到您就住这楼啊？"说着，她看了看手表说："时间不早了，我得去买菜去了。"我说，您赶紧买菜去吧。她走了，一边走一边说："神了神了，我看见活的了！"她一走，我一摸脸，还真是活的。我当时真觉得累。

现在我告诉你，我不会做任何坏事的，因为随时都有人把我认出来。我忽然觉得，当人盯着你的时候，你有多么累！

我一下子理解了今天的孩子，每天爷爷奶奶姥姥姥爷爸爸妈妈六个人爱着你，你又有多幸福。这种苦恼只有孩子自己知道，每天被人盯着有多累。

有一次，我和上海市总辅导员沈功玲去一所小学跟小学生聊天："你心目中的小康社会是什么样？"一个孩子跟我说："我希望我将来有一个大房子，但门很小，小到只有我一个人能钻进去。他们一天到晚跟着我，太烦了！"有个孩子跟我说："我将来一定要发明一种药，让我妈吃进去说好话不说坏话，她老说我不好。"一个孩子说："我要买一张床，不搁家里，我要绑树上去，省得他们一天到晚唠叨我。"还有一个男孩神秘地跟我说："我将来要学会隐身术，专门躲在爸妈的房间里，看他们在背后老嘀咕我什么。"

"你看，"我对沈功玲老师说，"这就是今天孩子成长的环境，在他们的心中真正的小康社会，不是有多大的房子，而是有一个宽裕和谐的成长空间呀！"

沈功玲老师听我讲完这番话，也笑得前仰后合："很有道理！我们不懂孩子，才会冤枉孩子。"

不久，我受她的邀请，到她所在的市给父母们做了一场报告：《聆听孩子的心声》。

聆听孩子，对我来说就是一种享受，也是我做"知心姐姐"工作的常态。

有一次，我来到广州市番禺区执信中学附属小学，和小学生们进行了一次温暖的心灵对话。

《知心姐姐》杂志"卢勤专栏"用现场实录的方式，截取对话的片段。在对话前言中写道：

孩子们都有什么心里话？怎样沟通才能让孩子敞开心扉？本期"卢勤专栏"用现场实录的方式，截取对话的精彩片段，和你分享"知心姐姐"卢勤和孩子沟通中"怎样听和怎样说"的宝贵经验。

对话一：班里总有些同学被排挤和孤立

文旸同学：

同学之间在学习和生活上有一定差别，就会互相排挤对方，或结成一个小团体孤立某个人，这种情况该怎么办？

"知心姐姐"卢勤：

我建议你们开展一个"你真棒"的活动。比如，观察班里成绩最差的同学有什么优点，把这些优点写在一张字条上。然后，当着全班同学读出来，让大家猜写的是谁。要是有人猜出来了，那位同学一定非常高兴。因为同学们看到了他的优点。成绩不好、比较沉默的同学也有他们的优点。集体是大家的，你好我好，集体才能好；如果你好我坏，集体也不会成为好的集体。

同学插话：

可是，学习好的同学会排斥那些学习差的同学。

"知心姐姐"卢勤：

人都是相互提携，相互帮助的。我的一个小学同学，小时候淘气，把肋骨摔断好几根。我那时是中队委，每天下学都送他过马路。几十年后同学聚会，他见到我就说："卢勤，我记得你以前老帮我，天天送我过马路。"他已经是六十多岁的爷爷了，还记得这件事，这才是真正的友谊。同学的友情很重要，尤其是对被忽视的人，一定要看重他。虽然他成绩差一点，但他可能品行很好，很有责任心，不能只看成绩，对人的评判标准是多方面的。

对话二：有同学骂人带"脏字"，我们很反感

同学一：

我最讨厌有些同学骂人，很没素质地骂人家的父母。

"知心姐姐"卢勤：

那些骂人的人，你要告诉他，骂人，脏的是自己。你骂人，别人就会说："这人不文明。"绝不会说挨骂的人不文明。文明礼仪是我们的一张名片，说出来的话都代表着你的态度和素质。

同学二：

有一次，我的同学骂了我，我们生活老师说："你可以这样跟他说，你父母没有教育你吗？"

"知心姐姐"卢勤：

我觉得"你父母没有教育你吗？"这句话是一种教育别人的态度。你们都挺会讲笑话的，其实用幽默的语言，也可以解决问题。有个例子，在一辆很挤的公交车上，司机突然刹车，后面的乘客撞到了前面乘客的身上，前面的是一个女人，后面的是个男人。女人很不高兴地说了句："德行！"男人幽默地回答："惯性。"车上的人都笑了。对这样的人，你可以先不理他，然后用幽默的方式回应，让他知道自己很没趣。而且，他的话也不要往心里去，这只耳朵听那只耳朵出，不要污染了自己的心。

对话三：爸妈有些话，会让我们心里很难受

同学一：

是不是有些话会给孩子造成心理阴影？

"知心姐姐"卢勤：

你说得很对。我们生活的环境很复杂，好话、坏话都会像子弹一样射向你，你中弹了就会受影响。有些话听了心里会很难受，所以每个人自身要有免疫力。

同学二：

我妈妈每次吃饭都问我的学习情况，还会骂我。

"知心姐姐"卢勤：

吃饭就要好好吃饭，不要聊学习情况。严肃的话题或者不开心的话题，特别是指责，会影响消化。下次你妈妈再问，你就打开音乐，一家人开开心心地吃完饭，再聊其他事情。

同学三：

我妈妈老批评我，因为这事，我和妈妈总是吵架。

"知心姐姐"卢勤：

现在只是妈妈在批评你。走上社会，还有领导、同事，周围很多人都有可能会批评你。批评未必是坏事儿，在你心里要有一个防护系统，帮你把批评变成好事儿。告诉你一个词，你把它记在心里，你内心就强大了，这个词叫"太好了"。这是一种乐观的心态，遇到什么事就想"太好了"，你就能看到事情好的一面。比如，妈妈批评你，你不开心。但另一方面，你可以想想："妈妈数落我，也是一种关心。很多父母不在身边的孩子，连爸妈的数落都听不到。"

以前，我一进门，我爸就问我："吃了吗？"我要说没吃，他就立刻给我做饭。我就想："我爸老说'吃了吗'，不能换点别的说说吗？"后来，我爸爸去世了。再回家时，没人问我"吃了吗"，我才感到失去的珍贵。人有时候不珍惜，因为它存在。以后再有人批评你，你心里就想："太好了，还有人关心我。"

对话四：有些同学特别不爱看书

同学一：

高尔基说过，书籍是人类进步的阶梯。爸妈给我们买很多书，可班里有些同学明知道读书有好处，但就是不爱读书。爸爸妈妈给他买的书从来不看，这样很浪费。您有什么办法让他们喜欢看书吗？

"知心姐姐"卢勤：

你们班有读书时间吗？（有）那我建议你们看完书之后，班级搞一个活动。每天利用十分钟时间，请两名同学上台给大家讲故事，每人限时五分钟。就讲你看过的书和书中的故事，什么都可以。不要让老师点名，把时间表贴到墙上，每天是谁讲都公布出来。每个同学都有机会讲，这样那些不爱看书的同学也要看书了。因为，他要把看到的书和大家分享。这样口才也练出来了，胆量也练出来了，书也看好了。另外，没看过这本书的同学也知道这是一本什么书了，一举好几得。

同学二：

可有些同学喜欢看闲书，比如笑话什么的。

"知心姐姐"卢勤：

没关系，不管什么书，只要它没有害处都可以看。闲书有什么好处呢？它能让你放松，哈哈一笑，人身心放松了就会觉得快乐。

但有意义的书，你们这个年龄也要看一点。刚才那位同学说话时就用了一句很好的格言，"书籍是人类进步的阶梯"。如果你在书里看到这样的格言或是对你有启发的句子，在讲台上跟大家分享一下，就能激励和影响更多的人。这样头脑充实了，知识增长了，口才也练好了。

对话五：我当了大队委，有些男生开始欺负我

同学：

我当了大队委之后，班里有一些男生就看不起我，欺负我。他们在宿舍端我的床，把我的水给倒掉。怎么回事？

"知心姐姐"卢勤：

你当了大队委，就有一些人会关注你，看你做得好不好，是不是称职。不过有些同学关注你的方式不是友好的，是捣乱的方式。我上学时一直当班干部，有一些男生专门给我捣乱。比如，我出黑板报的时候，他就给我捣乱，让我不能好好画。我就对他们说："等一会儿再折腾，先帮我把黑板擦了。你帮我描字，你帮我把黑板抬出去。"逐渐地，他们开始帮我做事，还成了我的好伙伴。有些人给你捣乱，可能是自己也想做事，却没有这样的机会。他没有当上班干部，成绩又不好，不被老师和同学关注。他这样做可能就是希望得到你的关注，同时也表示他在关注着你。那些不关注你的人，根本理都不会理你。

对话六：爸妈总是限制我看电视、玩电脑的时间

梓涵：

我在家看电视、玩电脑，父母都有时间限制，我总是玩不痛快，看不痛快。有时老师让我们用电脑查资料，可爸妈有时间限制，我查不完，回到学校老师又批评，心里很郁闷。

"知心姐姐"卢勤：

是，你们现在自主安排的时间太少了。玩的时间少，学的时间也少。所以，你们就得集中精力，该做什么就做什么，不能分散精力。分散精力，时间就浪费过去了，什么都没做好。所以，该玩的时候痛痛快快地玩，该学习的时候踏踏实实地学。

梓涵：

可是在要求的时间里查不完啊！

"知心姐姐"卢勤：

那就说明，爸妈对你的要求太高了。当你尽力做也做不到的时候，就是要求太高了。可以和爸妈商量，可以把时间限制放宽，如果你仍然无法完成，那就要放弃一些东西，要求自己把重要的事情做了。分心的事太多，人就会觉得累，累了就烦了，烦了就不爱做了。

对话七：爸妈总是太看重成绩

同学一：

有时父母太看重我们的成绩，为了让我们提高成绩，禁止看电视、玩游戏。所有的时间，只能看书学习，我们都要变成书呆子了，您觉得这样的教育方式好吗？

"知心姐姐"卢勤：

这个问题很普遍，我也觉得很头疼。你们觉得这样的方式好吗？你们想用时间做什么？

同学二：

我们想出去玩，接触大自然。我们一个星期都在学校住宿，回家爸妈又要我们上这个班那个班。我们想放松，爸妈却说："如果不好好学习，就输在起跑线上了，比不上人家了。"他们老是拿我们跟别人比。

同学三：

有一天考试，正好是我生日。我同学考了 94 分，我考了 86 分。爸爸对我说："怎么考得这么不好！期末再考 80 多分就别回家了。"

"知心姐姐"卢勤：

这是很多爸妈的通病，叫攀比病。跟爸爸妈妈说："眼光决定未来。"你看得有多远，未来就有多长。有两个字你们都认识，"仙"字和"俗"字，站在山顶的就是仙人，站在谷底的就是俗人。站得高，才能看得远，才会有发展。

孩子进入了青春期，常常和父母发生各种冲突，我把这种现象称为"青春期碰撞更年期"。青春期的少男少女开始有自己的小秘密了，许多情绪只想对伙伴说，不想跟父母说，对于成人，他们心灵的大门是关闭的。但是父母进入了更年期，专门爱打听孩子的秘密。这个阶段，正是父母和孩子斗智斗勇的关键时期。其中一方能做到善解人意，矛盾就可能化解，不会升级。

有一位 14 岁女孩就用自己的理解和智慧与妈妈开展了一场有趣的游戏。谁输谁赢呢？

女儿上了初三，妈妈进入一级战备。有一天，忽然发现女儿的 QQ 里有个男生的表白留言，女儿过 14 岁生日还有男生送的礼物，还听说，男生当众向女儿表白。这位妈妈"立刻向刺猬一样竖起了一身保护女儿的刺"。

这一切，女儿心里都明白，还没等妈妈采取行动，女儿就先发制人了。周末，女儿一进门就跟妈妈抱怨，说班里好几个同学被"软禁"了，理由是"防止早恋"。女儿义愤填膺地说："这真是太不像话了。"

妈妈心虚地解释："那是父母太紧张，怕你们犯错误呢。"

女儿说："能有什么事呢？好在啊，我有个信任我的妈妈呢！"

没等妈妈说什么，女儿已经把一顶高帽子戴在妈妈头上，妈妈只能咽一下口水，把之前的种种设想都咽了下去。这是女儿的高明之处：统一战线！

晚上，女儿提出想换一个抽屉带锁的书架。她的理由是：心理课老师说，12岁以后可以适当地保守自己的秘密，这样有助于培养责任感。妈妈只好点头。这是女儿最高明的地方：晓之以理。

买桌子时，妈妈想多配一把钥匙，好去偷看女儿的秘密，总不能眼睁睁地看着自己的女儿毁于青春期少男少女的游戏呀！

女儿早早猜透了妈妈的心事，坚持要跟妈妈一起去买书桌，并且提出："既然是为了建立我的责任意识，钥匙就只能由我一个人保管。"一句话断了妈妈所有的念想。

"宝贝，那万一丢了呢，妈妈帮你保管一把吧！"妈妈不死心。

女儿摇头拒绝："妈妈，相信我一次吧！"

这是女儿最有用的一招：动之以情。

自从带锁的书桌进了家，妈妈的心里仿佛住进了一个贼，这"贼"整天琢磨怎么打开这把锁。

女儿很理解妈妈的担心，每次回来，都主动交代学校发生的奇闻趣事。明智的妈妈也改变战术，由"严防死守"变为"温情政策"，尽可能给女儿营造好的家庭氛围，试图用爱的关怀为女儿营造一个坚固不破的保护屏。

女儿15岁生日那天，妈妈做了一大桌饭菜，招呼了一大帮亲友为女儿祝贺。没想到，一向羞于表达的女儿却主动为妈妈敬酒："今天，我要当众谢谢妈妈，感谢妈妈养育我，并给我自由的发展空间，也谢谢妈妈，始终没有打开那个抽屉。我在里面绑了一根线，无论您用什么方法打开抽屉，我都能知道。那个其实是同学间流行的测试父母是否信任自己的游戏，抽屉里什么都没有。所有参与游戏的同学中，只有我一个人成功了。那抽屉里锁起来的是您满满的信任。一想到您这么信任我，我就更加不能辜负您。

所以，这个摸底考试我的成绩是全校第一。"

一瞬间，妈妈悲喜交加。原来那不是普通的抽屉，而是潘多拉盒子。女儿的游戏，让妈妈醍醐灌顶，让她懂得，在青春的路上女儿需要的是爱、温暖及足够的信任。

女儿的游戏，也让我佩服女儿智慧有加，在青春成长的路上，理解妈妈的一片苦心，以信任对待不信任，最终赢得了信任。这便是善解人意的魅力所在。任何的误解、怀疑、冲突都只会加深亲子间的沟壑，只有相互理解和信任，才能得到最和谐的亲子关系。

第二讲：孩子理解了父母，就学会了关心

善解人意的人，有一个共同的特点：会关心人。

什么叫关心？心是有门的，打开心门叫"开心"，关上心门叫"关心"。开心的时候，我们把心打开，吸纳阳光雨露，感到很快乐。关心的时候，我们把别人的心关在自己的心里，将阳光雨露分享给别人，同样感到很快乐。

有个牧场主养了许多羊，他的邻居是一个猎户，养了一群凶猛的猎狗。这些猎狗经常跳过栅栏，袭击牧场里的小羊羔。

牧场主几次要求猎户管好自己的狗，猎户只是口头答应，心里却不以为然。没过几天，猎狗又跳进牧场横冲直撞，咬伤了好几只小羊。忍无可忍的牧场主去镇上找法官评理。

听了牧场主的控诉，明理的法官说："我可以惩罚猎户，也可以颁布法令让他把狗锁起来，但这样一来，你就失去了一个朋友，多了一个敌人。你愿意和敌人当邻居，还是和朋友当邻居？"

"当然是和朋友做邻居。"牧场主回答。

"那好，我给你出个主意。按照我说的去做，不但可以保证羊群不受骚扰，还能为你赢得一个友好的邻居。"

牧场主听到法官的建议连连点头。回到家，他马上挑选了三只最可爱

的小羊羔送给猎户的三个儿子。

看到洁白温驯的小羊羔，三个孩子如获至宝，每天放学都要和小羊羔在院子里玩耍嬉戏。为了不让猎狗伤害儿子的小羊羔，猎户做了一个大铁笼，把猎狗关了进去。

从此，牧场主的羊群再也没受到猎狗的骚扰。为了答谢牧场主的好意，猎户经常送各种野味给他，而牧场主也不时用羊肉和奶酪回赠猎户，两个人成了好朋友。

牧场主和猎户之所以产生矛盾，是因为他们把彼此的心关在了外面。牧场主心里只有羊，而猎户心里只想着自己的狗。当他们换位思考之后，问题就迎刃而解了，牧场主把猎户的三个儿子关进了自己的心里，送了三只小羊羔，孩子高兴了；而猎户把牧场主的羊放在了自己心里，于是他把狗圈起来了。这就叫关心，关心就是把别人的心关到自己心里。

一个家庭中，你关心自己的父母吗？夫妻双方关心对方吗？如果没有，或者比较少，那么你一定有很多不理解对方的地方。如果用心去理解对方，家庭中的矛盾会少很多。这个道理，放在社会上任何的角落都是适用的。

在我的家庭里，善解人意是全家对我儿子的评价。在陪他长大的过程中，我一直十分注意让他学会理解别人、关心别人。我坚信，理解能产生有益的心灵养料，在友善中长大的孩子，将会对社会多一份关爱。

我把儿子从插队的白城带回北京时，儿子才8个月。他爸爸还留在长春工作，我和儿子住在姥姥家。儿子1岁8个月时，我就送他到团中央幼儿园上全托了。

儿子每次从幼儿园回家，总是拉着我说："妈妈，跟我说说话。"有一次，他躺在床上，竟然哭着请求："妈妈，我知道您很忙，没时间在家陪我，可您能不能把我转到每天都能回家的幼儿园？"

我满足不了他的请求，老公当时在外地工作，我经常出差，没有时间照顾他。于是，我搂着他，为他擦去眼泪，耐心地对他讲："悦悦，妈妈知道你很想天天回家，妈妈也很想天天见到你。可你也知道，你们幼儿园离姥姥家很远很远，如果每天接送你，妈妈没有那么多时间。要是妈妈去外地采访，就得姥姥接送你。姥姥年岁大了，腿脚又有病，走远路很累，赶上刮风下雨、下雪，姥姥可能会滑倒，我们该多担心啊！"

儿子听了这番话，不再流泪了，他看看我的眼睛，说："妈妈，我知道了，那我就在幼儿园待着吧！"

我一下子把儿子搂得紧紧的，他不再哭了，我却哭了起来，多么懂事的孩子呀！从那以后，儿子再也不提换幼儿园的事。转眼五年过去了，儿子一直到上小学前几天，才离开幼儿园。

孩子只有了解父母，才会真心爱父母，关心父母。这一点我感受颇深。我老公调到北京后，工作也很忙。儿子知道我们一天到晚都很忙，从不依赖父母，自己的事情自己做，家里的事情帮着做，班集体的事情也抢着做。

儿子上小学四年级时，我带他参加中国少年报社组织的"寒假儿童大世界"活动，那天我的任务是做"知心姐姐"咨询。几天后，我无意中看到儿子写了这样一篇作文：

星期天，我和"知心姐姐"去文化宫工作……一直忙到中午还没干完，结果什么好吃的都没吃上……我告诉你们，你以后要是跟着"知心姐姐"出门，一定要自己带饭。你要问我"知心姐姐"是谁啊，她就是我妈。

班主任老师在作文后面用红笔写了评语："你有这样敬业的父母，我为你感到骄傲！"

我看到后，真的很感动。虽然，我和他之间并没有交流过关于工作的事情，但我发现，从那以后，儿子对我的工作更加理解，对我格外关心。

我下班回来晚了，他帮我热饭；我生病了，他帮我倒水；我去买菜，他在身边跟着我，帮我拎东西，他说自己是"妈妈的筐"；晚上我常在灯下写稿、写信，他会走过来问我："有什么需要我帮忙的吗？"我曾自豪地对别人讲："有儿子跟没儿子就是不一样！"

我记得有一年冬天，外面刮着大风，我加班到很晚才回家。那时候，我们已经有了自己的住房，一家三口住在一起，那天他爸爸出差不在家。

等我走进温暖的卧室时，儿子已经睡着了。我发现，在我的被子上多了一床被子。枕头边，儿子给我留了一张小纸条："妈妈，天冷了，我给你从上面柜子里掏下一床被子，这样你就不冷了！"

我心里一热，再看儿子，他的被子上面只加了一床棉花套。顿时，一股暖流流遍我的全身！他才上小学四年级，小小的个子能从高高的壁柜里取出被子，是多么不容易！那一夜，我睡得很温暖。因为厚厚的棉被，更因为儿子深深的爱！

世界上有什么样的爱，比来自儿女的关怀更让你心动？而对于孩子来说，学会理解别人，就会减少抱怨；孩子心中有了别人，一生就会幸福。儿子长到三十多岁，从未听到过他抱怨。这也是我能够全力以赴工作的重要原因。不抱怨的人，一定是善解人意的人，也一定是最快乐的人。

理解父母，对所有的孩子都是一门必修课。比尔·盖茨曾经说："在你出生前，你的父母并不像现在这般无趣，他们变成这样是因为忙着应付你的开销，洗你的衣服，听你吹嘘自己有多了不起。"

孩子与父母之间那扇紧闭的门，靠什么才能打开？靠孩子心中装下父母，为生你养你的父母做一点点事情。

今年冬夏令营我都给孩子们讲心，我觉得懂心的孩子最幸福。最后一颗心，往往讲"孝心"。

第一年寒假，我们组织去新加坡，开展"大开眼界，新加坡文明之旅"。很多父母都为自己的孩子准备了钱，让他们随便花。开始几天，孩子们会去玩具店为自己选玩具，选小食品，但因为购物时间很短，他们也没买什么。

最后一天清晨，我在晨会上讲了"孝心"，讲了生日为什么是"父忧母难"之日，"养儿才知父母恩"的感受，讲了有孝心的孩子的感人故事，讲了如果你能为家人带回一点点礼物，他们为什么会激动……

效果那就可想而知了，几乎所有的孩子都为父母亲人买了礼物，感动了几十个家庭。

小学生周航宇的妈妈在微信群里留言："我儿子从新加坡回来，给全家每个人都买了礼物，给妈妈买了香水，给爸爸买了 T 恤，给奶奶买了洗面奶、护肤品……奶奶感动得直掉眼泪，全家人都说，孩子回来变了一个人，变得懂事了！"

从为自己到为家人，只是一个小小的变化就改变了孩子的视角，改变了孩子的价值观。

从"父母就该为我做事"到"我应该为父母做事"，不同的视角带来不同的亲子关系，不同的人生。当一个孩子真正做到把父母亲人的心装进自己的心，这个孩子才真正长大。

第三讲：男人理解了女人，就学会了尊重

男人是天空，能福泽天下，尊重女人。

好日子要过好，一定要处理好夫妻关系。和谐的夫妻关系，才会给孩子营造一个和谐的成长环境。幸福的生活，并不是看房子有多大，车子有多贵，金钱有多少，而是看夫妻之间有多么和谐。要让孩子幸福平安，男人就要善待女人，女人也要善待男人。

男人怎么善待女人？最重要的是理解女人，尊重女人，知道女人最想要什么？什么事最让女人动心？

曾经有一位教授在课堂上，给自己的学生讲了这样一个故事：

年轻的亚瑟王战败被俘虏，按照惯例他会被处以死刑，可敌方的国王见他年轻勇敢，十分欣赏，不忍心杀害他，就要求亚瑟回答一个问题，如果一年后他的答案能让他满意，就可以重获自由，否则就要被终身囚禁。这个问题是："女人真正想要的是什么？"

于是，亚瑟开始向身边每一个有智慧的人征求答案，结果没有一个答案让他满意。有人告诉亚瑟，郊外阴森的古堡里住着一位老女巫，据说她无所不知，但向她寻求答案的代价十分高昂。

眼看期限就要到了，亚瑟别无选择，只好去找这位女巫。女巫说："我

可以回答你的问题，但条件是：我要和这个国家最高贵的武士、你最好的朋友加温结婚。"

亚瑟惊骇万分，他看着眼前的女巫，她长相丑陋、塌腰驼背、只剩下一颗牙齿，身上还散发着臭水沟般的恶臭。而加温高大英俊、诚实善良，是这个国家最勇敢的武士。

亚瑟断然拒绝道："我不能为了自由强迫我的朋友娶你这样的女人！否则我一辈子也不会原谅自己。"

加温得知了这个消息，对亚瑟说："为了你和我们的国家，我愿意娶她为妻。"

这桩离奇的婚事被定了下来，女巫如约给出了答案："女人真正想要的是主宰自己的命运。"所有人都觉得女巫说出了一条伟大的真理，于是亚瑟自由了。

婚礼的宴会上，女巫用手抓东西吃、大声打嗝、说脏话，所有人都感到恶心，而亚瑟更是在极度痛苦中哭泣。加温却一如既往地表现得温和有礼。

晚上，来宾散去，加温不顾众人的劝阻坚持走进了婚房，准备面对自己的命运。然而，等待他的竟然是一位绝世美女。她对加温说："我在一天里，一半时间是丑陋的女巫，一半时间是倾城的美女。你希望我白天变成美女，还是晚上变成美女？"

"如果你是加温，你会如何选择呢？"在课堂上，教授把这个问题抛给了自己的学生。大家议论纷纷，最终的答案无外乎两种：白天变成美女，这样会很有面子；晚上变成美女，这样自己会赏心悦目。

"你们想知道加温是如何选择的吗？"教授听了大家的答案笑着说道，"加温告诉女巫，你说女人真正想要的是主宰自己的命运，那么就由你自己来决定吧。而女巫听后热泪盈眶地说：'我选择白天晚上都做个美丽的女人，因为你懂得尊重我！'"

听到故事的结局，所有人都沉默了，因为没有一个人做出和加温一样的选择。

法国启蒙教育学家卢梭在《爱弥儿》中曾说过这样一句话："对别人表示尊重和善良，比任何礼物都能产生更多的效果，比任何礼物对别人都有更多的实际利益。"

对别人表示理解和尊重，才会让对方"动心"，所以，真正做个受欢迎的人，就必须掌握三大法宝：理解、尊重和信任。如果你能做到这三点，就会让女人为你"动心"。

女人最想要的应该是：找到一个凡事懂得尊重她的男人。

一个刚刚离婚的女士对我说："我今天算是解放了。我为什么跟他离婚，是因为我每天回到家，他就盘问我干什么去了，要问一个多小时，我没有自由的空间，和他一分手，我解放了！"

女人需要自由。我的女友——一位女诗人，在和我谈她的恋爱史时，讲了一个美好的情景：

那天，我和他一起去河边观景。我指着天上的小鸟说："我愿做一只自由的小鸟，愿意飞哪儿飞哪儿。"

他说："我愿做大树上一个鸟巢，你飞累了可以到巢里歇歇。"

我指着河中的小船说："我愿做那只小船，愿意开哪儿开哪儿。"

他说："我就是一个码头，开累了，到码头来歇歇。"

后来，他俩结婚了，日子过得甜甜美美，有了一个聪慧懂事的女儿。如今，他们发展得都很好，我的女友当了作家，写了许多好书，她的先生成为一个出色的领导干部。

这叫绝配！建立在尊重的基础上的婚姻，才是根深叶茂的。有一个尊重妻子的老公，女人的才华才会得到充分的发挥。

龚琳娜，是我最喜爱的女歌唱家。第一次看她在舞台上演唱，就被她所震撼，她的声音从身体各个部位发出来，那首《忐忑》简直让她唱绝了！

当我走近她才发现，她是一个幸福感很强的女人，她自信、快乐、充满了激情。一直坚定地走自己认定的音乐之路，永远拒绝假唱。

她能够成为一位具有独到艺术思想与创新精神的艺术家，不仅是因为把唱歌看得像生命一样重要，对于音乐有着纯粹的热爱，有着坚持和执着，还因为她找到了一位最理解、最尊重她的人生伴侣——老锣，一位德国音乐家。

龚琳娜从小就是一个很有理想和目标坚定的女孩，在青歌赛上，她被评为"观众最喜爱的歌手"。赛后，许多商演找上门，价格不菲，可龚琳娜并不快乐，甚至痛苦，因为大部分商演都要假唱。可龚琳娜认为，假唱是一种欺骗，她觉得在舞台上演唱，观众的每一双眼睛像是一支利箭，而她像被万箭穿心。

面对这样的游戏规则，龚琳娜感到恶心，却无力改变。她不愿意随波逐流，又找不到发展自己的舞台。最后，她选择坚持自己的原则，不因为名利而违背自己的原则，不向游戏规则投降。

她说，"我的前方有两条路：一边有房、有树、有超市、有围墙，路的尽头是我家，不变的山，不变的水，不变的邻居，不变的街区；另一边有阳光、有荆棘、没有路，也没有方向，自己开路走下去，也许有瀑布，也许有桃源，也许有野兽，更也许有宽阔的天地……两条路只能选其一，你问我选哪条？不破不立。自己开路，一起开门，一成不变的安全人生，我不要体验。

"也许我会被撞得血流不止，也许我的生命就荒度在寻找路和门之间，也许我在与野兽拼搏的时候死亡……可我还是想，有血有肉的冒险，我还是希望，做自己的英雄！"

当龚琳娜选择了自己的音乐道路和人生道路时，老锣坚定地支持了她的抉择。

龚琳娜和老锣组了一个乐队，做不定期的专场音乐会。2006年，老锣决定要为龚琳娜写歌，挑战她的声音。而龚琳娜又说出了自己的想法，她希望加入戏曲的音色，突出节奏感和震撼力。老锣能理解她，尊重了她的意见。他决定不写歌词，显示龚琳娜声音的灵活性。著名的歌曲《忐忑》由此诞生。

2009年底，《忐忑》第一次在中国唱响，龚琳娜技惊全场。顺理成章，龚琳娜被多台晚会邀请，但她的第一反应是排斥："我不想回去，我害怕晚会，害怕再被控制，再被安排。"

老锣劝她："这是个机会，你一定要回去，把你的新歌唱给你祖国的人听，你要让大家明白你的音乐。"最终，龚琳娜听从了老锣的建议，回到了北京。她不知道这一次是否可以踏上成功之路。

在新春音乐会上，龚琳娜唱了两首歌，第一首是《黄河船夫曲》，第二首则是《忐忑》。龚琳娜在老锣的支持下，在音乐的世界中不断碰撞、寻找、追索和冥思，不为名利，完全沉浸在音乐艺术里，将自己全部托付在忘我的歌声里。

这首寄托着老锣的感情，寄托着龚琳娜灵魂蜕变的《忐忑》，在2010年春晚一炮走红，龚琳娜的名字以奇迹般的速度红遍大江南北，《忐忑》也成为广大人民所熟知的歌曲。

龚琳娜用10年时间才走完这条心路的蜕变之旅，她走自己的路，找到了自己的舞台，唱出了自己心灵的声音。

可想而知，走完这段蜕变之旅，需要付出怎样的艰辛，怎样的努力，而给她最强有力支持的人，就是她的先生——老锣。

老锣理解她，尊重她的选择，因为他和龚琳娜有着共同的理念，不要为别人活，走自己的路。

正如乔布斯所说："人的时间有限，所以不要为别人而活。不要被教条所限，不要活在别人的观念里。不要让别人的意见左右自己内心的声音。最重要的是，勇敢地去追随自己的心灵和直觉。这是你的生活，你拥有绝对的自主权来决定如何生活，不要被其他人的所作所为束缚。给自己一个培养自己创造力的机会。"

"女人最想要的是自己决定自己的命运，而不为别人活。"女人找到一个尊重自己的男人，女人的潜能会得到最大限度的发挥，女人才会勇敢地追随自己的心灵和直觉，力所能及的责任，掌控自己的命运。

2016年4月2日，在杨澜女士主持的"天下女人国际论坛"上，我第一次见到龚琳娜，第一次见到老锣。那天，他俩共同演讲的主题《再烦也爱》，再现了这对恩爱夫妻的生活。

重新留了长发的龚琳娜和蓄着小胡子的老锣一走上台，就亲身演绎了夫妻或爱人之间，互相欣赏、热恋，到最终的冷淡甚至分道扬镳，他们真实的表演，告诉人们一个真理：再爱，也会烦；再烦，也爱，这就是夫妻关系。

事实上，在龚琳娜和老锣的家，完全不用担心热情的消退，因为，分工明确，互相理解，相互平等。龚琳娜唱歌，老锣就帮她写歌；龚琳娜给宝宝喂奶，老锣就给宝宝洗澡；龚琳娜喜欢吃，老锣恰巧又喜欢做饭，可以说真是相互弥补。

和普通女人一样，龚琳娜生完孩子，觉得自己像头奶牛，面对自己发福的身体很自卑，不敢和老公有任何亲密的接触。而此时，老锣伸出了有力的臂膀，用三年的时间不断地为龚琳娜做心理和身体上的开导，告诉她放弃一切杂念，做那个最棒的自己，重拾吸引力。

当事业进入了鼎盛时期的节骨眼，人们常常忘记了最初那份深爱和关照，忽略对方的感受，也许对于一般的夫妇这会是致命伤，但老锣与龚琳娜可不一样，他们尝试每天用 5 分钟的时间学习亲吻。老锣分享说："第一分钟觉得'烦了'，第二分钟，还能接受；第三分钟，有轻松感；第四分钟，觉得是在享受；第五分钟，还想继续亲吻，重新唤起人们对爱的渴望，更加坚信。一份好的婚姻，相互理解，相互吸引与信任才是最重要的。"

男人如果理解女人，就该知道，女人最喜欢的就是微笑和赞美。现在有的男人很奇怪，对别的女人眉开眼笑的，对自己的女人，总是满脸的"阶级斗争"。

有位女士对我说，老公只要夸她一句好话，她能卖力干一个礼拜的活，可她一句好话都听不到，全是抱怨的话。

有位女士说，她给老公买件衣服，老公说："你别给我买衣服，你买的衣服那么难看，我怎么穿得出去？"第二次，她又给老公买了一件衣服，老公又说："退了去！"第三次，她看这件衣服实在太好了，就买了下来，她没敢送给老公，送给了别的男人，而这个男人说："我就爱穿你买的衣服！"

我对许多男士说，别以为媳妇娶到家就永远属于你，爱的种子是需要浇灌的。没有微笑和赞美，爱的种子很快就蔫死了。

我奉劝各位先生，下班回家先别忙着敲门，先把自己面部的肌肉放松一下，待妻子、孩子来给你开门时，你先微笑着说："太好了！我活着回来了！"别把"情绪的垃圾"带回家，家不是你的垃圾场，孩子更不是你的"出气筒"。

每次报告会，我都会讲这些话。一位女士上午听了，特别激动，下午报告会把她老公请来。她对我说，你说的和我老公一模一样，我必须叫他好好听听，改变一下对我的态度！

是呀，渴望被尊重，渴望微笑和赞美是所有女人共同的需要。

妻子从丈夫的微笑和赞美中得到的是爱的信息。这种信息，是女人保持激情的源泉。

有个日本人与妻子相处得很紧张，面临离婚的危险。他的心理医生告诉他："你没有什么毛病，就是不会微笑。"他听了以后并未十分在意。

第二天早晨，妻子拿衣服来给他穿，他忽然想起心理医生的话，朝妻子微笑了一下。妻子惊讶之余欣喜若狂，于是做了一顿丰盛的晚餐，等他回来吃。

吃晚饭的时候，这位先生又想起医生的话，便又笑了一下。结果，夫妻关系竟一天天好了起来。他的妻子幸福地对别的女人说："我觉得像新婚一样。"

这位先生什么都没做，仅仅是微笑就挽救了这桩婚姻。当然，女人真正需要的是倾心的微笑，如果你皮笑肉不笑，你的妻子会觉得难受，如果你笑个不停，你的妻子一定怀疑你有病。

尊重别人的人才值得别人尊重，尊重是一个人的名片。"女士先行"突显的并不是女人的高贵，而是男人的高尚。懂得尊重的男人，不仅仅尊重女人，他会尊重周围任何一个人。近日朋友在微信里发给我一个小故事，读后颇有感触。真正明白，尊重的背后是理解。

古时候，有一个姓赵的人做生意赚了钱，买了一块地，建了一处新宅院。这处宅院的后院有一株百年荔枝树。当初，他就是看中了这株荔枝树才买下了这块地。可是，他的一位朋友看到后却说："这院子中间有一棵树，恐怕寓意不好。"

于是，赵某专程请来一位高人。为了表示对高人的敬重，赵某亲自驾着马车前去迎接。一路上，赵某行得稳稳当当，无论遇到行人，还是马车，他都会主动停下避让。走到村口时，一个小孩笑嘻嘻地从巷子里冲了出来，赵某赶紧勒紧缰绳，让马儿停下脚步。小孩经过以后，赵某却不急着赶车，而是往巷子里张望。不一会儿，另一个孩子冲了出来，追赶着前面的孩子，从马车前跑过。

大师十分好奇地问道："赵先生，您怎么知道后面还有一个孩子？"

赵某笑着回答："小孩喜欢相互追打，前面那个孩子笑得如此开心肯定不是一个人。"

"有心。"大师听完，不禁竖起大拇指。

马车行到宅院门口，后院突然飞起几只小鸟，见状，赵某停下马车，对大师作揖道："烦请您在门外等候片刻。"

大师有些奇怪："先生家中出事了吗？"

赵某笑着说道："鸟儿惊飞，后院肯定有小孩在偷摘荔枝，现在进门，小孩自然惊慌，万一从树上掉下来就不好了。"

大师听后沉默片刻："先生的房子不用看了。"

"大师何出此言？"赵某惊讶地问道。

大师笑着说道："有您在的地方，都是风水吉地。"

目中有人，才有路，心中有爱，才有度。一个人的宽容，来自一颗善待他人的心。一个人的涵养，来自一颗尊重他人的心。一个人的修养，来自一颗和善的心。为别人付出就是给自己铺路。感恩一切！口中有德，目中有人，心中有爱，行中有善！只有知道感恩的人才能让自己的生活更有色彩！心里有他人，受益的不仅是他人，也是我们自己。

第四讲：女人理解了男人，就学会了包容

女人是大地，能滋润万物，包容男人。

男人表面看起来很坚强，其实内心很柔弱。在女人面前，他们常常像个孩子，有时会淘气，有时会犯错。女人常常扮演了妈妈的角色，成为男人心灵的靠山，放任他的淘气，包容他的过失。在这样的女人面前，男人便有了安全感，变得更加果敢、坚强。

我曾听到过一个令人心动的故事，这是宜的女友讲给她的真实故事：

有一位著名大学中文系的女生，她的老师是一位五十出头的风度翩翩的男教授。教授是班里女生心中的偶像，学识渊博、谈吐幽默风趣，许多女生主动接近他，愿意听他谈古论今，得到他的提携和指点，这位女生也是其中的一位。

有一天，女生约了两位要好的女同学，一块儿去教授家请教几个问题，教授家在一座静谧的小院里。女生伸出手正欲敲门，却发现门是虚掩着的。于是，她轻轻地推开门，看到了令她目瞪口呆的一幕：

教授正在屋内，拥吻着一个女孩子。而那个女孩子是他的学生。看到她们的意外出现，教授的手像触电一样，一下子猛然松开、垂落，脸色霎时间变得惨白。

双方就这么站着，也许仅仅只有几秒钟的时间，却像漫漫的一个世纪，空气死一样的沉寂，能听到彼此剧烈的心跳和呼吸。

装作没看见迅速走掉？干脆走上前委婉地劝说？报告领导或告诉他的爱人，让他受到惩罚甚至身败名裂？这些念头在女生脑海中迅速一闪而过。

"教授不是这种人，他也许只是一时糊涂，"女生想，"教授有一个他所深爱也深爱他的妻子，他的妻子也在另一所大学任教，他们有一个活泼可爱的即将大学毕业的女儿，这是一个幸福而完美的家庭。他们的家庭和教授本人洁身自律的品质在校内一直有着良好的口碑。"

仅仅是几秒钟的犹豫和停顿后，女生坦然地走了进去，站在教授面前，一脸笑容地说："教授，我们都是您的学生，您可不能偏心哦，也吻我一下好吗？"

教授马上清醒过来，他轻轻地拥抱并亲吻了一下她的额头，那一刻，她看见教授眼里有湿润的东西在闪亮。

另外两位女同学也马上会意过来，走到教授身边提出了相同的请求，教授一一应允了她们。

多年后，教授依然拥有一个美好的家庭和良好的口碑。他变得更加勤奋地研究著述，并取得了丰硕的成果。女生毕业那年，教授寄给她一张贺卡，上面只有一句话："我永远感激你的善良和智慧，是你挽救了我。"

"许多事情就是这样奇妙，挽救或毁灭一个灵魂，常常就是看似那么简单的几句话。"女生实话对宜说。

这位年轻的女孩，用她的善良和智慧拯救了教授的灵魂，让他心存感激，成为更加出色的男人；如果女孩使用了她设想的其他办法，可能会毁灭了教授的灵魂，使他走向地狱。正如一位作家所言："一个男人，不管是谁，自尊心受到伤害时，都会铤而走险，做出丧失理智的事。"

在夫妻生活中，理解和包容显得十分重要。金无足赤，人无完人，孰能无错？如果要求对方完美无瑕，带给自己的只能是痛苦。我们必须接受世界是不完美的，承认自己和其他人也是不完美的。

一位长者曾经向我讲述过自己的故事："文革"期间，面临红卫兵抄家的危险，他的妻子帮助担任领导职务的先生收拾书房，无意中发现了一张夹在书中的照片，照片上是她的先生与另一位年轻漂亮女子的合影。在那个年代，这样的照片是少有的。妻子什么都没说，默默地把照片藏起来，以防给先生带来莫须有的罪名。"文革"过后，妻子又把照片放回原处，依然什么都没说。

这一切，这位先生都看在眼里，他虽然什么也没说，可心中却充满了感激。两位老人相敬如宾，相濡以沫，过得十分幸福。

有一次，我陪这位年近八旬的阿姨去参加一个会议，由于飞机晚点，到住地已经是深夜一点。本以为这位老领导早已入睡，没想到进入宾馆的房间，这位老者正端坐厅堂，静静地等着他的夫人到来，多么令人动容。接待办的几位年轻人感动地对我说："多令人羡慕的一对！如果我们年老时有他们一半就知足了。"

如今，这对耄耋老人依然活得潇潇洒洒，常常和年轻人一起参加各种公益活动，逢年过节，他家仍然宾客盈门，大家都想去那里寻找一种正能量，感受幸福快乐，让生命充满激情。

正如英国作家泰勒所言："那种为之竞争的尊严比争吵更无价值，因为真正的尊严，其本质就是容忍。没有一个人的尊严在竭力维护时会毫无损伤。"

"夫妻之间只有彻底谅解，全心包容，经常忍让，并且感情真挚不渝，对生活有一致的看法，有共同的崇高理想与信念，才能在人生的旅途上平安度过大大小小的风波，成为琴瑟和谐的伴侣。"

这几句话，是对这两位可爱可敬的老人美满婚姻做出的最好诠释。

女人应该怎样善待男人呢？

男人最看重自己的事业。成功的男人希望从妻子那里得到鼓励，失败的男人希望从妻子那里得到同情。男人最不喜欢抱怨，女人好抱怨："你怎么那么笨呀？别人能当'大官'，你怎么没当上呀？别人挣大房，你怎么没挣来呀？"

男人听到这话，就没有了自信。出门看见一位年轻漂亮的女士："哇，老总，你太能干了，我太佩服你了！"他感觉好极了。你说他"缺德"吗？不，他缺少的是自信。

所以，有智慧的女人要永远对自己的老公说，你是最棒的！

男人喜欢美丽，所有的女人都是美丽的。可是女人出门时才会打扮呢，左一件右一件，把自己打扮得漂亮极了。回到家里第一件事，先把美丽的衣服都挂起来，把最难看的大裤衩、大背心一穿，到厨房炒菜去了。你老公的感觉是"满大街都是'靓女'，回家就是一个'老娘们儿'。"其实，打开你家衣柜看看，有三分之二是你的衣服。

男人喜欢赞美的声音，女人的声音最好听。可是，现在许多女人变成了"大嗓门"。有位女警察是个功臣，可她对丈夫特横，和丈夫说话厉声厉色，她老公很有涵养，没太在乎。

有一次她荣获"全国三八红旗手"称号，来北京领奖，见到全国妇联原第一书记黄启璪，见黄大姐说话温文尔雅，她很受刺激，觉得自己不大像女人。

当天晚上，她给老公打电话说："真对不起，过去我对你太厉害了，今后我要改变自己。"

老公一激动，第二天来北京了。到京时间是下午4点。这位女士十分热情："你洗脸，你刷牙，你喝水，我去倒茶。"

这位先生受宠若惊，第二天和妇联的领导说："昨天晚上，我总的感觉是从奴隶到将军！"

所以，两口子打架没什么大不了的，改变心情，就改变了世界。

处理夫妻关系，需要智慧。我的朋友张羽冲，就是一位很有智慧的人，他是位音乐家，也是地产投资的大咖。他对家庭关系颇有见解，有一次，我请他走进"悦长大"的微课堂讲课，他讲家里刚刚发生的一件事：他说，幸福是什么？幸福是温暖，是快乐，是被大家欣赏。幸福还有财富，还有全家老小的健康。学习和成绩只占幸福的一部分，而不是全部。人生当中不管是学习还是遇到任何事情，解决问题的方法其实是最重要的。

解决任何问题首先要知道，让别人愉悦，还能解决问题是最高境界；

如果解决了问题却让对方不愉快，那是其次；

再次，不去解决问题而让他人愉快；

最后，既不愉快又不能解决问题。

有一次发生了一件事情，是妈妈心脏不舒服进医院，我带她去做全身检查。晚上回到家，我问妈妈："您为什么会难受呢？"

她说："是因为和你爸爸生气了。"

因为爸爸 86 岁了，妈妈 80 岁，在洗菜的时候爸爸没有把菜洗干净。她就说爸爸："连菜都洗不干净，你为什么连菜都洗不干净？"连说了三遍以后，爸爸生气扭身就走了。

我对妈妈说："您看，这个事情没解决，也不快乐。"接着，我又对妈妈说，"正确的方法是，您这样对我爸说：'老头子，你都 86 岁了，还能洗菜呢，你可太棒了，如果要是再能洗干净点儿，那你简直是太优秀了。'"

我妈听完我这句话，沉思了许久，她说："我也要反思，原来自己发表意见，自己去纠正别人错误的时候，从来没有考虑对方会不会快乐地接受。"

我跟妈妈说："让别人快乐其实是幸福自己。别人不快乐，你就会不快乐，你让对方快乐，你既有成就感，你还会感到幸福。"

张羽冲对我说，女人的幸福感其实是从小培养的，一个女孩从小说话会考虑让别人快乐，那么她的沟通能力就会很强，就会受到欢迎。他用这种观念用心培养他的两个女儿，女儿就十分可爱。晚上，爸爸正在看电视，年仅 6 岁的大女儿天歌，依偎在爸爸身上，轻轻地说："爸爸我爱您，您能让我看会动画片吗？"

听了这话，爸爸的心都酥了："爸爸也爱你，当然可以让你看动画片了！"

多么智慧的孩子，多么有魅力的爸爸！

我自己何尝不是这样！我正忙着写书，6 岁的小孙子走过来，看着我，轻轻地问："奶奶，你写完了吗？能不能陪我玩一会儿？"

我立刻说："写完了，我们一起玩儿，玩什么？"

这样动人心弦的话，谁能拒绝呢？

我想起一句歌词："一句亲切的话语，也许胜过万钧雷霆。"

同样一句话，看你怎么说。

第五讲：儿媳理解了公婆，就学会了相处

婆婆这本书我读了半辈子。三十岁时和先生结婚，我就有了第二个妈妈：婆婆。

有人觉得，世界上最难处理的关系就是婆媳关系，我不这样认为。两个不同年代成长起来的女人，要融合成为一家人，其实并不难，只要做到相互理解，将心比心就可以了。儿媳要真正了解婆婆，婆婆要真正了解儿媳，需要一个倾听和相处的过程。

爱婆婆就要了解婆婆。

第一次见到婆婆是在 40 年前，那时，婆婆住在东北农村，两间大北房宽敞明亮，屋里干干净净，一看就知道婆婆是个管家的高手。

婆婆比我妈妈还不容易，她生育了 9 个儿女。她的手很巧，9 个儿女一年四季每人四套衣服，全是她一针一线做出来的。只要看到别人家穿件新式新衣，她跟着看，回家自己就会做了。

记得第一天一进门，婆婆拉我坐在了热炕头，为了我来，她早就把炕烧热乎了，我刚从外面进来，手脚冰凉，坐在热炕身上暖暖的，心里也暖暖的。我是个北京知青，对东北的热炕头很留恋，顿时有种"到家了"的感觉。

村里人听说老李家儿子娶了个北京姑娘，都觉得很新鲜，纷纷跑过来看。

我暗暗觉得好笑，静静地听婆婆怎么应答，只听见婆婆大声说："别管卢勤是谁家闺女，今天她就是我家儿媳妇！"

"说得好！"婆婆进屋，我伸出大拇指向她称赞。婆婆虽是个农村老太太，但不攀高不唯上，那么硬气，那么自信！顿时，这位身高一米五的婆婆在我眼中变得十分高大。

那就是婆婆给我的第一印象。我为自己有这样的婆婆而骄傲。

后来，婆婆家搬到县城，我和先生带着儿子一起回婆婆家，过了一个热热闹闹、舒舒服服的春节。婆婆已经八十多岁了，一生养育了 9 个儿女，

如今她已经儿孙满堂，全家老少聚在一起有三四十口，儿孙们都很孝敬老人。过年期间，家里每天都挤满了人，大家有的叫"妈"，有的叫"奶奶"，有的叫"姥姥"，有的叫"太奶奶"……老人应着，脸上挂满了幸福。

我先生在家里排行老二，他二十出头就当了公社干部，后来考上了大学，毕业后留校工作。我们结婚后，就来到了北京，一晃离家40多年。我想，我们不能在身边出力伺候老人，就多出些钱吧。所以，每年我都会主动给婆婆寄去一万元钱。逢年过节回家，再带几千元过节费。

有一年，我们回婆婆家过年，初一那天，我把一万元给婆婆时，她拉着我的手说："我对不住你啊！"

我十分诧异，忙问："您这是怎么讲？"

婆婆带着歉意说："你的孩子，我没给你带。"

我大为感动："妈，儿子是您带大的就够了，带孩子是我的责任啊！"

儿子把这一切看在眼里，他用过年得到的压岁钱，给家境困难的四姑家小弟弟买了新书包和新文具。

婆婆有一次在家里烧香，把电视机外壳烧了一个大窟窿。临行前，我又买了一个大彩电给她。回到北京，老人打电话，抽泣着说："儿子好不如儿媳好！"

我很是感慨，老人总是要求人少，给予人多。我对她说："您儿子也对您挺好的啊！"

婆婆很会夸人，前几年，她总说："全县也找不到这么好的儿媳妇！"

这两年，婆婆又改成了："全省也找不到这么好的儿媳妇！"老太太这一夸不要紧，把我的积极性全调动起来了，我觉得能孝敬她是我的幸福。

2009年春节，婆婆身体欠佳，我给她买了一件一千多元的羽绒服，还给了一万五千元钱，放在一个大红包里很郑重地交给她。

婆婆说："怎么给我这么多钱呀！我上哪儿花去啊！你们每天那么辛苦，挣点钱不容易，全给我了。全世界也找不到像你这么好的儿媳妇啊！"

大家一听都笑了。大妹妹说："二嫂你又给妈妈涨工资了！"

我说："是呀！从全省一下子就蹦到全世界了，能不涨吗？"

我自己的父母过世十几年，过去每到过年家里也是二十多人很热闹。自从父母不在了，每逢过年都觉得少了点什么。几次回婆婆家过年，才觉得有妈真好！能挣钱给妈妈花，真有一种说不出来的成就感和幸福感。

真正理解婆婆是对婆婆进行的一次"专访"。

我发现，婆婆常常一个人静静地坐在自己屋的床上，一言不发。我走进她的屋，问她："妈，您养育了这么多孩子，又带大了十几个孙子孙女，真是不容易呀！家里以前的事您还记得吗？"

"怎么不记得，我记得清楚着呢！三天三夜也说不完……"婆婆说。

听了这话，我决定采访一下老人，听她说说，过去的事情。

从采访中我了解到，婆婆8岁就跟着妈妈去锄地；12岁就学会了绣花；14岁就自己绣了一个小棉袄；不到17岁，就嫁到老李家（公公比她大16岁），家里七八口人，回娘家住一个月，还给家里每个人做一双鞋。每天凌晨三点多起床，做一锅高粱米饭；19岁生了老大，这之后，一连生了九个，怀着孩子照样下田、踩谷子。"头晌（上午）歇两歇（回），头歇喂孩子，二歇回家做饭，收工还得和你爹去挖猪草，那罪受的呀！"说到这儿，老人的眼睛湿润了，那一生的辛苦只有她自己知道。

"这么多孩子的衣服都是您亲手做的吗？"我问。

"是呀！衣服、鞋子都是我自己做，每个孩子每年棉鞋两双、单鞋三双，我是成宿地做针线呀。点着小麻油灯，满屋都是烟。有一次，你奶奶都睡醒一觉，看见我还做，就说你咋还不睡觉啊，你不要命了呀！那时我也不知道困，只想我不能让孩子穿不上呀！"

我抚摩老人的手，眼泪盛满眼眶："您老这双手真了不起！还给我们做了那么多拖鞋。"

"这点活算啥呀！我习惯了，干起针线活我心里可亮堂了。"

"40年前，我花了十几元，买了一台二手缝纫机，一直用到现在。儿子说要给我卖废铁，我可舍不得！"

我说："对呀！这台缝纫机是传家宝，不能卖！"

"您教育的孩子个个都那么孝顺，成绩那么优秀，您是怎么教育的呢？"我问婆婆。

"我没教育，不管，天生就这样。"老太太斩钉截铁地说，"两个儿子上中学离家十多里，每天顶着星星走，伴着月亮回，一分钱没有，只带一个饽饽和一瓶炒咸菜。他们学习都好，全凭奖学金读下去。"

人们都是，孩子是看着父亲的脊背长大的，家庭教育的实质是一种环境。

两个还在读书的外甥悄悄问我："二舅妈，您采访我姥姥，是想写书吗？"

"是，我想写一个老人的一生。"

"我俩知道得最多，姥姥经常跟我们说。"

"那你们记住什么了？"我问道。

"我姥姥说，她小时候没钱念书，背着弟弟站在私塾外偷听《三字经》《百家姓》。"

难怪他们学习那么努力，原来他们心中早有榜样。

婆婆正是用自己辛劳的一生，哺育了子孙，她的善良、勤劳、坚强、好学，潜移默化地影响了孩子们，她用自己的行动告诉子孙怎样做人、怎样处事、怎样珍惜。

如今，婆婆的孙子辈大都在大学里，其中有七人在北京工作，有的已成为中央媒体单位的中层干部，每年过年车票再不好买，也要回家过年，看望老人，就像在贫瘠的石缝中钻出的小苗，不畏严寒、不怕日晒、顽强地生长，最后长成参天大树，为子孙留下一片阴凉。这就是母亲的人生！作为乘凉的子孙怎样孝敬她，回报她都不过分。这本用生命写成的书，儿孙一辈子都读不完。

2015年"十一"，我爱人虽然脑梗后左手不能动，但还是拄着拐杖，带领儿孙五口人一起回家看望老人。

不幸的是，回家第二天，婆婆的长子，我们的大哥因患癌症去世。全家人悲痛万分，年近九十的婆婆怎么能经受得起"白发人送黑发人"的打击，天天痛哭不止。大哥和她感情最好，对她最孝顺！她怎么能不伤心？

儿子看到这一切，怕奶奶哭坏了身体，有一天悄悄和我商量："咱们把奶奶家的家具都换成新的，分散奶奶的注意力怎么样？"

"好主意！"我非常赞成，因为婆婆家的家具用了多年，早已破旧。于是，我们立刻去街上的家具店，买了新沙发、新衣柜、新桌椅、新床、洗衣机等，几个小时后，家里焕然一新，婆婆眼里立刻又有了神采。看看这个看看那个，爱不释手："这得多少钱呀！我儿不在了，我孙子还在管我呀！"

婆婆对洗衣机很感兴趣，立刻找人教她使用，多少年她都用手洗衣服呀！

十天后，当我们要回北京时，老人拉着我的手流着眼泪说："我上辈子积了什么福呀，有了你这个好儿媳，这些年尽花你们的钱了，还给我买了那么多东西。"

我紧紧握着她的手："妈，大哥不在了，还有我们呢，您多保重！有妈就有家，您老人家健健康康的，这是全家人的福呀！"

如今，在我的心里，婆婆就是我牵挂的妈妈。现在，我每年给她三万元，以示我的孝心。

我想，为什么我们之间的婆媳关系能处理得这么好？这源于对婆婆的理解和我们相互的关心。孟子说："老吾老以及人之老，幼吾幼以及人之幼。"真正能做到这一点，什么样的关系都能处理好。

第三主题：十种体验的力量

第一讲：体验摔跤，精神成长的必由之路

一个孩子，从1岁到18岁的人生旅途中，都应该经历什么？学会什么？又应该知道什么？面对什么？体验什么？

几乎每一位母亲都陪伴孩子经历过这段旅程。可惜经历了就过去了，除了那些刻骨铭心的经历之外，其他的部分随着岁月流逝、孩子慢慢长大都被渐渐地淡忘了。但是，了解未成年人的认知世界，对于更好地认识和发展孩子的精神世界以及他们的社会潜能是非常重要的。往往当我们明白这些道理时，已经太晚了，孩子已经长大。

可喜的是，在中国有一位叫马兰的妈妈，从怀孕做母亲开始，就在用心关注孩子的成长，用笔记录下孩子成长的每一个细节，并写下一本《妈咪日记》，马兰请我帮她写序，我认真读了她的书，心中充满了感动。这位细心的妈妈，18年来一边工作，一边养育孩子，一边持之以恒地记下了这本宝贵的女儿成长日记，这里凝聚了多少母亲的爱和心血啊！

这本《妈咪日记》的价值在于，它让我们清楚地看到一个未成年人的认知世界是怎么发展的。尤其让我看到，经历和体验对于一个孩子的成长有多么重要。经历和体验是任何成年人都代替不了的，那是一个生命成长必备的阳光和雨露。因为，不可多得的"亲身经历"在人们认识世界的过程中，占有重要的一席之地。

幸运的是，作为母亲的马兰比较早地认识到了这一点，她给孩子一个真实的、独立的世界。她在写给女儿的日记中说："岚晓，我原想为你设计一条路，用我一辈子的经验与教训替你铺一条比较平坦的路，可是后来我发现，每一个人的路都是唯一的，自己走出来的，无论怎样至亲至近的人都无法替代。"从女儿出生的第一天起，她开始陪自己的孩子长大，和孩子一起去面对人生。

岚晓在婴儿时期，就经历了挨饿；经历了因为妈妈出差而必须面对与妈妈分离的痛苦；经历了学走路摔跤的惊心动魄；经历了头撞在冰箱棱角上，渗出血的疼痛。健康专家赵之心曾对我说："摔跤是一个孩子必须经历的体验。因为肢体是有记忆的，每一次跌倒、撞疼都会在肢体中留下记忆，从而增强了自我保护的能力。"

儿童时期的岚晓，和其他孩子一样睁开好奇的眼睛观察世界，张开小嘴提出一个又一个稀奇古怪的问题。所以，儿童时期接触的世界越大，孩子的知识面就越广，生存能力也就越强。

比如，经历了生病，就知道了医院和医生是干什么的；经历了父母离异，就知道了什么是爱和责任；经历了死亡，就知道死亡是不可避免的，即使是最爱你的人，总有一天也会离开你。如果你欺骗孩子说："外公没有死，他是上天堂享清福去了。"孩子就会梦想去天堂找外公，而不能理解死亡的含义。如果你对他说："鲜花是不会凋谢的，它会永远开放。"那么，孩子看到自己养的花凋谢了，就会不知所措。

这个世界上的很多事物都需要孩子去了解，我们不能先告诉他不真实的，然后再去一一修正。真实的世界的确存在着各种矛盾冲突，但是孩子们必须在真实中认识世界。

走进幼儿园，岚晓开始接触到家庭成员之外的角色——园长、老师和小朋友。在集体生活中，她经历了想家、委屈和打架；懂得了友爱和为自己讨回"公道"；学会了穿裤子、读书、过家家、写电话号码，还学会了给受伤的手涂红药水……从这些经历中，她体验到了独立和自我成就感，这就是成长的基石。在从一个"自然人"向"社会人"转变的过程中，她开始逐渐学习到融入集体、社会的能力和寻找自我精神世界的能力。

这个时期，如果你习惯代替孩子做这做那，动不动就说："来，妈妈帮你！"或是在孩子受委屈的时候，总是第一个站出来为他打抱不平，那么孩子就失去了进入社会与人相处的能力和勇气。

上学，是一个孩子最重要的经历。如果说"未成年"期是18年，那么在小学、中学读书的时间就有12年。所以，6岁至18岁是孩子极为重要的求学成长期。走出校园，他们能否适应社会、学会谋生、学会更好地生活，关键就在于这12年当中孩子能否具备敢赢的胆量和能输的承受力。

岚晓很幸运，她上了北京光明小学，这所学校的教育理念就是"我能行"。在这所充满生机的学校里，岚晓体验过作文全班女生第一名和当选班干部；体验过因为成绩优秀，用五朵"小红花"换了一只"小绵羊"，又因为连得几只"小绵羊"而获得了优秀新生奖状的成就感；也体验过不按时交作业而受到老师惩罚的挫败感。在"我能行"的教育环境中，岚晓找到了展示自己的舞台，她的自信心也大大增强了。面对期中考试失利、妈妈发火的局面，女儿竟向妈妈说出"相信我也能够成为人才"的豪言壮语。

进入青春期的岚晓，和别的女孩一样有了第一次月经、与老同学分离、爱恋男生、打耳洞的体验。中考时，岚晓经历了由于成绩排名中游给全家带来的恐慌；经历了每天学习13个小时的煎熬；经历了百年不遇的"非典"；经历了由于压力太大带来的反叛……

被母亲称为"生命不能承受之重"的高考，岚晓也承受了。她经历了花钱补习、离家出走、逃课、日夜上网、手机被抢去派出所报案、考艺术院校被淘汰等不愉快的事情，戴着"倔强"这个帽子走过了三年。然而，她却在高三感悟中写下："我的学习，我会自己努力，不管为了谁，以后的路是一个人走的；痛苦艰辛藏在里面，要面对的太多了，我怎么可能现在就认输呢？"就是有了这种"我能行"的精神，经历历练的岚晓，终于考上一所大学的广告专业。

"以后的路该她自己走啦，无论乖巧也好，叛逆也好。"当女儿长到18岁，母亲马兰说出了这句话。

其实，路是孩子自己走出来的，父母只是观众。人只要生存在这个世界上，就一定会经历这些事，所以每一步都需要孩子自己来走；父母着急也无济于事。

面对复杂多变的社会环境，很多父母担忧孩子受到社会不良现象的侵扰和伤害，不希望他们的精神世界被污染。然而，在信息发达的今天，"两耳不闻窗外事，一心只读圣贤书"的状态已经不再适用于现在的孩子。当我们想要为他们挡住眼睛、捂住耳朵的时候，孩子们正渴望了解自己的生存环境。

2015年，《知心姐姐》杂志"知心调查"在全国开展了《中国孩子精神成长需求调查》，近万名中小学生参与调查，其中近百名中小学生接受了记者的采访，孩子们说出了四大渴望。

其中，面对社会，孩子们渴望拥有参与体验和实践的机会。在调查中，记者向孩子提问：看到新闻中"虐待小动物""老人摔倒了没有人搀扶""同伴之间的暴力事件"等社会新闻，你会有什么反应？48.3%的孩子表示"想知道为什么会发生这种事，想了解背后的原因"；只有4.3%的孩子表示"这些事与我无关"。

精神成长的一个重要任务就是学会处理自己与外部世界的关系。一棵树木是否拥有强大的生命力，最终要看其能否经得住大自然的考验。孩子们接受的所有教育，归根结底都是在为将来走入社会做准备。他们需要了解社会的途径，渴望着参与实践的机会。

在调查中，问到"对于社会事件或社会人物，你更倾向于相信哪一方的想法"时，34.9%的孩子表示更倾向于认同从"自己的社会实践与体验"中获得的想法；30.9%的孩子表示更认同"家庭和父母"的想法；只有5.4%的孩子愿意相信"网络"；3.5%的孩子倾向于认同"娱乐节目或偶像的观点"。

体验，任何人都代替不了。要想知道梨子的味道，必须亲自尝一尝。

面对社会、面对世界，很多孩子已经不再满足成年人为他们准备的标准答案，他们渴望着通过真实的实践和体验，寻找属于自己的答案。

爱因斯坦曾说："学校的目标应当是培养有独立行动和独立思考的个人，不过他们要把为社会服务看作自己人生的最高目标。"培养社会责任感都应该与孩子的精神成长同步，这样他们就不会把承担社会责任当作多余的压力。当孩子们开始关注社会、渴望参与社会实践时，就是在渴望着承担责任，渴望成为社会未来的主人。

孩子的成长归根结底是孩子自己的事，孩子自己才是成长的主体，父母不可越俎代庖。孩子只能从自己的实践中学习，包括从成功的体验中，更多地从失败的教训中学习。

经历，是人生最宝贵的财富。无论成功还是失败，无论是快乐还是痛苦，都是人生的必经之路。在成长的路上，与其给孩子金山、银山让他们去享受，不如让孩子从小经历风雨、享受阳光；与其为孩子着急上火，不如心平气和看孩子如何去面对；与其对孩子横加指责，不如为孩子鼓掌喝彩！

第二讲：体验等待，化蝶是个慢过程

有人问古希腊哲学家苏格拉底："你认为活在这个世界上，什么事情是困难的？"

苏格拉底回答："认识自己难，认识自己的不足更难。"

古希腊阿波罗神殿的石柱上，赫然写着："认识自己。"

对于人来说，最困难的事情就是认识自己。人无完人，金无足赤，尺有所短，寸有所长，知道自己能做什么，不能做什么，自己的长处和短处是什么，自己生命的潜能在哪里，是件很不容易的事。

有一位叫四虎的爸爸，很智慧地编了帮助自己儿子认识自己的"半边人"的故事，效果出奇的好。于是，他写了一套童话绘本，叫《半边人》。故事的主人公叫布巴。

布巴五岁生日，爸爸送了他一个特别的生日礼物：一顶神奇的魔术帽。这顶帽子可以把任何的东西都变成两份。粗心的布巴没有记住爸爸的叮嘱，把帽子戴在了自己的头上。结果，布巴分裂成布鲁布和巴拉巴两个"半边人"。每个半边人都有一半的身体，都有独立的人格。由于他们走进不同的环境：青青汤和红红汤，结果一个变善了，一个变恶了，经过痛苦的过程，他们终于找回完整的自己，并且惊喜地发现：这个世界竟然有很多半边人！

这个过程，每个成长中的孩子都会遇到。因为，人本身就是善、恶两个方面，不同的环境，会激发出不同的本性，形成不同的性格。人有时会因一时糊涂而学坏，这时千万不要自暴自弃，觉得自己不行了，失去了信心，或看到别人比自己强，就往后退，或者逞强伤害了自己。

对于父母来说，最重要的责任是帮助孩子认识：我是谁？长大，需要学习。每个人都是一个独立的生命个体，都有自己的性格，每个人都有无限的可能。我们必须学会尊重生命的唯一性，不管是天资聪明，还是智力一般，我们都要为了生命的过程去学习。每天变化一点点，看重自己每一天的进步和变化，做出每一天的努力，人就能找回完整的自己。

我在多年的教育生涯中，一直十分重视帮助孩子认识自己，并创造机会让孩子去体验，在体验中认识自己，培养良好的性格。我认为，精彩的人生是做最好的自己。

其中，讲故事是帮助孩子认识自我的好办法。夏令营、冬令营、培训营开营仪式上，我都要讲一个故事，引发孩子思考。比如，三只毛毛虫的故事：

在大河旁的树林里，有三只从远方爬来的毛毛虫。它们被河对岸的花丛吸引而来，那里的每朵花里都含着诱人的蜜汁。可现在，它们被滔滔河水困住了。

一只毛毛虫说："我们要先找到一座桥，然后从桥上面爬过去。这样我们就能抢在其他毛毛虫前面，品尝到最甜美的花朵。"

另一只毛毛虫说："这荒郊野外哪会有桥呢？咱们不如造一条小船，让它载着我们漂流过河吧！"

第三只毛毛虫说："我们风尘仆仆地赶到这里，已经走了很多路了，不如先静下心来休息两天，到时自然会想到渡河的办法。"

另外两只毛毛虫都诧异地看着它，反驳道："休息两天？这简直是笑话！难道你没看见，对岸花丛中的蜜汁都快被喝光了吗？我们一路马不停蹄，难道就是为了在这儿睡觉吗？"

这两只毛毛虫一边说着，一边开始了自己的行动。其中一只毛毛虫向一棵高高的大树爬去，它准备摘一片树叶，做成一只小船。而另一只毛毛虫，已经爬到河堤的一条小路上，它要去寻找一座过河的桥。

看到同伴离自己而去，第三只毛毛虫静静地躺在树荫下，静静休息恢复体力。畅饮花蜜肯定是件舒服的事，可这里的习习凉风，也让它觉得十分惬意。然后，它钻进树林，找到一片宽大的叶子，吐出细丝将自己包裹起来，固定在叶子上，变成了一个蛹。外面的河水如音乐般动听，月光静静地照在林隙间，毛毛虫进入了梦乡。

故事讲到这里，请你闭上眼睛想一想，这三只毛毛虫命运如何呢？

嗯，也许你已经猜到了。

那只酣睡的毛毛虫，梦到了很多有意思的事情。不知过了多久，它醒了过来，用积攒的力量钻出蝶蛹，发现自己已经变成一只美丽的蝴蝶。它的翅膀是那么美丽，那么轻盈，只是轻轻扇动了几下，就飞过了那条大河。此时，对岸的花正在盛开，每一朵花里都含着香甜的蜜汁。而它没有找到自己的两个伙伴，它们一个被河水冲走了，另一个在寻找桥的路上过度疲劳而死。

讲完故事，我会问同学们：听了这个故事，对你有什么启发？那两只毛毛虫为什么没有吃到蜜汁呢？

"如果那两只毛毛虫知道自己是蝴蝶的幼虫，就不会那样不顾一切地冒险，而丢掉性命，他们太心急了。"一个同学说。

"他们不团结，如果他们好好商量一下，冷静下来，就不会犯傻。"

"要学会等待，奶奶说，心急吃不了热豆腐。"

最后，我们一起总结出三点启示：

第一，信心来自自知。遇到困难，先像第三只毛毛虫一样，冷静地想一想，自己的优势在哪里，如何扬长避短。

第二，信心来自等待。心静如镜时再出发，看到的才是幸福的彼岸，切莫犯"傻大胆"的错误。

第三，信心来自体验。有时我们不知道自己的能力有多强，最好的办法就是试一试。不试一试，你怎么会知道自己的能力有多强呢？

接下来，请同学们给自己来个"自画像"，可以用图画、语言、形体、文字等任何一种形式来表达。两分钟之后，大家交流，共同分享心中的自己，把自己形象化。

认识自己，是个体验的过程，成长的过程，必须由孩子自己来完成。不过这是一个永久的话题，不必急于完成，小孩子知道自己的长处是什么，不足是什么就可以了。扬长避短才是最重要的。

今天的孩子缺少体验，但也渴望体验。

体验是一个内化的过程，是自我教育的过程。鸡妈妈给予鸡蛋的是温度，鸡蛋变为小鸡还要靠自己起变化。今天的父母替孩子做得太多，我一直和大家讲，替孩子等于害孩子，放手才能放心。不给孩子长大的空间，孩子怎么能长大？

在孩子成长的过程中，父母了解孩子的成长规律，知晓孩子的需要，才会知道怎样让孩子在体验中成长。

真正爱孩子的父母，应放手让孩子学会独立生活，不要心疼他们摔跤碰壁。否则，孩子长大后，面对生活和社会的各种挑战会束手无策。

在美国，有三句关于孩子的教育金句广为流传：

1. 站在后面，不要推。

美国的父母让孩子拥有选择的自由。美国的父母不会代替孩子选择，而是坚持"站在后面，不要推"，给予孩子绝对的自由去选择他们的道路，使他们真正变成社会人，这是美国家庭教育的最终目标。正是这个目标，使孩子很早地拥有了家庭中的许多权利，也就少了许多对抗，少了许多家庭矛盾。

2. 交给他们开门的钥匙比带他们进入房间更合适。

鼓励孩子根据各自的价值观去选择，教育的职责在于引导孩子怎样进行选择。

3. 去做，去试试。

父母鼓励孩子，"付诸行动，去做""去试试"，坚信实践能缩短认识与行为的距离。父母永远安静地站在孩子身后，给予信心，强调对待孩子应"用你的眼睛去观察"。无论何时，父母的双眼总是反映出：我理解你并且会爱你。

父母站位对了，孩子就有空间去发展了，他们可以大胆去尝试了。当孩子失败时，你要学会等待，等待他成长、成熟，化蝶是一个慢过程，不会一蹴而就，不能强攻，需要耐心，更不要过于急躁，幻想孩子能一步成功。如果过于急躁，一切就会成为泡影。

第三讲：体验不同，接受另一个自己

父母如果想运用体验的力量，一定要将心比心，换位思考，了解孩子，完善自己。

长江文艺出版社在出版《半边人》这本童书时，请我写序，我认真阅读了四虎先生写的这部"新东方儿童性格养成系列"，很受教益，不仅写了序言《找到另一个"我"，找回完整的自己》，还邀请作者四虎（真名孙立遐）先生，走进"悦长大"微课堂，共同探讨了儿童性格形成的问题。

四虎先生为什么要写《半边人》这部童话呢？他说，之所以有这个故事，源于对孩子睡前讲故事时偷懒，随口编个故事开头敷衍："从前有个小孩，突然变成两半了，一半叫布鲁布，另一半叫巴拉巴……"接下来就惨了，孩子每天都在追问，后来呢？于是，四虎先生只好把这个开头续下去，一

天一天下来，便成了现在的书。

可为什么会想到"半边人"呢？四虎先生在"微课堂"里介绍了他的初衷：

说起"半边人"这个概念，现在回想起来，还是我从自己孩子的一个细节上观察到的，从心理分析的角度引发的灵感。

我家大孩子是个男孩，他从小就很乖的，很可爱的。我想我们做父母的，一回忆起孩子小时候，个个都是一本满满的幸福的账本。我儿子一直是很乖的孩子，他从小到大一直都很听话。可是随着他长大了，到了四五岁的年纪，他开始有些自己的"意见"，闹"独立"了，不是那么容易听你百分之百的指挥摆布了。

记得有一次，孩子的妈妈看他满头大汗，让他赶紧去洗澡，他正好在摆弄一个玩具，对于妈妈的话开始了抗争："等一会儿哟！"反抗情绪和态度一目了然。

妈妈开始反击："臭小子，你长大了啊！还知道顶嘴啦！"

我想，这也是我们每个家庭都可能存在的一个小故事。当时我刚刚在旁边偷偷观察，我就发现：我这个儿子的性格开始变化了！

他由百分百服从父母，相信父母；开始转变，变成有自己的判断，有自己的性格，有自己的脾气和情绪；如果说，他以前是一个听从父母的话、随着父母的指挥棒生活的孩子，那么现在，他开始萌生另一个自己。另一个自己让他开始有了反抗和抗争。

我忽然意识到，其实在我们的成长过程中，都曾经经历过心理的分裂和性格的分裂阶段：一个是爸爸妈妈所谓听话、乖巧、服从的"好孩子"；另一个是顶撞、反抗、自我的所谓的"坏孩子"，内心充满了矛盾和迷惑。

既想要做个父母百分百满意的好孩子，同时也开始发现，做个好孩子和自己内心的欲望、情绪有时候会对立；我们的内心开始出现分裂，一个是爸爸妈妈所谓的听话、乖巧、服从的"好孩子"，另一个是顶撞、反抗、自我的所谓的"坏孩子"；我们做父母的可能不一定意识到孩子的内心这时开始充满了矛盾和迷惑；我要去做爸爸妈妈的好孩子，但是感觉到这十分违背自己的内心。

我深有感触,不要觉得孩子小,他们不懂得体会这些相对深刻一点的情绪和思想。他们应该已经陷入其中,而不能准确表达自己。

这时候,我就开始从心理成长角度分拆孩子性格形成的一个概念:"半边人"。想想看:这时候,孩子幼稚脆弱的内心经历着激烈的对抗和矛盾呢!

他们开始经历性格成长最痛苦的一个过程:矛盾和分裂;而要最后成为心理完善、性格成熟的人,就要正确地面对这个过程,耐心克服这个过程,顺利度过这个过程,这里恐怕需要一些技巧和指引。

在孩子发现自己变成"半边人"的阶段,如何正确引导孩子面对这种困惑和迷茫呢?

四虎先生认为:我们要让孩子认识到,发现另一个自己,接受另一个自己,提升自己,进而实现心理的成长和升华。孩子会发现自己是分裂的,有所谓的"好"的一面,也有所谓的"坏"的一面。

其实不要怕这些所谓的"坏"的一面,所谓的自私、淘气、调皮、莽撞,首先要接纳它,然后要正确引导和提升,实现升华。"自私"可以变成自我独立,"淘气"可以变成勇气,"调皮"可以变成幽默,"莽撞"可以变成果断的行动力。

面对另一个自己,要接受它,容纳它,提升它,转化它,这是不能放弃、不应该消灭的一部分性格;如果真的完全把另一个自己消灭了、抑制了,恐怕形成的性格是另一种唯唯诺诺、胆怯柔弱的"巨婴"性格。

我赞成四虎先生的观点,培养孩子良好的性格,首先要了解孩子成长的规律。

1岁的孩子,最重要的是培养安全感。天天陪在他们身边,逗他们开心,和他们说话,这是培养良好性格的基础。

两岁的孩子,最重要的是培养他的幽默感。做些搞笑的动作,逗他笑,他冲你笑时,你要回应他,让他见生人不紧张,然后才能形成开朗、幽默的性格。

3 岁的孩子，最重要的是培养他的创造力。让他做手工、编故事、涂鸦、去野外蹚水、养小动物，他需要你常常给他鼓励和赞美，让他有自信。

4 岁的孩子，最重要的是培养他的表达能力。经常和他说话，听他唱歌，耐心回答他提出的"为什么"，蹲下来听他和你说悄悄话，不要纠正他语言上的错误，等他咀嚼肌肉长好，说话自然会清楚。

5 岁的孩子，最重要的是培养亲昵的亲子关系。这时他格外依恋妈妈，妈妈的肯定对他非常重要，妈妈要天天对他说："妈妈爱你！"如果这时，妈妈缺位，就会影响孩子的性格发展。

6 岁的孩子，最重要的是关注他情绪的变化。这时他开始以自我为中心，他更佩服的人是爸爸，相信爸爸什么都知道，爸爸要抽空多和孩子一起玩，树立爸爸的威信。爸爸的力量会增强孩子性格中坚强、刚毅的成分。

四虎先生发现他儿子 6 岁时性格发生明显变化，我的孙子 6 岁时，性格的确也发生了明显变化，这正符合孩子的成长规律。

心理学家认为，孩子在成长过程中会经历三个叛逆期。2—3 岁宝宝出现的叛逆行为，被称为"宝宝叛逆期"；6—8 岁的孩子，则会出现"儿童叛逆期"；12—18 岁出现人生的"青春叛逆期"。孩子在这几个阶段的叛逆行为，都属于成长过程中的正常现象。

6 岁的孩子，逐渐迈入了"儿童叛逆期"。他们开始顶撞大人，破坏性强，自我意识和自我欲求迅速发展，对很多事情都开始有了自己的主意，好奇、胆子大、坚持己见、让父母苦恼不已。其实，孩子的叛逆行为也只是阶段性的，只要父母引导得当，妥善和他们交流，孩子一定会平稳度过叛逆期。

那么，如何引导孩子走出儿童叛逆期，和孩子更好地交流及建立良好的亲子关系呢？

我认为，为孩子，首先要改变成人的世界。

一个孩子性格的形成，与他成长的环境息息相关。孩子性格的"半边人"，与父母的"半边人"关系密切。父母的情绪、教育方式对孩子影响很大。

有一位心理学家精辟地概括了孩子与环境的 14 种关系，其中有 7 种不良环境，有7种健康环境，这些能显示出父母对孩子的态度将影响孩子成为什么样的人。如：

（一）指责中长大的孩子，将来容易怨天尤人；

（二）敌意中长大的孩子，将来容易好斗逞能；

（三）嘲讽中长大的孩子，将来容易消沉退缩；

（四）鼓励中长大的孩子，将来容易充满自信；

（五）嘉许中长大的孩子，将来容易爱人爱己；

（六）认同中长大的孩子，将会容易掌握目标；

（七）友善中长大的孩子，将会对世界多一分关怀。

试想，我们的孩子从小能够生长在一个充满文明、祥和、赞美和友谊的氛围中，那么，他们一定会是有情有义、有合作能力、善于与他人友好相处的乐观的人，他的一生将会充满爱，充满快乐和成功。作为妈妈的你，一定会倍感欣慰，觉得自己的一生辛苦没有白费，你奉献给了人类一部最为辉煌的作品。

但是，如果孩子从小生长在一个充满战争、暴力、指责、恐惧的氛围中，那么，他们一定是好斗、逞能、消极、怨天尤人的人。作为他的父母，你们一定倍感焦虑、失落，觉得自己一生的努力白费了，悔恨终生。

在孩子的心目中，怎样的父母才是孩子认为爱他们的父母呢，下面一份德国学校的"父母成绩单"可以作个借鉴。

德国小学五年级的学生，每逢月末，都会根据这个月的实际生活情况，对孩子父母的行为进行"父母成绩单"评分，并签署意见交给老师。"父母成绩单"上共有10道题，优秀为 A$^+$，合格为 A，不合格为 B。每一项都做出选择后，可以看到父母本月在孩子心中是否合格。看看你能符合几条？

1. 父母彼此间和睦相处，互敬互爱，从不在我面前使用不文明语言或无休止地争吵。

2. 父母能为我创造良好的学习环境，不以电视、计算机或大声说话来影响我的学习。

3.父母能积极学习，不断进取，能做我的"智多星"，能提高对我的教育能力。

4.父母能认真听取我的学习情况汇报，为我推荐一些有益的学习资料和课外阅读书刊。

5.父母能经常与我沟通，耐心地倾听我的诉说，从不态度恶劣地打断我。

6.父母能关心我的身心健康，膳食平衡，视力保护和生理健康，带领我积极锻炼身体。

7.父母每月都给我零花钱，但会指导我合理使用，让我学会勤俭节约。

8.父母从不溺爱我，每天都耐心指导我做力所能及的家务，培养我的独立能力。

9.父母能正确对待我的不良生活习惯，不是强行制止，而是和我讲道理，帮助我改。

10.父母能主动与老师保持联系，一起帮助我在成长的道路上越走越好。

德国一个孩子对他的爸爸的评分有 A，有 B，也有 A⁺。孩子爸爸说，得到 A⁺ 的时候，他非常欣慰能够得到孩子的认可；得到 B 的时候，他也非常在意孩子的感受，会更加努力地改进，和孩子一起成长。

这份特殊的"成绩单"，是否会深深地触动我们？想想我们的很多父母，总是要求孩子考第一，争名次，作为父母对孩子的关爱是否合格呢？我想这不仅是德国孩子对父母的要求，也是我们的孩子对父母的一份渴望。如果父母能做到如"成绩单"所写，不断地改进自己，达到良好的亲子关系也就不是太难的事了。

与孩子相处，父母要有一颗同理心。设身处地为孩子着想，用孩子的眼睛去看世界，才能理解孩子。我在 20 年前写第一本书《写给年轻妈妈》时，专门写了一篇《小孩为什么不爱逛商店》，提出一个观点：蹲下身和孩子平视，你会发现另一个世界。

文中写到一个故事：

有一次，我和一位年轻的台湾儿童电视节目主持人聊天。他对我讲了一件十分有意思的事。

他的3岁女儿，跟他很要好。可他发现，女儿最不爱逛商店，每次都哭闹着不愿意进去。爸爸百思不得其解：商店里的商品五花八门，琳琅满目，让人目不暇接，小孩子为什么不爱来呢？

终于，他发现了其中的奥秘。

有一天，他领着孩子在商店熙熙攘攘的人群中挤来挤去，女儿的鞋带开了。他蹲下来给孩子系鞋带，就在这一瞬间，他忽然发现，眼前是多么可怕的情景：3岁的孩子，没有柜台高，她的眼中，根本就看不到琳琅满目的商品，而是大人们的一条条大腿和一双双大手。那一只只来回摆动的胳膊，一个个见棱见角的大书包，时不时地磕碰孩子的小脸和弱小的身体……

"别说孩子了，我都不想再待下去了。"这位主持人激动起来，"当我把孩子抱起来，扛到肩头上，准备离开商场时，孩子突然笑起来，指指点点，不想走了。哦，原来她看见了漂亮的玩具！"

这件事给我很大启发：我们做父母、做儿童工作的，不能总是站着，跟孩子讲话一定要蹲下身，和孩子站在一条平视线上，用孩子的眼睛看世界，才能真正了解自己。

这位年轻爸爸的感悟，一直对我影响很大，二十年来，我常常在讲课中提到这个观点：尊重孩子，换位交流。

如果用同理心理解孩子，我们做父母的就能够理解一个6岁孩子的逆反心理。想想你自己6岁时是什么心理？你要有自己的主见，你要发现自己的主见，你希望有人关注你，重视你的意见。

记得我小时候就是五六岁时表现出强烈的独立性，我要求改名字：觉得三个字的卢桂华不好听，要求改成两个字。我妈妈就很理解我，立刻召开家庭会议，给我起名字。大人出了十几个名字，我都不满意，最后选了"琴"音，用了"勤"字，才有了今天"卢勤"这个名字。记得刚改名就赶上去家门口的"博士幼儿园"报名，当幼儿园大红榜出现"卢勤"这个名字时，我心中有了极大的成就感和满足感。

　　试想，如果妈妈坚决不同意，理由也是充分的：家里大姐二姐都叫"华"，到你这儿怎么就非要改名呢？我一定不服气，长大都会怪妈妈。可妈妈很有同理心，让我自己做主，这就培养了我从小自主独立的性格。

　　今天我们许多父母在教育孩子的时候，总是紧绷面孔高高在上，什么都自己说了算，不给孩子留空间，这样加大了大人和孩子的距离，使孩子个性得不到张扬，表面是"乖乖虎"，内心早想当"霹雳虎"了，抓住机会就大哭大闹，发泄心中的不满，就像鼓鼓的气球一样，你不扎一个小孔让它慢慢撒气，它就给你来个爆炸。

　　好的做法是：父母放下身段，以朋友的身份和孩子交流，采取双向沟通的方式，尊重孩子，把角色转过来，当孩子的倾听者，听听孩子心里的想法，包括他们对大人教育的看法。多问问他们"为什么""你有什么想法""这件事，你看怎么办好"，一个3岁的孩子完全有能力帮你出主意。

　　如果亲子之间养成心平气和的交流习惯，孩子就学会了与人商量办事。然而，有的父母性格暴躁，动不动和孩子大喊大叫，于是孩子也学会大哭大闹。所以，父母与孩子的沟通方式，常常影响了孩子的性格，就像有的妈妈说的，我家闺女的狗脾气就像我。

　　当叛逆的孩子在沟通中一直和父母唱反调时，父母不妨就沿着孩子的方向走。在孩子不生气的同时，让孩子亲身体验他自己的要求，让他们尝试结果如何。比如在商场，遇到卖饮料促销的，当孩子强烈要求多买几瓶时，在不过分的情况下，父母不要反对，条件是让孩子自己将饮料拎回家，让孩子知道，过多的购买加重自己的负担。

　　儿童期的孩子已经能够权衡利弊，让他们在自己的实践中获得结论，往往要比被动的口头教导有效。

　　有的孩子性格内向，有的孩子性格外向。父母要根据孩子的性格，改变沟通方式。性格外向的孩子比较容易了解他的意向，能找到合理的方式解决问题。性格比较内向的孩子，遇到不开心的事情，不一定会主动告诉父母。那么，父母就可以尝试讲讲自己小时候的经历与自己当时的感受，孩子在了解父母的感受之后，也会更加愿意告诉你他内心的想法。接受孩子的另一面，对每位父母来说都是一门必修课。

第四讲：体验生活，让孩子自食其力

"父母最重要的任务，是把孩子教育成'可以自食其力的大人'。让孩子不管在世界的哪一个角落，都能靠自己挣一口饭吃。"国际知名企业管理专家大前研一讲到了根本。

而神童魏永康的妈妈恰恰忘记了这一点，于是她害了自己最爱的儿子。

神童魏永康，两岁识千字，4 岁基本学完初中阶段课程，8 岁进入县属重点中学读书，13 岁以高分考入湖南湘潭大学物理系，17 岁又考入中科院高能物理研究所，硕博连读。2003 年 7 月，魏永康连硕士学位都没拿到，就被学校劝退了。当时，一直陪读到高中还给他喂饭的母亲曾学梅，指着中科院的大楼，让儿子跳楼，还指着旁边车水马龙的道路，让儿子被车撞死。

是什么导致了现代版"伤仲永"？

我们看看这位"神童"的生活就知道了。有记者这样描述他的生活：除了学习，家里任何事情母亲曾学梅都不让魏永康插手，每天早晨连牙膏都要挤好，给儿子洗衣服、端饭、洗澡、洗脸，甚至为了让儿子在吃饭的时候不耽误看书，魏永康读高中的时候，曾学梅还亲自给他喂饭。2000 年 5 月，魏永康考进中国科学院高能物理所，脱离母亲后，他"失控"了，大冬天不知道加衣服，穿着单衣、踏着拖鞋就到处跑，甚至不知道自己要去参加考试和撰写毕业论文。

这场悲剧的根本原因是魏母根本没有把儿子看成一个人，一个要在这个世界上生存下去的普通人，而是把儿子当成一个学习考试的机器，一心望子成龙，光宗耀祖。结果，儿子没成龙，成了虫。最后，代劳儿子生活一切的魏母忏悔："是我害了他！"

父母的根本任务是教孩子做人。孩子借着父母的身体来到这个世界，

父母有责任教孩子学会做人，学会做事，学会基本的生活技能。孩子的"生存力"是从家庭教育开始的。魏永康从小学到大学，全部生活都是妈妈一手操办，她认为："他将来长大离开我，人这么聪明，很快就能学会的，不晓得儿子已经形成习惯，改不过来了。"是的，人的成长不能重来，不是做实验，只能成功，不能失败，万一失败，代价实在太大了。

其实，今天像魏母这样的妈妈还不止一个，教育抢跑现象是挺严重的，幼儿园学小学的东西，小学上中学的课，到了大学反而要补幼儿园该学的东西，比如吃饭、穿衣、睡觉、行为习惯、人格培养、劳动技能。正像一位幼儿园老师讲的，遇到困难只会哭着叫妈妈，甚至有的孩子5岁了，还只会喝奶。如果犯错，父母竟然说："您批评我，别说孩子。"看着这些孩子和父母，我极度震惊加无语！

父母们无视孩子的独立性，舍不得让孩子吃苦，事无巨细，都要包办代替，使他们心智迟钝，手脚笨拙，离开父母寸步难行。这样的做法，完全违背了家庭教育的目的。

有一次，我们在北京举行了一次"我能行"夏令营，遇到了这样一个男孩。他长得很漂亮，上小学四年级，有一天，他哭了。我们问他怎么回事，他说大孩子欺负他。他从小和他妈妈一个被窝睡觉，到了营地他住上铺有些害怕，到了晚上他就钻到大男生的被窝里，人家一脚给他踢出来，说他是同性恋，他就哭了。后来，我们做了同宿舍同学的工作，让他们理解他，接纳他，又创造机会，让这个男孩多和大家交流。几天后，他的自信心增强了，表示回来后自己的事情一定自己干。

闭营时，我和他妈妈说："怎么能让这么大的男孩睡在你的被窝里？这有两大害处：第一，影响你儿子健康成长；第二，影响你和丈夫的幸福生活。男孩子不能圈养，只能放养。"圈养的孩子很难成器，要培养他们的独立意识。孩子要有自己的被窝，不要和爸爸妈妈一个被窝。孩子要想和爸爸妈妈拥抱，可以在睡觉前，这种孩子独立意识才能更强一点。父母可以包容孩子，让家成为孩子最后的港湾；可以理解他，让他找到温暖和安全感，在彷徨和没有出路时，给他指条路而不是给他一堵墙。

我送给孩子们三句话：一是，自己的事情自己做。不要别人帮忙，要别人帮忙，你就失去了一个锻炼的机会。二是，家里的事情帮助做。越早学会做饭、收拾屋子越好，离开父母也能生存。你老不让孩子做，让保姆做，孩子走向社会就会胆怯。三是，大家的事情抢着做。别怕吃亏，人要想成功就要不怕吃苦，不怕吃亏。他不干，你干啊，你干你就有经验了，经验才是人生的财富。

我再给爸爸妈妈讲三句话：一是，娇生不能惯养。男孩子可以娇生不能惯养，要放养。二是，自作必须自受。让孩子对自己的行为承担责任，父母不要对孩子的错误承担责任，这样他才有责任感。不要给那些哭闹的孩子任何好处，让他知道他做得好的时候才能得到好处，这样的孩子才能讲理。三是，独立必须自主。必须给孩子独立的空间。家庭教育的目的，是实现在孩子长大以后，能适应他将来要面对的社会环境，应对他将来必须应对的挑战和机遇，并且承担起促进中国进一步改革开放，更快地走入世界先进国家行列的重任。

哈佛大学学者曾做了一项调查，得出一个惊人的结论：爱干家务的孩子和不爱干家务的孩子，成年之后就业率为 15∶1，犯罪率是 1∶10。爱干家务的孩子离婚率低，心理疾病患病率也低。

这张美国孩子的家务清单，我们可以借鉴一下：

9—24 个月：让宝宝自己把脏尿布扔到垃圾箱里。

2—3 岁：可以在父母指导下把垃圾扔进垃圾桶里，帮妈妈拿取东西、刷牙、浇花，整理自己的玩具。

3—4 岁：更好地使用马桶，洗手，更仔细地刷牙，认真地浇花，收拾自己的玩具，帮妈妈铺床，拿枕头、被子，饭后自己把盘碗放到厨房水池里；帮助妈妈把叠好的干净衣服放回衣柜里；把自己的脏衣服放到脏衣服篮里，会自己系鞋带。

4—5 岁：不仅熟练掌握前面几个阶段要求的家务，还要教孩子学会从晾衣架上收衣服并且叠不同的衣服，并且自己准备第二天要穿的衣服。自己准备第二天上学幼儿园用的东西，收拾房间，会把乱放的东西捡起来并放回原处。

6—7岁：不仅要熟练掌握几个阶段要求的家务，并能在父母的帮助下洗碗盘，能独立打扫自己的房间。

7—12岁：能做简单的饭，吸地擦地，清理洗手间、厕所，扫树叶；会用洗衣机。

13岁以上，能修灯泡；擦玻璃（里外两面），清理冰箱；做饭，列出要买东西的清单；洗衣服（全过程）。

进行这种早期劳动训练，使孩子学会做力所能及的事情，能练就孩子一双勤劳手，让他们终身受益。

可喜的是，这种劳动训练在中国许多家庭早已开始了。一些家庭条件很好的孩子，也不再是娇生惯养，而是从小学会劳动，学会打理自己的生活了。

吴甘霖先生曾告诉我，儿子吴牧天有个小表妹叫彤彤，她的爸爸妈妈从早对她进行自我管理的锻炼，她的婆婆也舍得放手。1岁多她就自己整理玩具，4岁开始整理自己的房间，5岁开始自己洗头洗澡洗衣服。上了小学，她爸爸妈妈从不陪她写作业，只在她需要指导或者默写的时候才会陪同。

彤彤每天还要负责家务劳动。6岁那年暑假她去了外婆家。外婆给她提出一个要求：每天下午4点半，负责把一家六口的衣服从活动晾衣架上收下来，叠好并分类送到每个人的房间。对这么小的孩子而言，可不是一件容易的事情。尤其在刮风的天气，有时收了这件，又掉了那件。看到她的样子，外婆很心疼，很想帮她收。可是，想到给她这样一个任务的目的，就是要锻炼她的责任心和做事的能力。外婆马上就停止了要去替代她的冲动。哪怕她慢一点，会小小地摔一跤，还会忍不住哭鼻子，外婆还是让她自己一件一件收好叠好，整整齐齐地放到每个人的房间。如果她忘记了，外婆会提醒她，但不会替她完成。

暑假中途妈妈去看她，想带她出去玩。她有些为难地问："妈妈，我们4点半能回来吗？"

她妈妈回答："不一定啊，如果好玩就晚点回来。"

"那我不出去了，你一个人去吧。"她妈妈正纳闷，她却接着说，"我4点半要收衣服的，不然晚上大家找不到衣服穿了。"

就算是一个6岁的孩子，也会因为独自承担家务而产生很大的责任感和成就感！像这样不断地对孩子放手，孩子会更健康更全面地成长，我们怎么不能放心呢？

作为孩子的亲人，究竟什么事情该管，什么事情不该管呢？

我在网上看到一位朋友发给我的德国妈妈的做法，我觉得很值得借鉴。其中，六条该怎么办？

1.孩子丢三落四怎么办？德国妈妈三"不"曲：不提醒，不帮忙，不管他！

2.孩子花钱如流水怎么办？给孩子的礼物——对账本！多花的钱，就扣回来！教会孩子，多花的每一分钱都是父母的。

3.孩子不好好吃饭怎么办？德国妈妈的饥饿教育：不好好吃饭，就得挨饿！

4.小孩抢玩具怎么办？先到先得，不然都别玩！教会孩子，社会没有绝对的公平，只有规则和秩序。

5.孩子拖拖拉拉就是不睡觉怎么办？说定时间，决不妥协！父母破坏规则，孩子就会轻视规则。

6.我的孩子恋爱了。德国妈妈尊重孩子的感情，因为学会爱与被爱是一种可贵的能力。

有的父母听到彤彤的故事，十分为难地说，我的孩子从小娇生惯养，从没让他干过活，现在都上小学了，怎么办呀？我告诉他们，不用着急，让孩子独自参加夏令营、冬令营，这对培养孩子的生存力是个非常好的方法。既能发现问题，又能解决问题。

有一年，我们带领孩子去内蒙古大草原，开展"草原勇敢小使者夏令营"，头一两天在一家宾馆里。

第一天，我们住在宾馆或招待所里，两个孩子一个房间，条件非常好。可住了两天，没有一个孩子说宾馆好。还有一个男孩晚上跑来说："老师，我昨晚没找到被子。"其实，被子就在柜子里，他没有发现，因为平时都是妈妈在铺床。

我问他："那你怎么办呢，晚上挺冷的。"

他说："我把衣服拿出来盖在肚子上了。"

"那你着凉了吗？"

"没有。"

"拉肚子了吗？"

"也没有。"

我欣慰地说："你很会保护自己。"

后来，我还在全体会上表扬了他："这个男孩第一次离开父母，没有找到被子，但他很聪明，把身上最脆弱的地方盖住了，就是肚皮。别看肚皮不起眼，其实很重要，肚皮一着凉，肚子里的东西就变成稀了。"

我没有批评他为什么不去问别人，因为老师就住在隔壁。我原谅他了，因为我发现：现在孩子问问题的功能退化了，因为他们根本不用问，一个眼神妈妈就知道孩子要干什么了。

第三天晚上，我们住在蒙古包，八个孩子住一个房间，他们可兴奋了。早上起来去训练，一个孩子凑过来对我说："我告诉您，蒙古包里可冷了，我冻得一晚上没睡觉。"

"那你们怎么办的？"

"我们只好把被子都献出来，把房间的缝隙给堵上。"

"那你们盖的什么啊？"

"我们八个人挤成一团，感觉真好玩。"这个男孩回答。另外两个男孩也凑过来悄悄告诉我，还是宾馆好。

集合时，我对全体人员说："经历过严寒的人才知道太阳的温暖，走过沙漠的人才知道水的甘甜，住过蒙古包的人才知道宾馆有多好。住了两天宾馆，没人跟我说好，还是觉得家里好。为什么今天有人说宾馆好了？因为昨天晚上挨冻了。挨冻了就知道温暖了，挨了饿就懂得什么叫温饱了。如果你从来没有忍受过这些就不知道什么叫幸福。我相信，蒙古包的夜晚你一定会终生难忘。"

果然，在闭营仪式上，孩子们都说自己收获最大的就是蒙古包的夜晚。一个家境富裕的孩子站起来说："我跟爸爸妈妈住过豪华蒙古包，不好玩，还是八个人住一块好玩儿。"

对于从没在野外生活过的孩子们来说，住蒙古包成了他们很重要的经历。即使条件再好的蒙古包，孩子们也不会觉得比家里更舒适。我对孩子们说："草原是谁的家？是牛羊的家，是昆虫的家。如果有小虫来拜访你，不要一巴掌把它们拍死，请客气点，把它们请出去就够了。"

有的孩子们没有生活经验，我告诉他们，进了蒙古包要把门锁好，因为有灯光，虫子就会飞进来。可有些孩子依然敞开大门，结果晚上两点都没睡觉，一直在大战飞蛾。

第二天我去看他们，一个瓶子里装满了飞蛾，孩子们很兴奋地告诉我，昨天晚上他们跟这些虫子一起睡的觉。出发之前，我和孩子们约定：不管什么事，都要说"太好了"。于是，他们说："太好了，今天我跟飞蛾一起过了一晚上。"

有一个小姑娘因为想家哭了鼻子，我去看她，孩子趴在我怀里哭得可伤心了。看她哭得差不多了，我说："哭好了吧？我带你找妈妈去。"

她立刻把眼睛睁得很大，我说："走走走，穿上衣服去。"

然后，我带着孩子一起漫步在草原上，走到了一个没有灯光的地方。往天上一看，满天都是繁星。孩子看得眼睛都发光了，在城市里，我们哪能见到这么璀璨的星空呢？

"看到星星了吧？它们都是月亮的孩子。可你看到月亮了吗？"

"没看见。"

"月亮妈妈没出来，但她把星星孩子们都放出来了。你看到的星星都是让妈妈放心的孩子。你也是一颗让妈妈放心的小星星，所以你妈妈没有出来看你。你是哪颗星啊？"

女孩指着远处最小的星星说："就是那颗。"

"你看到旁边还有一颗星吗？那就是我。因为我陪着你，所以妈妈很放心地让你出来了。妈妈不放心的星星都没有出来。"说完，我和她依在一起。

后来，她一直都没哭过。最后一天时，她趴在我门上说，自己就是那个爱哭的星星。第二年的夏令营，这个女孩又来了。

"所谓的父女母子一场，只不过意味着，你和他的缘分就是今生今世不断地在目送他的背影渐行渐远。你站立在小路的这一端，看着他逐渐消失在小路转弯的地方，而且，他用背影默默告诉你：不必追。"这是龙应台在《目送》中写下的一段话。

人生有两次大离别：第一次离别是我们从妈妈体内出来，剪断脐带的那一刻。第二次便是父母不在的时候，自己独立生活。教育并不局限于学校教育，而是终身的。走进大自然，会给孩子无限的想象和更开阔的眼光。

第五讲：体验苦难，人生的必修课

苦难为什么是人生的必修课呢？

歌德有句话说得很明白："只存在感到痛苦或欢乐的时候，人才能认识自己；人也只能通过欢乐和痛苦，才学会什么应当追求和什么应当避免。"

许多优秀的人物都是通过痛苦才得到欢乐的。

童年的苦难，成就了一位作者，让他走上世界的领奖台。

2016年4月6日，被称为"童书界诺贝尔奖"的国际安徒生奖，在意大利揭晓：中国儿童文学作家曹文轩，凭借"书写关于悲伤和苦难的童年生活"摘得这一奖项。听到这个消息我非常高兴，因为曹文轩是我的老朋友。他获此奖时62岁，比"国际安徒生奖"还年长两岁。曹文轩老师著作多多，是中国作家协会全国委员会委员、北京作家协会副主席、北京大学教授和博士生导师。

曹文轩代表性长篇小说《草房子》《丁丁当当》《山羊不吃天堂草》等都深受孩子们喜爱。但他的作品很少写当下的生活，主要是被很多人忽略和遗忘的"昨天"，甚至是带着悲情色彩的故事。获奖后，他对记者说："这与我的人生体验和日后建立起来的美学观有关。我认为，儿童文学并非只给孩子带来快乐的文学，而是给孩子带来快感的文学。"在曹文轩看来，快感既包括喜剧快感，也包括悲剧快感。如果一个孩子不知道感动和忧伤，不知道悲愤，就不可能是一个有质量的生命。

曹文轩老师有这样深刻的体验，正因为他的童年是在苦难中度过的。

他曾经这样描述自己的童年：我的家乡江苏，是以穷而出名的。我的家一直是在物质窘迫中一日一日度过的。贫穷的记忆十分深刻。我吃过一回糠，一回青草。糠是如何吃的，记不清了。青草是我从河边割回的。母亲在无油的铁锅中认真地翻炒，说是给我弄盘"炒韭菜"吃。十五天才能盼到一顿干饭。这些苦难日后成了他的人生财富。

曹文轩说："不能为追求快乐而快乐，因为我的童年都是在苦难中度过的。这个经历非常宝贵，我们不能忘却和丢失，如果整个社会都是快乐至上，我认为这是需要反思的。"

有人担心，今天许多孩子远离了他童年的那个年代，能理解这些苦难的经历吗？

事实证明，完全能。曹文轩反映农村贫苦孩子生活的著作《草房子》，发行量超过 1000 万册，足以证明，今天的孩子喜欢和需要这样的作品。正如曹文轩所言："我们早已逝去的苦难的童年，一样能够感动我们的孩子。"

曹文轩老师用自己的人生经历告诉我们：年少的苦难有可能成为人生中最大的财富。如果你用悲心去读懂这些苦难，同样会拥有人生的这笔财富。一个有质量的生命，一定是了解父辈和苦难的童年，帮助那些至今仍与苦难搏斗的伙伴，主动去经历生活中的挫折与失败的人。

正值年少的孩子经历苦难，感受苦难是极其重要的，这对一个人的性格形成起着不可替代的作用。盲孩子林硕就是其中的代表。

一个偶然的机会，我认识了林硕。有一年，在北京国际展览中心举办的"国际教育展"上，我做了一个讲座，主题是怎样培养一个幸福的孩子。在讲座中，我提到了在"知心姐姐"夏令营中，看到孩子们如何在艰苦的环境中学会面对困难，在陌生的环境中学会与人交往。散会后，一位妈妈带着一个高高胖胖的男孩走到我面前，说："我的儿子很想参加'知心姐姐'夏令营，你们能让他去吗？"

我仔细一看，这个男孩又高又壮，可他的眼睛却什么也看不见。我拍着他的肩膀说："在夏令营里要独立生活，要跟其他孩子一起参加活动，你行吗？"

"行！"他底气十足地回答。

"给你时间考虑一下，如果你真的决定去参加夏令营，可以在 7 月 10 日之前给我打电话。"

7 月初的一天，他妈妈打电话来说，林硕决定参加在河南信阳鸡公山举办的"知心姐姐"夏令营了。我们为他的勇气感动，决定免费让他参加鸡公山的手拉手夏令营。

7 月 27 日晚上，在北京西客站的候车大厅里，许多父母来为孩子送行。在小营员的队伍里，我看到了林硕的身影。我给孩子们简短地介绍了应该如何以快乐的心态面对夏令营中的一切情况。告诉他们从现在开始，记住三句话：

面对生活，要说太好了！
面对困难，要说我能行！
面对有困难的同学，要说我帮你！

然后，我对孩子们说："今天在我们的队伍中，就有一个盲孩子。他很勇敢，要和大家一起参加夏令营，但他的眼睛看不见，需要帮助，谁愿意帮助他？"

"我！我！我！"许多孩子举起了手。其中声音最响亮的是张宇宸，他是前几天刚参加过兴城夏令营的"老营员"。

张宇宸在父母的眼中是一个问题孩子。在兴城夏令营开营前，我连续收到了好几条短信，都是张宇宸的父亲发来的。

其中一条短信更是列举了张宇宸的种种坏习惯，上课不专心、学习缺乏兴趣和动力、写作业拖沓等。我没有回复这条短信，因为我觉得他多虑了。但是，在我心里却记住了"张宇宸"这个名字。

在夏令营各小队排练联欢会节目的那天晚上，我特意去了张宇宸所在的蓝队。我惊讶地看到，这个在父亲眼中的问题孩子，竟然是个活动能力极强的"台柱子"。他被大家选为蓝队的主持人，由于他太热情、太卖力了，嗓子都喊哑了。于是，张宇宸就让其他孩子主持，自己当舞台监督，同学们都很服他。他的街舞也跳得极好，他不仅自己跳，还带动其他同学跟他一起跳。夏令营的联欢晚会上，张宇宸带领其他5名小营员表演了精彩的街舞。同学们说，那些动作都是张宇宸编的。他有这么强的组织能力和带动力，让我心里暗暗佩服。

我在台下悄悄问他："你为什么要带着那么多人一起跳啊？"

张宇宸爽快地说："大家开心，我就高兴！"

带队老师也说，张宇宸是一个非常优秀的孩子。这些与他爸爸所说的问题孩子简直是天壤之别。在与参加父母营的父母做交流时，张宇宸的父亲又讲了许多对孩子的顾虑，我忍不住批评他说："我看你的儿子比你优秀。他那么阳光，那么有力量，是一个男子汉。请你相信你的孩子一定行。"

兴城夏令营结束后，我们又邀请张宇宸参加了鸡公山夏令营。因为小营员的队伍中需要一个有带动力的人，而张宇宸是最合适的人选。于是便出现了在火车站上，他主动要求帮助林硕的那一幕。此后我亲眼看到，吃饭的时候，张宇宸带林硕去餐厅；下楼的时候，张宇宸扶林硕下台阶。张宇宸和林硕在整个夏令营活动中，都形影不离。

在闭营仪式上，张宇宸和林硕同台演出。他扮演"日本太君"，演得活灵活现，充分展示了他的表演才能。张宇宸的表现得到了全体营员的一致好评。而面对大家的表扬，张宇宸却感动地说："我从林硕身上看到了一种力量。他那么坚强，遇到困难从不叫苦，和他相比，我还差得很远，我还需要努力。"

几句话说得我热泪盈眶，我更加明白，什么人是最有力量，勇于挑战的、经历转变的人。当他尽心尽力去帮助别人的时候，却能从别人身上看到长处，心悦诚服地向别人学习。

未来的社会需要的不仅是学历，更需要的是学习力。这种学习力包括向一切有长处的人学习。而张宇宸这样能融入集体，发挥自己长处，又能向其他孩子学习的人是多么了不起！

而林硕在夏令营中的表现，同样让我感动。

在火车上，我和小营员们聊起天。林硕兴奋地告诉我，他刚参加了一个盲童五子棋比赛。当我问到比赛结果的时候，他得意地说："我赢了！"

"那你以后打算做什么？"我好奇地问。

林硕摆出一副很成熟的样子说："我刚参加完比赛比较累，不想考虑这么复杂的问题。"

"哦，我太心急了。"我被他的样子逗笑了。

在夏令营的开营仪式上，很多孩子发了言。我发现，坐在台下的林硕听得特别认真。

于是，我把他请上台，问："你来参加夏令营想要得到什么？"

他认真地说："我是来经受苦难的。"说这话的时候，他激动得全身颤抖。很多小营员都不明白，大家都是来玩的，他怎么说自己是来受苦的呢？

我对孩子们说："对于能看到光明的人来说，和大家一起开心地玩耍是件很幸福的事儿。但是，对于林硕来说却可能是一种苦难。过去他一直和盲孩子生活在一起。他看不见，别人也看不见，大家没有什么不同。而现在，大家都能看见，而他看不见，对他来说这就是最大的痛苦。我们正常人的生活对他来说就是苦难，他有勇气去经受这种苦难，和大家在一起，就很了不起。我建议大家给他爱的鼓励。"

于是，全场响起了热烈的掌声。在之后的几天中，林硕表现得很坚强，每一项活动他都积极地参加。一天晚上，香港著名导演李力持给孩子们讲怎样表演，并且要选一些小营员，在闭营仪式上表演一个短剧。李导演讲课的时候，林硕坐在第一排，伸着脖子、侧着耳朵，生怕自己有所遗漏。而当李导演让大家大笑时，林硕笑得最大声、最开心。李导演被他打动了，选中他在短剧中出演角色。

闭营仪式上，小营员们表演了《放牛郎王二小》的故事。林硕扮演了一个小游击队员，他穿着一件马甲，手里拿着红缨枪，演得很逼真。大家看着他的表演，已经忘记了他是一个盲孩子。

在回北京的火车上，他不停地哈哈大笑。火车上的其他旅客觉得他很奇怪，只有小营员们知道，这笑声来自他战胜苦难所获得的幸福。

几天后，他的妈妈给我打来电话，表示深深的感谢，说林硕发生了很大的变化。而我觉得，在夏令营中有这样一个孩子参加，无论对他本人还是其他孩子都是很好的教育机会。

在和林硕妈妈沟通的过程中，我曾给她发过这样一条短信："风风雨雨才是人生，酸甜苦辣才是生活。快乐的时候笑一笑，疲惫的时候停一停，只要心中怀有希望，风雨过后必是彩虹！"

夏令营对正常孩子是一种锻炼，而对于盲孩子林硕来说则是更大的考验。别人如果收获的是开心，林硕收获的便是经历苦难，战胜自己的幸福。

第六讲：体验失败，成功者的垫脚石

在溺爱下长大的孩子，对失败、挫折、意外打击的心理承受力很差。外表上看个性十足，但内心意志脆弱，不堪一击，就像一个外形完整的蛋壳，只要轻轻一捏就成了碎片。他们一离开父母的保护，就难以适应艰难的环境，稍受挫折就支撑不住。这就是心理学家谓之的"蛋壳效应"。

某中学初一女生，初中时各门功课均居全班之冠，经常听到的都是教师、父母、邻居、同学的赞美之词。自考入县一中后，第一次期中考试总成绩居全班第九。她苦心攻读，发誓期末非进入前三名不可，但由于种种原因未能如愿。初二下学期中考竟跌入20多名的行列。爱面子、听惯了表扬的她难以接受这样的事实，觉得无颜面对亲人朋友，用鼠药结束了自己年轻的生命。

这位女生死得太不值了，她不知道，所谓成败，不是以自己和别人的成就相比较，而是以自己的能力来衡量。

在人生的早期，经历一些失败，有着极大的实际好处。

奥巴马应该属于成功人士了，但他的童年经历过苦难，他的人生也经历过无数的挫折与失败，他之所以能成功，是因为他最终站起来了。正如牛顿所讲的："如果你问一个善于溜冰的人怎样获得成功时，他会告诉你：'跌倒了，爬起来。'"这就是成功。

记得有一年开学的第一天，奥巴马给全体学生讲话时特别讲到成功与失败的关系。他说："成功是件难事。你也不可能每次都递上看起来和现实生活有关的作业。而且，并不是每件事，你都能头一次尝试就获得成功。"

但那没关系，因为在这个世界上，最成功的人往往也经历过最多的失败。J.K.罗琳的第一本《哈利·波特》被出版商拒绝了十二次才最终出版；迈克尔·乔丹上高中时被学校的篮球队刷了下来，在他的职业生涯里，他输了几百场比赛、投失过几千次投篮，知道他是怎么说的吗？"我一生不停地失败、失败再失败，这就是我现在成功的原因。"

他们的成功，源于他们明白人不能让失败左右自己——而是要从中吸取经验。从失败中，你可以明白下一次自己可以做出怎样的改变：假如你惹了什么麻烦，那并不说明你就是个捣蛋鬼，而是在提醒你，在将来要对自己有更严格的要求；假如你考了个低分，那并不说明你就比别人笨，而是在告诉你，自己得在学习上花更多的时间。

美国前总统奥巴马在一次开学日的演讲中说，没有哪一个人一生出来就擅长做什么事情的，只有努力才能培养出技能。任何人都不是在第一次接触一项体育运动时就成为校队的代表，任何人都不是在第一次唱一首歌时就找准每一个音，一切都需要熟能生巧。对于学业也是一样，你或许要反复运算才能解出一道数学题的正确答案，你或许需要读一段文字好几遍才能理解它的意思，你或许得把论文改上好几次才能符合提交的标准。这都是很正常的。

你要记住，哪怕你表现不好、哪怕你失去信心、哪怕你觉得身边的人都已经放弃了你——永远不要自己放弃自己。因为当你放弃自己的时候，你也放弃了自己的国家。

这段话讲得很精彩，也很实用，勇于和失败握手的人才可能成功。

在山西，有一个女孩，高中毕业后没考上大学，被安排在本村教书。结果，上课不到一周，女孩由于讲不清数学题，被学生轰下台，灰头土脸地回了家。母亲为她擦眼泪，安慰她说："满肚子的东西，有的人倒得出来，有的人倒不出来，没必要为这个伤心，找找别的事，也许有更适合的事情等着你去做。"

后来，她又随本村的伙伴一起外出打工，不幸的是，她又被老板轰了出来，原因是剪衣服的时候，手脚太慢。母亲对女儿说："手脚总是有快有慢，别人已经干了好多年了，而你一直在念书，怎么快得了。"说完，便为女儿打点行装，准备让她到另一个地方去试试。

女儿先后当过纺织工，干过市场管理员，做过会计，但无一例外都半途而废了。然而每次女儿失败而沮丧地回来的时候，母亲总是安慰她，从来没有抱怨的话。30多岁的时候，女儿凭着语言的天赋，做了残障学校的辅导员。后来，她又开办了自己的残障学校。再后来，她在许多城市又开办了残障用品连锁店，是一个拥有几千万资产的老板了。

有一天，功成名就的女儿向已经年迈的母亲问道："妈妈，那些年我连连失败，自己都觉得前途非常迷茫，可你为何对我那么有信心呢？"母亲的回答朴素而简单："一块地，不适合种麦子，可以试试种豆子；豆子种不好的话，可以种瓜果；瓜果也种不好的话，撒上些荞麦种子也许能开花。因为一块地，总会有一粒种子适合它，也总会有属于它的一片收成。"听完母亲的话，女儿落泪了。

但是，天下不是所有的孩子，都能有这样通情达理的妈妈。在失败面前，有的父母是孩子的垫脚石，有的父母却是绊脚石，这样的孩子难道就没有希望成功了吗？

不，在成功的队伍里有许多是踏着绊脚石爬过来的人。

在上海，我认识了两位台湾杰出的年轻演讲家，他俩有着共同的人生经历：缺少赞美的童年，一颗失落的心有自身经历的抑郁症患者，他们又是怎样走上舞台，又是怎样成为首席超级演说家的呢？

走近梁凯恩，首先要从他的童年说起。

梁凯恩出生于台湾一个基督教家庭，他的父亲是牧师，事事追求完美，是一个典型 A 型血性格。每次礼拜的演讲稿，父亲都要修改上三四次，还对讲稿皱眉头，但已改不动了。

身为牧师，讲台上的父亲高不可攀，每个星期总有许多人走进教会，听父亲做礼拜。对教徒和蔼可亲的父亲，对梁凯恩却异常严厉。

小学时，梁凯恩的学习成绩一直很好。当他又考了个全班第一名的成绩时，怀揣期待之情，将考卷递到父亲手中等待夸奖，父亲却紧绷着脸，将考卷丢到地上，说："考这种成绩，还敢拿出来！"

梁凯恩丧气极了，他望着 96 分的红色签字笔迹，心想考全班第一名也不能让父亲高兴，要是考 100 分就好了。

母亲是小学教师，她对儿子的要求也很高，不论梁凯恩做得多好，她总能挑出不满意的地方。为了让母亲满意、得到赞美，梁凯恩自发地打扫家里的卫生，母亲看见了说："如果那个角落也扫到就好了。"

梁凯恩心想，总会有母亲满意的时候吧。吃完饭后，他主动洗了碗，母亲去厨房看了看，随意地说道："怎么没把料理台的油渍顺便清理一下呢？"

这个晚上，小凯恩的心情彻底低落下来，让母亲满意一次，真的很难很难。

这样一来，梁凯恩对学习的兴趣，越来越低，功课一落千丈。初中一、二年级时，成绩还在中上游，初三时已被老师除名，编入"放牛班"。

一向要求完美的父亲，难以忍受儿子的退步，在一次做完礼拜后，他冷冷地对儿子说："礼拜做完，赶快回家，不要在这里丢人现眼了。"

父亲的话，像冰川一样寒冷，让梁凯恩不知所措，他再也不想去教会了。

有一次，梁凯恩带朋友到家里玩，朋友在房间里抽烟，走时把烟忘在他房间，母亲发现后，责问道："你为什么要抽烟？"梁凯恩连忙解释道，他没有抽，是朋友来掉在这里的。母亲根本不听他的解释，一脸失望的表情，认定是儿子在说谎。母亲不相信他，让梁凯恩很伤心。

更让梁凯恩无法接受的事情紧接着发生了，母亲硬拉着他跪下来祷告，向上帝忏悔。15岁的梁凯恩，在无可奈何中随母亲低头忏悔，但是，他在内心中决定再也不做乖孩子了。

祷告完毕，梁凯恩径直走回房间，拿起朋友留下的烟就抽，他被浓烟呛得咳嗽，坐在窗边，内心无比苦涩。那段生活，让小凯恩一直没有机会发现自身的优点，最后，他得了抑郁症。

父母只觉得梁凯恩在台北混不下去，就将他送到嘉义的协同高中就读。之后，梁凯恩三番两次休学，换不同的学校，他的抑郁症病情越来越严重，病情发作时，他就将自己关在房间里，一个星期只出门一次，只为买1条烟和好几瓶可乐。梁凯恩会一整天坐在窗台边抽烟、听音乐、写东西，拒绝与外界接触，有时候甚至长达30多个小时，直到体力不支而昏睡，睡眠中总是噩梦连连，醒来发现饿得受不了，便去厨房找吃的，通常是一碗泡面。

一天晚上，16岁的梁凯恩，同父亲发生了冲突。深夜里，他仍在房间里听随身听，父亲忍无可忍，走进他的房间，将随身听扔到地上，同时数落儿子的种种不是。他们大吵了一架。从此，父子俩形同陌生人，在家里擦肩而过，谁也不再开口。

梁凯恩的高中时代，在入学、休学，又入学、休学里换了5所学校，最终，读了9年还没有毕业。

梁凯恩得了抑郁症，觉得人生没有意义，他想到了自杀。梁凯恩曾有一次割腕的经历，后来，他决定用跳楼的方式自杀。爬上18层楼的楼顶，风呼呼地吹，梁凯恩趴在围墙边，看着底下的车子缓缓移动，他回顾起自己的一生，想着未完成的事。这时，凯恩看到有两个人在下面谈话，他很好奇，想知道他们对何事谈得如此有兴趣。

突然，梁凯恩想：我就这样跳下去，我会甘愿吗？不，我不甘愿，因为我还没看完暑假电影。他想以看电影的方式，去了解别人的生活故事。

18岁时，梁凯恩曾在一家快递公司送货，因为女友无法忍受他10年后仍会一无所有，而与他分手。巨大的痛苦，让梁凯恩的大脑快要爆炸了，他终于对自己怒吼："不！10年后，我不能一无所有！我受够了！我一定要证明自己！"

一部《闻香识女人》的电影，给了梁凯恩重大启示：原来人生必须要有明确的目标，才能拥有不可思议的动力，唤醒心中的巨人。这部电影让梁凯恩领悟如何证明自己，梁凯恩用了两个星期的时间，像电影中一样给自己设立了六个目标：一、写一首歌来感动10亿人；二、找到一生的挚爱；三、买一辆高级的JAGUAR加长型轿车；四、成为演讲台上的超级巨星；五、成为拥有亿万美元的富翁；六、环游世界，至少要去20个国家。

这六个目标，都要花很多时间去完成，当梁凯恩的心思都聚焦在这六件事上时，他再也没想过"自杀"了。

为了梦想，这个曾经高中读了9年都没有毕业的人，开始白天工作，夜晚去夜校读书。梁凯恩在育达商职国贸科共读了5年，在高中的最后一年里，因为学业外的努力，他的单月收入最高时达42万元台币。

当梁凯恩成为公司当月的销售冠军，在剑潭青年活动中心对600人演讲时，他感受到了希望。随后，他有了一个决定，投资一万元参加陈安之老师的培训课程。当3天的课程快要结束之际，梁凯恩举手问陈安之老师：

"想不想超越自己的老师安东尼·罗宾？"老师没有正面回答，而是说"人的志向不一样"。而这一天，梁凯恩决心要超过自己的老师。

22岁时，梁凯恩做了两件同龄人不会做的事情：第一件事情是，他开始大量向世界第一名学习；另一件事情是，他努力结识大量月收入千万的人。

从23岁起，梁凯恩每年至少参加四次世界第一名的课程。在11年里，自我进修的金额达750万元人民币。梁凯恩说出了自己的感受："如果没有这些课程，我的人生怎么会有如此不可思议的改变？"

梁凯恩的这些投资，是在为梦想而去学习。这个过程中，梁凯恩不断地告诉别人自己的目标："我要在上海办一场2万人的演讲！"

2万人的演讲，在1997年后，变成了5万人的演讲。这是梁凯恩的决定，这一年他24岁。许多人不相信他，称他为"可爱的演讲家"，更多的人嘲笑他，认为他异想天开。

而梁凯恩，从未放弃。他已为梦想而生。为了实现这个5万人破吉尼斯世界纪录的梦想，梁凯恩在做充分而细致的准备：他向世界第一潜能激发大师安东尼·罗宾学习"如何随时随地、每分每秒都保持巅峰状态"；他向世界行销之神杰·亚伯拉罕学习"不花一毛钱，也可以成为亿万富翁的秘诀"；他向乔·吉拉德学习"成交一切都是为了爱"……

2010年11月6日，梁凯恩终于实现了坚持14年的梦想——上海5万人演讲会，在上海8万人体育场成功举办。以梁凯恩和许伯恺的故事为原型的励志电影《下一个奇迹》，也已经上映。

这个"可爱的演说家"，曾是抑郁症患者，如今他为梦想而生，充满活力和热情。我曾听到过梁凯恩充满激情的演讲，他的演讲激励了许多的人。我喜欢他的三句话：

1. 早上起床，你有两个选择，不是选择平凡地度过今天，就是选择在今天创造属于你生命的奇迹！

2. 当你在追求梦想的过程当中，会有许许多多的好朋友来找你，他们的名字叫困难、挫折、迷茫、痛苦、低潮、恐惧。你一定要学会跟它们相处，并且还要不断继续前进。

3.我们不是世界上最成功的人，但我们一定要成为世界上最会鼓励自己的人。因为如果你有梦想，而不是鼓励自己的话。那么就不会有其他人来鼓励你！

贝多芬有句名言——卓越的人一大优点是：在不利与艰难的遭遇里百折不挠。

梁凯恩是这样一位卓越的人，他的搭档许伯恺也同样是位卓越的人。

在台湾出生的许伯恺的记忆里，童年就像一张磨损褪色的照片。许伯恺小学三年级时，父母签下了一纸离婚协议书。他和妹妹只能依靠生活在台北市"眷村"的爷爷奶奶来照顾。更多的时候，"灰头土脸"的兄妹俩，只能依靠自己。

许伯恺对"眷村"一户挨着一户的低矮房舍印象就特别深。每天，许伯恺背着书包，走过夹杂着各种乡音的清一色的红色大门、白色墙壁、绿色窗户的狭窄村道去上学，短暂地摆脱了在家的孤独。

到了学校，几个喜欢练练拳脚的同学，看到许伯恺因父母离异而一脸迷茫的神情，就勾起了他们"练拳脚"的冲动。许伯恺已经记不起来，那是第几次被同学打了，他默不作声地回到家里，父亲像往常一样没有回家，许伯恺又回忆起他牵着妹妹的手，流泪看着妈妈整理行李后离去的场景。许伯恺想哭，还是忍住了，因为他看到妹妹正蜷曲在沙发里。

生活就这样过着，直到许伯恺觉得自己在学校里被"打到习惯"为止。

他和妹妹唯一的希望是听到当时台湾最流行的摩托车"野狼125"的引擎声，听到声音，他们就会冲到门外，更多的时候却是失望——邻居叔叔跳下了摩托车，而不是爸爸。

爸爸很少在家，爷爷奶奶住在附近，大多数时候，许伯恺和妹妹在生活上只能靠自己。

"起床啦，上学了！"

许伯恺一边按掉床头的闹钟，一边把睡在一旁的妹妹摇醒。

快速地刷牙、洗脸、换上校服，许伯恺刚准备出门时，却发现妹妹还赖在床上，他只好把妹妹拉起来，帮妹妹扣上最后一颗纽扣，心想大功告成了，却发现衣摆长短不一，扣错了。刚刚小学三年级的许伯恺，只好再帮妹妹重扣一次。

最要紧的是吃饭问题。

"哥哥，我好饿！"

妹妹又一次错过了比他上学时间晚来一个半小时的娃娃车，没能去幼儿园上学。放学回来后，许伯恺发现妹妹穿着幼儿园校服、抱着洋娃娃、蜷曲在沙发里，从挂着泪痕的嘴角说出来上面的话。

许伯恺条件反射似的摸了摸口袋。如果还有爸爸给他的零用钱，他会立刻拉着妹妹去买盒饭，然后去街角的杂货店买零食吃。

有一次放假，许伯恺和妹妹睡到中午起床，饥肠辘辘的兄妹，在冰箱里找食物，却只找到了一个鸡蛋和一包紫菜。

"我们来煮紫菜蛋花汤，配饭吃好不好？"哥哥提议，妹妹随即附和。毫无经验的兄妹俩，你一匙盐、我一匙味精、你又来一匙盐，最后做成了味道死咸、吃起来还有蛋壳咯吱响的汤，拌着因水少而过硬的饭，兄妹俩还是吃得津津有味。

爸爸对待许伯恺非常严厉，但是比爸爸更严格的人是爷爷。他嗓门大，威风凛凛，像个军人，一旦发现许伯恺拿筷子的姿势不对，处罚就随之而来。

周末，是邻居家的小朋友在外面嬉闹的时间，爷爷却拿来一个装满绿豆的碗和一个空碗，面无表情地命令道："坐好，用筷子把绿豆全部夹进空碗里才能离开！"许伯恺只好一声不吭、一颗颗夹着又滑又小的绿豆，有时夹到手抽筋，夹完之后天也黑了。

从小学到中学，许伯恺都是班上男生中最矮的。家境贫寒、父母离异，再加上爷爷对他权威式的管教，让他放学时不敢走同一条路回家。许伯恺在学校时常挨骂、挨打，胆子越来越小，到了打不还手、骂不还口、能躲则躲的地步。此时，已失去自信的许伯恺，面临最大的敌人是抑郁，他感到自己的生命毫无价值。中学一年级时他萌生了自杀的念头，在一个笔记本里，他记下了200多种自杀的方法。

进入青春叛逆期的许伯恺，开始憎恨爷爷。然而，初三时，爷爷在一场车祸中意外丧生。许伯恺突然悟到了爷爷是爱他的，爷爷严格要求，只是出自深切的期望。在爷爷出殡那天，许伯恺默默许诺道："我一定要变成家族中最有出息的人，爷爷，我要做给您看。"

到了高中后，许伯恺像换了一个人，他凭着一股"不要命"的狠劲，再也没人敢欺负他了。但他依然自卑，甚至不敢表达自己的情感。当时，许伯恺就读的是企业与学校合作的职业学校，毕业前工厂厂长致辞："努力20年，也可以像我一样管理一个工厂！"20年？在这漫长的20年要过着打卡上下班、重复机械的工作、吃盒饭，甚至要忍受化学药水对身体的伤害。这让许伯恺开始重新定位自己的人生。

"这不是我未来20年要过的生活！"许伯恺坚定地对自己说。同时，他将"打工"从未来的蓝图中画掉。

许伯恺十分兴奋，竟让他忘记了自己是一个害怕陌生人、没学过销售技巧、口才不好、没有人脉的菜鸟，当时他觉得离自己的美梦不远了。

只经过3天的职前培训，他就匆忙上"战场"了，他脑海里有无数个"怎么办"，但都无法找到答案，他有的是拼劲，但他隐约觉得自己不会成功。

6个月业绩为零，一个客户也没有成交。答案终于出来了。

正在许伯恺迷茫无助时，好心的经理告诉他："你去参加这门潜能激发课程吧，3天之后，你一定会脱胎换骨。"许伯恺不敢相信经理的话。经理说，他刚上完这个课程，这是真的。

许伯恺终于意识到，他缺少的是赚钱的能力，不懂得赚钱，又如何赚到钱呢？

许伯恺决心为改变自己的命运而战。他一口气向32个朋友借钱，又在父亲面前跪了3小时，上课的钱总算筹够了。那3天的课程，唤醒了他沉睡已久的信心和能量，他冲上讲台，抢到麦克风对四百多人大声地说："我可以！我可以做得到！"奇迹出现了，在上完课18天后，许伯恺破天荒地成交了他人生第一个约200万元人民币的单子。

人生起航，并不是一帆风顺，起起伏伏，幸好许伯恺一直在倾听自己内心的声音："找到自己的核心专长，站上舞台！"

不断突破自己，寻找一切可以学习的机会。为了更好融入上课的情境，许伯恺自告奋勇担当没有额外补贴的助教工作。在长达3年半的时间里，他连续当了115期的课程助教。许伯恺记住了母亲的话："好，如果要做，就做台上的讲师，不要只是为别人鼓掌。"从发盒饭的助理，到成为音控师、总领导、特别助理，最后如愿以偿地成为主持人，这也让许伯恺在"潜训"主持人中获得了"小钢炮"的美名。

但过了不久，许伯恺所在的公司倒闭了，为了上课，学到更多技能，许伯恺又继续借钱求学。在最艰难的日子，他典当了奶奶送给他的金戒指。这期间，许伯恺去娱乐场当过服务员，又卖过香鸡排，甚至在去外汇公司打工时发生了车祸。

最终，痛定思痛，许伯恺决定回到培训行业。"演说，才是我的核心专长，我一定要重回舞台！"

失败，是成功的必经之路，它让许伯恺心智更加成熟、坚定。

2003年，在祖国大陆8年，已经有了首席潜训师顾问称号的许伯恺，决心回台湾，加入梁凯恩初创的"超越极限"，成为该公司的执行长。他们肝胆相照，让1加1等于11，令奇迹出现。2010年，许伯恺成功协助梁凯恩让"超越极限"在美国挂牌上市，并于2010年11月6日，在中国上海八万人体育场举办刷新世界纪录的五万人演讲会。2012年，以他们的故事为原型拍摄的电影《下一个奇迹》在全国公映。

如果你问许伯恺，让一个人成功的秘诀是什么？他会告诉你，向世界第一顶尖的人学习。

多年来，许伯恺不断向世界大师学习。

他向世界第一潜能激发大师安东尼·罗宾学习；他向世界第一行销大

师杰·亚伯拉罕学习；他向世界第一谈判大师罗杰·道森学习……

他始终相信"教练的级数决定选手的表现"，只有世界第一名才能教出第一名！曾经不惜无数次借钱也要参加顶尖课程的信念，最终引领他一步步实现自己的梦想！

许伯恺，曾是个抑郁的男孩，因为坚持了对的梦想，他成了能够帮助千万人的潜能激发训练大师。

那一次听许伯恺演讲，他一个人竟然满怀激情地讲了一天一夜！记得那天，他流泪讲了这样一段话：

我一定要用我这辈子的力量，不管是十年，二十年，三十年我一定要做到一件事情，我一定要协助中国的电影界正式超越美国好莱坞，让中国的电影拍到全世界那里去，把咱们的品牌都植入咱们的电影中。

有一天，当美国的小朋友早上起床拉着美国的妈妈的手说：mother，我要吃油条！那才叫作牛！你们说是吗？所以，我们拍的每一部电影里面的男主角一定要吃中餐。我二十几岁的时候喜欢吃西餐，喜欢吃汉堡包，年纪大了，慢慢地就吃中餐，就会对中餐越来越怀念。因为我知道我的根在这里，人都是这样，到最后会寻根的，年纪越大越寻根，就是这个样子。我觉得这就是个定律。

梁凯恩、许伯恺这两位台湾青年深深感染着我，不仅仅是他们精彩感人的演讲，更重要的是他们对祖国的热爱与忠诚，是他们面对挫折与失败的勇气。人生每一次的失败，对他们来说，都是通向成功的一个阶梯。

失败是一种教育。

罗曼·罗兰说："失败可以锻炼一批优秀的人物，它挑出一批心灵，把纯洁和强壮的放在一边，使它们变得更纯洁更强壮，但它和其余的心灵加速它的堕落，或是斩断它们飞跃的力量。失败对我们是有好处的。我们祝福灾难，我们是灾难之子。"

一帆风顺长大的孩子，很难创造出生命的辉煌。"不摔跤，长不大。"聪明的父母不应当希望自己的孩子一辈子不摔跤，而是要培养能应对复杂人生的雄鹰。我们的责任是给孩子帮助、支持、鼓励，也给孩子必要的保护。

不久前，我看到一则新闻：《哈利·波特》的作者罗琳写作时坐的那把椅子，拍卖到 42 万美元。大家都认为，这是多么成功的一把椅子啊！

实际上，这是记录失败的一把椅子，或者说是建立在失败基础上的一把椅子。

2008 年，42 岁的罗琳去哈佛大学毕业典礼上演讲，主题竟然是"失败的好处"。在我毕业仅仅七年的日子里，我的失败就达到了空前的规模：一场短暂的破裂的婚姻、失业、一个单亲父母，像在现代美国的穷人一样，只是还没有到无家可归的地步罢了。眼前时刻浮现父母和自己对未来的担心，按照官场的标准来看，我是我所见过的最大的失败者。现在，我不打算站在这里告诉你失败是好玩的，我们那段生活经历是困窘不堪的，我也不知道那种困苦要坚持多久；在相当长的一段时间里，任何尽头的光明都只是一个希望而不是现实。

那么，为什么我要谈失败的好处呢？

只是因为失败剥去了你不需要的东西。我不再伪装自己，而是直接把所有的精力放在对我最重要的工作上。如果我已经在其他领域成功了，我可能绝不会再有机会找到真正属于我的舞台取得成功的决心。我重新获得了自由，因为我最害怕的已经发生了，但我还活着，我还有一个我深爱着的女儿，还有一个旧打印机和一个大创意。

罗琳在讲述自己失败的经历后，告诉哈佛大学的毕业生：困境的谷底成为我重建生活的坚实基础。你可能永远不会有我这种失败的经历，但有些失败，在生活中是不可避免的。毫无挫折的生活是不存在的，除非你生活得万般小心，可有些失败还是会发生。失败让我内心安全，是我从通过考试中没有得到的。失败教会我一些自己不能用其他方法获得的东西，我发现自己有坚强的意志，比想象中还多的原则，我也发现我拥有朋友——他们的价值远在红宝石之上。从挫折中得到知识将能让你更加明智和坚强，也就是说你比以往任何时候都更有能力生存。你从来没有真正认识自己，或通过逆境的检验才认识到你的朋友的力量，直到两者经受逆境的考验，对所有人而言，这种人只是一个真正的礼物。这是痛苦的胜利中比我取得的任何资格有着更高的价值。

如果你的孩子考试失利，悲观失望时，他应该高兴地对失败说"太好了"，你考到最后一名，你就什么负担都没有了，只要一努力，你就进步了！

如果你的孩子高考失利，痛不欲生时，你就让他想想罗琳，想想梁凯恩、许伯恺，你比他们幸运多了，你还有父母的支持呢，怕什么？下次再来！

和失败握手，你身下的椅子会助你成功！

记得有位作家写了一部小说，其中有这样一个情节让我难忘。一位先生因为工作中屡遭失败，一直不想活了。一天，他的妻子陪他来到海边，坐在海边的岩石上。一个大浪打过来，这位男子被浪击中，险些落入水中。妻子抓住了他，说了一句意味深长的话："我可以替你死，可我不能替你活！"一句话，点醒了这个男子。

面对失败，是积极还是消极，全靠自己把握自己的命运。

第七讲：体验灾难，调动生命的潜能

灾难，是一所最好的大学。人在幸福之中不可忘记躲在身后的灾难和痛苦。

我们做父母的，都期盼孩子一生平安，不愿让孩子去经历灾难，总是千方百计地为孩子设计充满笑脸和鲜花的明天。但是，生活是无情的，也许有千百种灾难在等待着年仅几岁或十几岁的孩子，畏惧这些灾难的人，永远不会幸福。你不让孩子去面对不幸和灾难，这些不幸和灾难会主动面对他，如果他平时没有锻炼和体验，他一定会惊慌失措，甚至会丧失生命。"听说的"永远是别人的，只有"体验过"才是自己的。平日有训练的孩子，当灾难降临时，他才会去积极面对。

2015年1月1日，人们还没从新年的美梦中醒来，美国肯塔基州的一

处山林中就发生了一起令人震惊的悲剧。一架小型飞机在穿越肯塔基州的一片树林时，不幸坠落，飞行员和三名乘客当场身亡。更令人不可思议的是，7 岁的美国女孩塞勒·古茨勒竟然幸运地活了下来。

当塞勒忍着剧痛和恐惧爬出机舱时，她的爸爸妈妈、姐姐已经永远离开了人世。身处荒野之中，没人听得到塞勒的求救声。她的右手腕骨折了，身上满是伤痕，鼻子也流着血，而且身上只有单薄的短袖和短裤御寒，连鞋子也找不到了。塞勒又冷又疼又怕，但她必须做出决定，是留下来等待，还是去寻找生路。塞勒选择了后者，她忍着身体和心灵的伤痛上路了。

一路上，塞勒努力回想着父亲教给她的各种野外生存知识，她用飞机坠毁后燃烧的机翼点燃树枝，照亮密林的道路。尽管一直在哭泣、流血，她仍然依靠自己的力量横渡了一条约 3.6 米深的溪流。

在寒冷的黑夜中，塞勒光脚行走了 1.6 公里，其间越过两处堤坝、一座山、一处河床，才终于看到了希望。她努力敲响一户居民的门，屋中的老人听到微弱的敲门声，打开了房门。老人顿时被眼前的景象惊住了。塞勒流着眼泪对老人诉说了自己的遭遇。她告诉老人，飞机失事了，爸爸妈妈和姐姐都死了。老人赶紧把她搀扶到屋中，然后拨打了报警电话。警察把塞勒送往医院，并且在山林中找到了失事飞机的残骸。

塞勒终于得救了。肯塔基州警官布伦特·怀特自己也有一个 8 岁的女儿，因此对塞勒的遭遇感到特别难过，他在讲述这件事的时候，不禁感叹："她就像从天上直接掉进了一个黑洞里一样，而且没有任何人能帮助她。她完全是靠自己对生存的渴望以及想要帮助家人的信念撑下来的，这简直是个奇迹。"

7 岁的塞勒在寒夜里，可以独自面对死亡的威胁、艰险的山路、内心的伤痛，是因为她心里始终有一个信念："要活下去，要救家人。"这种强烈的感觉激发了她内在的潜能，让她展现出超乎寻常的生存能力。那一夜，她已经忘记自己只是一个小女孩，恐惧、害怕远离了她，让她变得如此勇敢。

塞勒能够死里逃生，更重要的原因是，她的爸爸在她很小的时候就教给她各种野外生存知识，她知道怎样把路点亮，她能在黑夜里辨别方向，她能赤脚走 1.6 公里，她知道向谁求救，特别让警官惊讶的是，年仅 7 岁的女孩，竟然能够记住路，黑夜中，返回到 30 里以外的出事地点。这是什么？是生存能力呀！如果平日没有这样的训练，这个 7 岁女孩是很难活着走出来的。

面对灾难，中国孩子也很了不起。

汶川大地震发生时，有一所中学上千名师生无一人伤亡。原因是，这所学校的校长，带领学生开展"中国少年儿童平安行动"，多次开展防震训练。就在"5·12"地震发生前一天，学校还组织学生开展地震发生后如何疏散的训练。震后，当在外开会的校长回到学校，看到他的学生齐刷刷地站在操场上无一人伤亡时，他忍不住流下了激动的泪水，他知道，正是平时用心的培训，挽救了师生的生命。

在中国，有一个了不起的小男孩，他用平日里学到的安全自护知识，挽救了他爸爸的生命。

一天晚上，山西晋中市榆次区寿安里的邢根荣同学，跟父母散步回家，突然，一辆疾驰的汽车从背后冲来，将这一家三口撞倒在地，而肇事司机逃之夭夭。

当时，邢根荣的爸爸身受重伤，昏迷不醒，他的妈妈满脸是血，焦急无措，爸爸的手机被撞坏了。邢根荣被撞得阵阵发晕。但这时，他没有惊慌失措，他想到了在"少年儿童平安行动"中学到的安全自护常识。他先和妈妈把爸爸平放在地上，头部上抬，又帮妈妈简单清理了伤口。他一边恳求过路人拨打 120 急救电话，一边拦截过往的车辆。很快，一辆过路车把爸爸妈妈送到医院。小根荣重伤的爸爸在第一时间得到了抢救，脱离了危险。几天后，酒后违章的司机被抓获。

在北京人民大会堂中国少年儿童平安行动"平安好队员"颁奖大会上，小根荣荣获了这一殊荣。已经恢复健康的爸爸含泪激动地说："是 11 岁的儿子给了我第二次生命。"

这些鲜活的案例告诉我们：学会生存绝不是一句空话，要付出实实在在的体验，获得在灾难中逢生的本领，才是对孩子真正负责任。我们与其准备好一切去迎接孩子，不如让孩子准备好一切去迎接未来！习近平总书记说得好："幸福是奋斗出来的！"没有今日的努力奋斗，怎么会有美好的未来？

第八讲：体验平安，需要勇气更需要智慧

面对危险，不仅需要勇气，还需要智慧。还有一个小男孩平日在家里看电视时，出现坏人行凶的镜头，妈妈就会告诉他，别怕，这是在演戏，还告诉他，一个小孩面对坏人该怎么办。

有一天，这个小男孩正在操场上玩，一个歹徒持刀闯进了校园，把这个小孩当成人质劫持他闯进了一个教室，教室的孩子吓呆了，在老师的疏散之下，其他的孩子离开了教室，教室里只剩歹徒和这个男孩了。老师在外面冲歹徒喊："你把孩子放下，我给你当人质！"歹徒不干，老师怕小孩害怕对小孩喊："别害怕，这是在拍电影！"小孩就和坏人说："叔叔，你演坏人演得一点都不像。"歹徒说："你老实待着，下辈子我给你当牛做马。"小男孩说："叔叔，人哪有下辈子啊，人就这一辈子，你要给我杀了你就活不成了。"歹徒连做梦也没想到，小男孩如此镇静，一愣神警察冲进来了，小男孩得救了。

在"平安行动"颁奖会上，这个小男孩荣获"平安好队员"称号。他的老师也获了奖。我问这个小男孩："刀放在你脖子上你害怕吗？"

小男孩说："我不害怕，这种电影我看多了。"

一句天真的话，把大家逗笑了。我就在想：这个男孩的父母真是有智慧，看电影都没忘记教孩子自护的知识。在孩子心中，不是见了坏人就害怕，而是充满智慧。生存智慧是小时候学会的。

我记得小时候，我妈妈常常潜移默化地对我进行安全教育，告诉我遇

到危险时该怎么办。

记得我初中时，就曾经遇到过一个流氓。那是一个冬天的傍晚，放学后，我乘公交车回家。车上很挤，我感受到后面老有人挤我，便警觉起来。我想起妈妈的话，遇到坏人别怕，要冷静。我慢慢往车门口移动，没想到脖子上的大围巾却被那坏人悄悄拽住。我没动声色，也没有回头看那人，怕自己害怕。

车一停，我噌地跳下车，同时使劲儿把围巾拽了出来，快步往家走。走着走着，我发现后面有人在跟踪我，可能是那个坏人也下了车。这时，我又想起妈妈的话："有人跟踪你的时候，你要往人多的地方走，不要往家跑，因为坏人要是知道你住在哪里，以后就会天天处在危险之中。"我灵机一动，径直往胡同口的首都剧场走去，正好赶上刚刚散场，我混在人群里转了两圈，把围巾放在书包里，换了个模样。看看"尾巴"甩掉了，我才跑回家。

到家才发现，我的衬衣全都湿透了——那可是个大冬天呀！我把这次经历跟妈妈一讲，妈妈当时就夸了我："太好了！你真勇敢，还挺聪明，干得好！"

其实，妈妈就是这样大胆的女人。她常说，女人就要胆子大，将来才能做大事。我小时候，父亲在外地工作，家里的大小事情都由妈妈做主。她果敢坚毅，有了她我们的心里都感觉好踏实。而妈妈的性格，也给予了我和姐妹——她的女儿们坚强勇敢的性格。

没有想到的是，妈妈培养我的坚强勇敢的性格，竟成为我离开家生活时最重要的财富。

19岁，我离开家去东北农村插队。在农村插队的那些年，我经历了许多惊险，每一次成功地摆脱险境，都使我向"勇敢"靠近了一步。

记得有一天中午，我从公社开完会独自往村里走。公社离我们巨丰山有12里地，农民都去歇晌了，路上一个人也没有。我一个人走在路上，心里还是有些害怕，不时地往后看。忽然，我看见远远地来了一个男人，心里立刻警觉起来。这时耳边又响起妈妈的话："如果你一个人走路，发现后面有人，你要想办法走在那人后头，最好别走在那人前头。"我想，对呀！我要先躲起来，可路挺窄，左边是高粱地，高粱地太稀疏，进去能看见，不行；右边是苞米地，苞米地叶子太响，也不行；只能往前跑，前面有片小树林。于是，我拿出中学跑百米的速度，一溜烟跑到小树林，找了一个树坑，卧倒！

后面那个人没有发现我，从我身边走过去了。他走远了，我从地上爬起来赶路。当时，我在公社商店买了一大卷纸，我拿在手里，一边走，一边晃着卷纸。只见前面那个人越走越快，后来竟然撒丫子跑了起来。我挺纳闷：你跑什么呀？我又没追你！

等进了村口，发现许多农民站在那里，他们见是我，很奇怪地问："原来是你呀！你怎么把前面那个男人吓成那样，他说后面有个人一直挥着棒子要打他，他吓得到卫生所看病去了！"

听完这话，我笑得自己肚子都疼了。我坐在地上唱起了当时流行的歌曲："北风吹，战鼓擂，世界上究竟谁怕谁？"我明白了，后来是胆子小的怕胆子大的。

我当时特别佩服我妈妈，她怎么跟诸葛亮似的，料事如神呀？关键的时候，她的话怎么这么灵呀！现在想起来，什么是家庭教育？家庭教育就是沉淀在心里的教育，让你"记得住，忘不了，用得上"。其实，一个人的勇气都是练出来的，遇到的事情多了，练的机会多了，就会处理了。

有一次，我带领30多名北京小学生去香港参加夏令营。回来的那天晚上，北京下起了大雨，机场上空雷电交加，飞机几次下降都没有成功。飞机大起大落，颠簸得十分厉害，好像要机毁人亡一般。机舱内旅客乱成一团，有大声惊叫的，有喊爹叫娘的……跟我同行的一位年轻女记者小波第一次遇到这样的险情，她紧紧地抱着我不停地哆嗦，还惊恐地大叫。这时候，我不慌不乱，始终保持冷静，并且安慰她说："不要紧，不要紧……"

飞机终于在天津机场降落，等待北京方面的命令。这时，外面还下着瓢泼大雨。

一些旅客吵着要下飞机，还有的人对我们喊道："你们怎么不叫乘务员打开舱门，把孩子们带下飞机，你们不想活了啊！"

同行的人问我怎么办，下不下飞机。我冷静地说："不能下去，外面下着那么大的雨，只有飞机上是最安全的。我们要相信中国民航。"我招呼孩子们安静地休息，还把我们的矿泉水贡献出来，给那些吵着要喝水的乘客。在孩子们的影响下，机舱里的旅客慢慢都安静下来。一个小时后，飞机在北京机场安全降落。在机场等候多时的父母看到孩子们平安归来，十分高兴。

小波激动地对我说："佩服！你真有大将风度，临危不惧！如果这次中途下了飞机，我想我以后肯定再也不敢乘飞机了！"她的话使我感到欣慰。我想，人生也是如此，要做暴风雨中的海燕，才能领略风雨的壮观。妈妈给予我的这种勇敢精神和自护常识，是我一生中最宝贵的财富，也可以叫"护身符"吧！

英国有一个《儿童十大宣言》，保障每个儿童都获得安全的权利。这些细致入微的体察，对中国父母育儿大有裨益。

"平安成长比成功更重要。"

教育孩子人人有若干权利，如呼吸权、生命权、隐私权，这些权利任何人不能剥夺。告诉孩子，任何人也无权剥夺他的安全权，安全重于一切。

"背心裤衩覆盖的地方不许别人摸。"

孩子应当知道身体属于自己，身体的某些部分应被衣服所覆盖，不许别人看，不许触摸。孩子有拒绝亲吻、触摸的权利。

"生命第一，财产第二。"

告诉孩子在遇到暴徒时有权坚决拒绝暴徒的要求。许多暴徒表面凶狠，内心却很胆怯。

所以众多孩子齐心协力，一齐高喊"滚蛋"，通常能把坏人吓跑。万一遇到真正的身体威胁，孩子身单力薄，一般只能向坏人屈服。有时，孩子们会担心被坏人抢去财产回家挨打受骂。

例如，有的小孩会想：如果我的自行车被坏人抢了，父母准会打死我。父母应告诉孩子，他们的身体安全比自行车重要得多。

"小秘密要告诉妈妈。"

向孩子保证，无论发生什么事情，只要孩子向父母讲明真情，父母都不会怪罪的，而且会尽力帮助孩子。当孩子向大人说实话时，他们应被充分信任。大人应当马上信任孩子并及时帮助他们。例如，在性骚扰事件中，如果孩子向大人诉说，而未得到信任，这种骚扰也许会经年累月地持续下去。

"不喝陌生人的饮料，不吃陌生人的糖果。"

有权不听陌生人的话，不喝陌生人的饮料，不吃陌生人的糖果。有权对毒品、烟酒坚决说"不"。

"不与陌生人说话。"

孩子有权不和陌生人说话。

当陌生人与孩子说话时，孩子可以假装没听见，马上跑开。生人敲门可以不回答，不开门。告诉孩子，对陌生人不理睬是对的，小孩没有能力帮助陌生人，大人绝对不会认为这是不礼貌的。

"遇到危险可以打破玻璃，破坏家具。"

为了保护自己，孩子有权打破所有规章和禁令。告诉孩子，在紧急之中，他们有权大叫、大闹、踢人、咬人，甚至打破玻璃，破坏家具。司马光砸缸就是典型事例。

"遇到危险可以自己先跑。"

遇到坏人、地震、大火，孩子应当果断逃生，拔腿就跑。

自警、自救、自助，可以不要等大人的指挥。

"不保守坏人的秘密。"

告诉孩子，即使他曾发誓不告诉别人，但遇到坏人欺负一定要告诉父母，这些秘密千万不要埋藏在心里。比如有人欺负了你，他往往说："小朋友，这个事告诉爸爸妈妈是不对的，咱俩拉个钩，这是咱俩自己的小秘密。"这个对不对？坚决不对，所以要让孩子知道他有不保守秘密的权利。

"坏人可以骗。"

遇到坏人，可以不讲真话。机智应对，才是好孩子。

"你也许可以为孩子提供天空，但是你无法提供他飞翔的翅膀；你也许可以给孩子提供道路，但你无法替他奔跑。孩子得学会自己承担，自我去成长。"这是一位父亲经历了儿子战胜绑架后，发自内心的感受。

这位父亲叫吴甘霖，是一位著名的方法学家。他的儿子叫吴牧天，原是一个"捣蛋鬼"，后来在父母的引导下，成为善于自我管理的学生，并考上美国普渡大学。他从17岁开始，每天以自我成长为主题，通过每天总结，写出了30多万字的自我成长管理日记。18岁写出一本畅销书《管好自己就能飞》。

我认识吴牧天是在2013年3月，《管好自己就能飞》一书的首发式上。他最先吸引我的，是他上中学时遇到的那次绑架。

那是一个周末傍晚，他和两个同学买好圣诞节班级表演的道具，出了商场，同学带着道具回学校了，他则准备打车回家。

这时，一个高大的青年走过来，笑嘻嘻地叫住他："同学你好！你是麓山国际学校的吧？"

牧天穿着校服，别人认出来也不奇怪。那人就向牧天打听一些学校的情况。两人一边走一边说话。

牧天去打车，那个人就对牧天说："这个地方很难打到车啊！我有一次等了1个小时。不过前面有个小巷子，穿过去就好打车了。"

牧天此时归心似箭，加上刮着寒风，很冷，就跟他去了。小巷深处基本看不到一个人。这时牧天突然警觉起来，想往回走。但为时已晚，他感到后背被尖锐的利器抵住了，同时，听到那个人恶狠狠的声音："老实点跟我走！不然有你好受！"

牧天大吃一惊：真没有想到，只有在电视中看到的绑架事件，竟然发生在自己身上。

牧天顿时吓得双腿发软，又十分后悔：后悔没有听爸爸妈妈关于注意安全的叮嘱，后悔没有听老师关于安全的教育。之后就不断期望：要是刚才那两个同学没走，就在前面看到自己多好，要是爸爸妈妈在多好，哪怕有一个陌生的人看见，呼救也好……

但是，期望归期望，这一切都没有发生！

此时，他突然想起妈妈经常对自己讲的一句话："不管遇到什么情况，第一时间要冷静！"接着，他又想起爸爸要自己记住的一句话："要管好事情，先管好心情。"

于是，他深呼吸一口气，强迫自己镇静下来，对自己说："不要期望别人救你，你只能自己救自己了！"

之后，他的脑袋开始飞速运转，闪过三套方案：

第一，硬拼？对方比他高出半个头，而且身体壮得多，自己绝对不是他对手！

第二，大声呼救？说不定会挨一刀！

第三，跟他走下去？后果不堪设想。

于是他决定：稳住歹徒，让他认为自己不会逃走，再想办法。

走出那条小巷，他看见了一家饭馆，里面有不少人在吃饭。他突然计上心来。

他佯装乖乖配合，让歹徒放松了警惕。

在靠近饭馆的一刹那，牧天猛地一弯腰，箭一样冲进饭馆，然后啪啪啪将服务员手中的两盘菜打翻在地。

服务员尖叫起来，饭店里所有人的目光都被他吸引过来。但他还嫌不够，见旁边桌子上放着两摞碗碟，又都掀翻在地。

这样一来，就更有意思了。既然是来捣乱的，饭馆工作人员能放过他吗？他们立即将这个"破坏分子"围住并抓到后面的经理室。

于是，牧天就高高兴兴被抓进去了。事情就这样朝着牧天想要的方向发展了！外面的歹徒一看这情况，知道自己不可能得逞了，就灰溜溜地离开了。这时，牧天才长吁了口气，然后，向经理和工作人员做了解释。大家不仅对牧天表示理解，还对牧天竖起了大拇指。随后，牧天报了警，然后打电话叫妈妈来帮自己赔偿饭馆的损失。

妈妈事后跟他开玩笑："平时你要我赔钱我肯定不高兴，但这次你用机智和勇敢保护了自己，我赔得开心。当然，还好你没跑进古董店！"

牧天一下被妈妈逗乐了。笑过之后，他很严肃地说："妈妈，我现在要格外感谢你和爸爸要我学会自我管理。说实话，以前对你们要求我进行自我管理，我常常有些抵触，但现在我明白了：越早学会自我管理，就越能够战胜困难、越能掌控自己的命运啊！"

当天晚上，牧天妈妈将这件事打电话告诉在北京工作的牧天爸爸。他爸爸既有些后怕，也很为孩子自豪。他问牧天妈妈："你现在最深的感受是什么？"

牧天妈妈承认：当初，牧天才9岁，他爸爸决定要对他进行系统的自我管理教育时，自己的心里也是挺抵触的。因为要求牧天在每一件事上管好自己，对自己负责，甚至感冒了都要他自己去熟悉的医生那里买药，当妈的当然会心疼、心软。很多时候，她也想为孩子代劳，可他爸爸不许。她只好被动地和他爸爸保持一致，但心里却有些不以为然。

"儿子被绑匪用刀抵住后背时，我能为他代劳吗？我能为他承担吗？关键时刻，救儿子一命的不是父母，也不是别人，而恰恰是孩子自己呀！"

事后，吴牧天对同学们说出自己的体会："我们要明白，父母再爱我们，老师再爱我们，也无法代替我们去生活和成长，我们的路得自己走，我们的命运，在根本上靠自己去承担！"

吴牧天和他的父亲吴甘霖、母亲邓小波对这段经历的体会是十分值得我们所有父母和孩子深思的。

"李××事件"出现后，不少独生子女父母都非常恐慌。大家不知道为什么这么爱孩子，就爱出这么大的事，我一直希望有个人给人们以希望就好了。在这个时候吴牧天和他的《管好自己就能飞》出现了。当我看到这书的名字时就眼前一亮，它指出了一条光明的道路。

吴牧天的成长之路给家庭教育提供了三点启迪。

第一，管孩子还是让孩子自我管理？现在管和被管及不想被管已经成为很大的矛盾。父母不管，孩子会出事，管孩子，孩子又不想让你管。吴牧天的成长恰恰提供了让孩子自我管理的思路。父母不在身边，孩子能管好自己，才是最成功的家庭教育。

第二，"替"孩子等于害孩子。不少父母老想着替孩子做这做那，但是最后害了孩子。就拿"李××事件"来说，他的父母都是歌唱家，而他却不爱护人民给予他父母的荣誉。其中最大的教训是，他父母没有从小培养让孩子对自己的行为承担责任的意识。孩子出了事都是父母出来搞定，致使孩子从犯错走向犯罪。事实证明，"替"孩子等于害孩子。而吴牧天的父母最成功的一点，就是让孩子对自己的行为负责任。

第三，放手才能放心。现在社会上不安全的因素很多，所以父母一般不敢放手。事实上，父母不可能一辈子都陪在孩子身边，关在"笼子"里的孩子缺乏自我保护能力，只要出来就容易出事。所以我们不要老想着准备好一切去迎接孩子，而应该让孩子准备好一切去迎接未来。

现在管孩子很多，但是自我管理是越来越少。其实，管孩子绝对不如让孩子学会自己管。假如倒过来，管孩子越来越少，孩子自我管理越来越多，中国的家教就越来越有希望。

我曾应邀参加《管好自己就能飞》的座谈会，之后又参与了北京电视台做的一档电视节目，与吴牧天及他的父亲交流成长心得。我当时就对我的老朋友、接力出版社总编辑白冰建议：如果能出版一本吴牧天父母写的如何培养"自觉型孩子"的著作，就更好了。

让我高兴的是，吴牧天父母所著的《孩子自觉我省心》。已由接力出版社出版了。我在先睹为快的同时，深感这部书不仅在理念上对家庭教育有启迪意义，而且作者所探索的一些方法也是科学实用的。

自觉才能自由。孩子要想飞得高、飞得远，必须有一个会思考的大脑和一双会飞翔的翅膀。父母对孩子管得越多，孩子的自我管理越少，挣脱管束的反作用越大，到青春期时逆反心理越强。

如何让孩子自觉呢？吴牧天的父母所著的这本《孩子自觉我省心》总结了一套行之有效的教育方法，很值得借鉴。

第一，体验，是父母送给孩子最珍贵的礼物。

现在的父母，总喜欢对孩子灌输大道理，却不知道，成长是一个实践的过程，不经历风雨孩子就不会长大。你给他机会让他去体验，他得到的东西才是自己的。吴牧天上小学三年级时，父母就把他送到军事夏令营接受训练，结果他悟出了"第一时间面对，第一时间成长"的过程。上高一时，他学习态度不够端正，成绩一落千丈。父母又将他安排到一个家境贫寒的学生家去住，使他实现了从"要我学"到"我要学"的突破。

第二，教育要简练，让孩子记得住、忘不了、用得上。

现在有些父母教育孩子时，讲话总是很啰唆，孩子却什么也没有记住。这样的教育没有多大效果，反而会让孩子反感。所以父母对孩子讲话，一定要精辟，要让孩子记得住、忘不了、用得上。

吴牧天的成长过程，正是体现了他父母这样做的效果。上中学时，吴牧天放学路上遭遇绑架，危急中他想起妈妈的话："遇到问题，第一时间要冷静。"于是他很快冷静下来，机智逃脱。

在美国的交流学习结束后，吴牧天回国，在加拿大机场转机。被一个保安扣住，要将他遣回美国，慌张中，他忽然想起爸爸的话："要管理好事情，先管理好心情。"于是妥善地把问题解决了。

什么叫教育？爱因斯坦说过："离开学校，还能记住的话才叫教育。"自我管理就能达到这种效果。诚如作者所言："千般逼万般宠，不如孩子自己懂。"真心地希望，父母都能学会让孩子自觉的教育理念和方法。这样，家庭幸甚，国家幸甚，孩子才能展翅高飞！

亲爱的爸爸妈妈，你想让自己的孩子一生平安吗？你想自己的孩子幸福快乐吗！那就放手让孩子在自由的大河中快乐流动，让他自己决定自己心中的目标。让他自己把握自己的命运；而我们只需要教会孩子自我决断的方法，发掘他独特的天赋，培养他们的自制力，才能引导孩子自己走上真正幸福的人生之路。

第九讲：体验友谊，朋友是一辈子的财富

在"独生、独养、独享"中长大的孩子，往往缺少情感，不会与人交往。但是，交往的能力，不是在课堂上教出来的，而是在体验中学会的。

北京十一学校校长李希贵是一位十分爱学生、尊重学生的校长。在一次演讲中，他讲到体验对孩子成长的重要性。

他说，人们认为独生子女尽管有很高的智商，但是他们的合作能力、协商能力令人忧虑。他们是否能够在乎别人的感受？他们能不能换位思考？于是，从社会到家庭，再到学校，我们用了很大力量去教育他们，我们试图改变他们，但没有明显的成效。因为，靠说教很难改变他们的情商。所以，学校从开设戏剧课开始，我们看到了一种转变，就是我们过去长期说教没有解决的东西，在今天的课堂上看到了一道亮光。

李希贵介绍了北京十一学校开展戏剧课的情景：戏剧课上，学生除了扮演一个角色，还要承担一项剧务，比如灯光、音响、舞台美术、服装、道具、创编和导演等。刚开课的时候，每一个剧组都是一片混乱，因为每一个孩子都认为自己很重要——我担任的这个角色很重要，我承担的这项剧务很重要，你们每个人都得配合我。于是，他们一个个都像"大爷"。可是一个学期下来，到他们参加汇报演出的时候，你会发现每一个孩子都像"孙子"，每一个人都在"察言观色"，看到别人需要什么，自己需要帮助别人做什么。经过一个学期的冲突、摩擦，他们慢慢发现，仅仅靠自己一个人的力量做不成事情的，必须考虑和发现别人的需要，通过服务别人，才会把自己的事情做下去，才会把团队的事情做下去。在这里，是什么帮助了孩子？是体验。

李希贵校长说："我们的教育过分看重改变孩子的力量，其实改变只是教育当中的一小部分，更重要的是发现孩子、唤醒孩子和帮助孩子。可是，

我们帮助了孩子多少？我们怎么去唤醒孩子？孩子要从了解和认识社会开始去认识他们自己，认识自己了，他往往就会唤醒自己。"

李校长的观点，我本人十分认同。这让我想起我儿子上中学，参加军乐队的收获。

小学毕业后，儿子就上了北京166中学，自己报考了军乐班，而且吹的是大号，也叫大贝斯。儿子说，他"块大""肺活量大"，能拿得起大号。没想到，一吹就是六年。

六年里，儿子没叫过一声苦，没喊过一声累，也没花过家里一分钱。他所在的北京166中学军乐队成为北京市东城区金帆乐团，他担任了首席大号。毕业前夕，北京音乐厅举行了专场音乐会。我和许多父母一样，感动得热泪盈眶。我没想到，从未学过吹号的儿子竟吹得那么好！我也第一次发现，儿子吹号居然把嘴都吹歪了。

令我欣慰的是，六年来儿子对乐队产生了很深的感情。在乐队中，他不仅学会吹大号，更重要的是，他有了很强的团队精神，他懂得了配合，懂得了合作，懂得了关心。每次排练，他都早早去帮助干这干那，每次演出，他都张罗着服装、道具，主动去扛大乐器。一次全乐队去陕西演出，火车晚点，他一直帮助老师安抚同学们急躁的情绪，张罗着给大家买饭买水，乐队的老师对他赞不绝口。后来，他还被评为北京市东城区特优生。

六年的乐队生活，伴随儿子度过了六年中学生活。毕业后，他一直保持着对艺术创作的浓厚兴趣，对生活的无限激情和对乐队的热爱，使他逐渐成长为一个有影响力的人。如果你问他："六年的中学生活你最在乎的是什么？"他可能不会说，我进了清华大学，而会告诉你：我喜欢166中学的军乐队，我留恋这个火热的集体。这样的体验，让他收获了一辈子忘不掉的东西，无论到哪里，他都可以找到自己的位置，找到自己该扮演的角色。

曾经有很多父母问我，我儿子喜欢音乐，在学校报的什么班？我都会告诉他们：进乐队！军乐队、管乐队、弦乐队，只要是乐队都可以。在乐队里，他再优秀也是其中一种声音，扮演其中一个角色，他能学会融入这个团队，另外，当大家共同演奏出一支曲子时，那浑厚雄壮的乐曲会震撼人的心灵。如果一个男孩子从小只参加弹钢琴、小提琴等个人独奏的演出，就感受不到团队的力量。

孩子上学干什么？除了学知识、学文化，最重要的是学会与人交往，学会团队合作，将来才能很好地适应社会。

其实，这个时代的孩子已经对友谊有了很强烈的渴望。

2015 年，《知心姐姐》杂志"知心调查"在全国开展了《中国孩子精神成长需求的调查》，近万名中小学生参与调查，其中近百名中小学生接受采访，孩子们说出了四大渴望，其中之一就是，面对学校，孩子渴望获得友谊和学会做人。当问到"你期望从学校生活中获得什么"，37.3% 的孩子渴望友谊；28.7% 的孩子渴望知识；20.4% 的孩子渴望掌握技能，发展兴趣；只有 13.6% 的孩子渴望把学习搞好。

调查表明，友谊是孩子们对校园生活的最大渴望，童年的伙伴是孩子们精神成长的同行者。对孩子来说，学校是他们收获同伴友谊的重要场所。在与同伴交往过程中，孩子们学会如何与他人相处，获得认同感和自信心。这些都是精神成长中必不可少的养料。

那么，目前学校生活给孩子带来的最大影响是什么？

24.7% 的孩子学会做人做事；24.5% 的孩子变得有想法；22.7% 的孩子得到了情感的支持；21.8% 的孩子发现自己的优势，变得更自信；只有 6.3% 的孩子除了学习以外，没有其他收获。

集体生活中与人交往的经验让他们了解到：什么样的人受欢迎，什么样的事会得到肯定，怎样在友谊中保持自我……从长远来看，这些宝贵经验比做对一道考试题，更能影响孩子未来的发展。

学校生活外，孩子们更渴望参加夏令营、冬令营活动，在这里，他们可以结交更多朋友。一位台湾男孩，参加了六天河南鸡公山手拉手夏令营，感触很深。闭营仪式上，他站起来发言说："参加这次夏令营我最大的收获是认识了好多朋友，他们是……"他一连讲了好几位同学的名字，然后说，"我请你们站起来，我要谢谢你们，是你们让我有了朋友，在台湾，我只是一个人玩，很没意思！"他给站起来的同学认认真真地敬了一个礼，大家都被他的真诚感动了，使劲为他鼓掌！

每一次夏令营，营员都来自全国各地，每一个孩子都要经历从陌生到熟悉的过程。竞选队长、竞选主持人常常是热门活动。那些在学校里从来没有当过队长和主持人的孩子，在这里就有了机会。自我介绍、演讲拉票之后，大家投票，方式也很"原始"。被选人面朝墙站立，其他同学选择谁，就在谁身后站队。每次，我都在旁边看，发现有的孩子十分有同情心，当他发现有些候选人队伍里一个人都没有时，他们就主动拉上伙伴站在这个同学身后，让这位同学不孤立、不失落。只要选举票数出来，队伍立刻解散，被选人不知道自己有多少票，也不伤和气。但游戏规则是：正队长可以不换，副队长和旗手每天都换，尽量做到让更多的孩子有机会做一天领袖。

高速发展的社会需要具有领导才能、会与人打交道、自我悦纳的人，幽默的性格就显得至关重要。而一个人的幽默感是在与人交往中，通过幽默的语言感受到成就感而慢慢形成的。如果一个好说的人，没有爱听的人捧场，恐怕也会觉得无趣。尤其是男孩子的幽默感常会受到女孩子的青睐，也会受到孩子的欢迎。于是，不大擅于表达的男孩子，更加喜欢参加与人交往的活动，而这种活动，使他们的表达能力大大提高。

然而，"手拉手交朋友"活动，正好满足了他们求友的需求。

"手拉手"活动是1999年开始的，是一项深受孩子们欢迎的体验活动。最初以"手拉手"找一个好朋友，写一封交友信，寄一本书或一份报纸，开展一次交友活动为主要内容，一直持续至今。

目前，我国有6300万农村留守儿童，他们与贫困儿童不同。由于父母外出打工，从小没有陪伴孩子的成长，所以留守儿童内心孤独，不大善于与人交往，但他们又渴望与人交往。

"有那么一群儿童，每天在家盼望父母的归来；有那么一群儿童，看着照片里的父母的笑容；有那么一群儿童，生病时没有父母的怀抱；有那么一群儿童,拿着红红的奖状和一本本荣誉证书回家,却没有人和他们一起分享。这样的儿童独守家中,感受着与自己的年纪不相符的孤独。"

写下这段话的人是一个名叫王法惠的女孩。她所说的一群儿童就是"留守儿童",而她就是其中的一员。

从中,我们可以看到留守儿童需要的是心灵关怀,我提出以"笑"为主题开展活动得到了大家的认同。于是,"手拉手,让留守儿童笑起来"的关爱活动开展起来。活动开展四年来,一大批留守儿童真的"笑"起来了。

2013年,《知心姐姐》杂志的小记者来到山东临沂市费县留守儿童聚集的大田庄乡中心小学,为那里的孩子带去了礼物和爱心卡片,还分别和自己的"手拉手小伙伴"回家,一起游戏,一起吃饭,互相讲述自己的故事,这些体验,在城里是没有的。

北京亮甲店小学的小记者王婧就住进了王法惠的家。她是被王法惠的那首诗感动了。她和王法惠同吃同住,一起上学,并写了一篇精彩的报道——《一唱歌,我就想妈妈了》:

王法惠很文静,秀气的鼻子、小嘴巴,还有一双大眼睛,有点像演员李小璐。刚认识时,她很拘谨,双手紧紧攥着拳头放在膝盖上,我问一句,她就小声答一句。聊了一会儿,她才渐渐放松下来,脸上也有了笑容。她笑起来很好看。

当中央电视台主持人阳光姐姐唱起《隐形的翅膀》时,我和法惠也被拉到台上一起唱。这首歌我早就听过,但这一次却感受到一种莫名的力量。法惠在我旁边也大声唱着,她感受到了什么。

唱完歌,我发现法惠不见了。当大家围着阳光姐姐要签名时,我看到法惠被老师搂着肩膀慢慢地走过来,她哭了。我赶紧跑过去,她不好意思地小声说:"刚才一唱歌,我就想妈妈了。"

这种心情我是可以理解的,因为我刚离开爸妈两天,就开始想他们了。而法惠的爸妈常年在外,一年也见不到一面。如果是我,我会不会比法惠更脆弱呢?

晚饭后，我来到法惠家，今天要和法惠住在一起。虽然，白天我们已经成了朋友，但此时我却有点忐忑。回想起下午，法惠因为想妈妈哭了，我真怕自己不小心触及她心中的思念，惹得她再哭起来。一路上我都在想，我能为法惠做些什么呢？

到了法惠家，竟然有种莫名的熟悉感。听说我们来了，法惠的家人都出来迎接。她的爷爷奶奶把我领进屋子，又是沏茶，又是端水果。法惠腼腆地和我坐在一起，一声不吭。她的爷爷笑着说："惠儿，快给你的朋友介绍一下家里人。"法惠才不好意思地站起来，逐个介绍："这是我爷爷、奶奶，这是三爷爷，这个是姑姑……"看得出，家人都很疼爱法惠。

介绍完，法惠开朗一些了。她拉着我去参观她的房间，法惠的房间很大，但陈设十分简单。我在墙边的桌子上发现一张照片。

"法惠，这是谁啊？"我指着照片问道。

"这是我爸爸、妈妈，还有弟弟。"

"你有一个弟弟？他多大啦？"

"五岁，"法惠笑了笑，"他跟着爸爸妈妈在济宁。"

"那你一个人在家，放学后都做些什么？"

"也没什么可做，看电视，就一个台，天天播新闻。爷爷奶奶喜欢看，我就跟着看了。"法惠笑着说。

她告诉我，自己还有一个爱好是看书，尤其喜欢看童话故事。我答应她把自己的童话书邮过来借给她看。她立刻兴奋起来。

我们聊了很多，几乎成了无话不谈的朋友。睡觉前，法惠对我说了一句话："好久没回来了，我都忘记这里是什么样子了。"听了这话，我好心痛。因为爸爸妈妈工作忙，法惠从小就住在爷爷奶奶家，自己的家反而变成了有点陌生的地方，我想，在她心里，有爸爸妈妈的地方才是家。

瞧，我们的小记者写得多好，每句话都有新闻事实，自己亲身经历的人不用胡编乱抄，就写得十分生动。尤其，她抓住了四个要害的词：哭与笑，二次哭与二次笑，表现出一个留守儿童内心的变化。

那次采访活动我也去了，我认识了一个男孩叫王国梁。他是一个憨厚朴实的山东娃，在"手拉手，让留守儿童笑起来"的活动中，他真正笑起来了。

王国梁的家也住在山东临沂市费县大田庄乡。我认识他时，他满口山东土话，我根本听不懂。而且他很内向，一说话脸就红了。后来，北京小记者去他们学校采访，和他的学校的小伙伴"手拉手"，他觉得普通话很好听，就学着说，每天对着墙说，见人就说，结果越练越好。2014年，在全国家庭教育论坛上，他还代表留守儿童上台发言，不仅语言流畅，一口流利的普通话，赢得场上校长们的阵阵掌声。那天，王国梁笑得很开心。

在交友的体验中，王国梁不仅收获了友谊，还大大提高了他的表达能力，还表现出幽默的语言能力。

2013年底，王国梁第一次来北京参加了"手拉手，让留守儿童笑起来"年度总结表彰大会。会上，作为主持人，我采访了他。

"你是第一次来北京吗？"我问道。

"是第一次。"王国梁回答。

"你没来之前，对北京的印象是什么？"

"很美丽，很壮观。"

"这次来了，你对北京的感觉怎么样？"

"更壮观，更美丽。"

王国梁朴实的回答，让台下的北京孩子们笑了起来，笑声中充满友善和真心。我感觉，他们已经喜欢上这个来自大山里的男孩了。

"能和大家说说你家里的情况吗？"我继续问道。

"在我很小的时候，父母就远离家乡，只能靠年迈的爷爷奶奶照顾我的生活。很多时候，我只能从电话里，或者从偶尔寄来的汇款单中才能感受到父母的存在。"

这话让城里的孩子鼻子酸酸的。第一个上台分享的北京市呼家楼小学的小记者吴泓瑞说，他去山东和留守小伙伴交朋友，了解到父母不在身边给他们带来的痛苦，才感受到自己每天能和父母在一起有多幸福。

我问王国梁："你最大的渴望是什么？"

他认真地说："我们留守儿童最渴盼的是得到关爱和温暖。我最想找到一个朋友。"

"这次来北京你找到朋友了吗？"我问。

"刚找到一个，就是他。"顺着王国梁手指的方向，台下站起一个男孩，我赶紧把他请上台。

"他是你第一个朋友吗？"我问王国梁。

"第二个，以前有一个，是我本家的哥哥。我给他写过一封信，但是没邮出去。"王国梁说。

"为什么？"我好奇地问。

"因为，我妈妈没给我买邮票。"王国梁的回答让台下的孩子感到很意外，他们怎么也没想到，这世界上还有买不起邮票的孩子。

站在王国梁身旁的刘梓晨也吐了吐舌头，看来他也很意外。

"作为他的新朋友，你有什么想法？"我问。

"我会经常给他寄邮票，还会跟他通信。"刘梓晨的回答同样朴实，同样真心。

说到通信，我的心情很不平静。

想起19年前，第一所全国小朋友用压岁钱建立的"手拉手希望小学"在河北西柏坡落成，我在那里认识了9岁的农村男孩杨小虎。因为他的真诚，我很喜欢他，还认他为干儿子。后来小虎告诉我，当时西柏坡小学的孩子们每天都能收到上百封全国小朋友寄来的交友信，他每天都能收到好几封。他十分珍惜这些朋友，坚持回信。

小虎上五年级那年，父亲去砍柴从山上摔下来去世了。突如其来的噩耗，让原本贫寒的家更是雪上加霜。他的妹妹得病没钱治，几乎生命垂危。杨小虎十分难过，就把心中的痛苦写信告诉了一直通信的手拉手朋友——浙江台州女孩金赞。当时，也在上五年级的金赞立刻把自己全部的压岁钱500元借给杨小虎，解了小虎家的燃眉之急。为了报答朋友对妹妹的救命之恩，小虎年年把山货寄给金赞家。虽然从未谋面,但他们俩坚持通信17年。

三年前,在台州电视台工作的金赞结婚了,她特意邀请杨小虎参加婚礼。小虎有点胆怯,就把这件事告诉了我。作为他的干妈,我陪他去了台州。

婚礼上,我见到了金赞的父母,金赞的父亲说:"小虎的真心让我们全家感动,没有见过像他这么报恩的。"如今,他们童年的友谊仍在继续。

真诚的友谊是无价的,真心赢得朋友。

"手拉手"活动,让孤独的孩子学会了交朋友;让他们知道只有真心对人才能得到人的真心。真心培养起来的友谊万古长青。

请记住:金钱不是一辈子的朋友,而朋友是一辈子的财富。同时,也让这个农村孩子体验到语言魅力。

一个人经验的积累,一方面源于家庭,另一方面来源于社会,经验的积累源于各种体验。体验对于这些留守儿童自信心的建立非常重要。学会表达内心的世界,学会与人交往,是许许多多缺少沟通的留守儿童的强烈需求。

怎么让一个内心封闭、害怕交往的孩子走出阴影,阳光灿烂地活在这个世界上?这些年,我一直在尝试着各种办法,我认为,孩子来到这个世界不仅要有经风雨的责任,还要有享受阳光的权利。

每个人都不能孤独地生活在这个世界上,他需要社会。唤醒孩子不是靠说教,靠的是体验,从小体验到友谊的重要,长大的过程中,他才能珍惜友谊,自觉地融入团队。与他人建立起"爱、温暖和亲密的关系",从而成为人生的赢家。

第十讲:体验成功,每个人都有无限的可能

动画片《疯狂动物城》里的动物市民,每个人都会讲一句话:每个人都有无限的可能!这句充满正能量的话,让所有人瞧不起的小兔子,实现了去当警官的梦想,让人人怀疑的小狐狸当上了警官助理。

这部大片中英文我看了两遍,越看越喜欢。我在想,孩子最快乐的时

光在哪里？是在实现梦想的道路上奔跑。尽管有人想不到的奉献，可心中那激动人心的伟大梦想，都是按捺不住的"我能行"的信念，一直在激励着他，鼓舞着他，让他兴奋，催他快跑。

可是，今天的孩子心中埋着许多"不可能"，这些不可能多数来自父母、老师"你瞧人家"的消极暗示。不除掉这些"不可能"，就无法实现可能。

于是，几年前我创造了一个"向'我不行先生'告别"的少先队活动，每次冬、夏令营都会组织，效果很好。

2017年春节前，我们在深圳举行"少年演说家"冬令营，许多同学因胆小而不敢上台。

一天夜晚，我们让小营员每人写一句："我最怕×××"塞进最小的套娃里，外面画一个"我不行"先生，跑到大梅沙的沙滩上。

海边一片漆黑，海水拍打着沙滩，掀起层层波澜，为孩子们助威，满天星斗，为孩子们眨眼喝彩。

在一束手电的光柱下，小雨姐姐声情并茂地宣读了我事先写好的向"我不行先生"告别的信：

尊敬的我不行先生：

今天我要郑重地向你告别！

多年来，你一直困扰着我，纠缠着我，让我变得胆小，让我无法前行，无法快乐生活。

每当我上课要举手发言时，你就说："你不行！你说错了老师会K你的！"于是，我举起的手又放下，我失去了一个和老师交流的机会。

每当我跑步的时候，你就说："你不行，你这么胖，根本就跑不下来！"于是，我觉得浑身每一块肉都在痛，我没有跑到终点。

每当我要参加夏令营时，你就说："你不行，你这么小，会想妈妈的！"于是，我就特别想妈妈，天天哭鼻子，我无法坚持下去。

每当走黑路时，你就说："你不行，你会遇到鬼的！"于是，我不敢走了。天一黑我就吓得不成，我成了胆小鬼……

　　每当我上台演讲时，你就会说："你不行，你口才一点都不好，别人会笑话你的！"于是，我心里发慌，手发麻，我开始结巴，我讲不下去了。

　　每当我生活中遇到困难时，你都会出来捣乱，你让我失去自信，失去信心，失去机会，我受够你了！今天，我下决心和你告别！

　　我要找回自信，找回勇气，我要和"我能行"交朋友！我要快乐生存！

　　"我不行"先生安息吧！

　　从今天开始，我成为"我能行"先生的好朋友。

　　宣读完毕，全体营员一起默哀，喊三遍："我不行先生安息吧！"

　　接着，孩子们在沙滩上散开，把自己制作的"我不行"先生的套娃深埋在沙子里，同时也埋下了自己心中的恐惧。

　　闭营仪式前，我们又让孩子预见自己的未来，写下一句话："当我变得伟大的时候，我一定要……"放进大套娃里，外面画上"我能行"先生的样子。

　　闭营仪式上，孩子们收获最大的是，把"我不行"先生埋在沙滩里，把"我能行"先生带回了家。

　　当一个相信"我能行"并且去试着体验"我能行"时，奇迹就会发生。你听说过力克·胡哲的故事吗？那是一个没手没脚的澳大利亚男孩，而他却创造了人间奇迹，成为一个伟大的人物。

　　力克·胡哲生下来就患有非常罕见的疾病：海豚肢病，他没有双手和双脚，只有一节像尾巴一样的小脚"粘"在本该是腿的地方，这只小脚上只有两个指头。童年的力克·胡哲在冷眼和排挤中长大，那些阴暗的情绪像魔鬼的利爪一样抓住了他。力克无数次地怨恨老天为什么让他生成这个样子，无数次在睡觉之前流泪祈祷明天早上醒来会长出手和脚，他天天只想着自杀，不想再拖累妈妈。

　　然而，绝望没有打败力克。10岁那年，他走出了阴影。用他自己的话说就是："我跟老天和解了！"他学着自己站立，用前额顶住墙，然后一厘米一厘米向上移动，接着他开始练习用自己的小脚弹跳着走路。当他终于把自己那只唯有两根指头的左脚锻炼得得心应手时，一扇"我能行"的大门正向他徐徐打开。

他用那只小脚学会了写字、刷牙、穿衣服、接电话。他 1000 次失败后又第 1001 次开始尝试，每一次成功，都让他自信"我能行"。当他了解到，因为自己没有手和脚，只要憋一小口气，就可以轻轻松松地浮在水面上。从此他疯狂迷恋上游泳，见到水就想往下跳。他竟然穿上潜水服，在哥伦比亚深潜，在夏威夷跟海龟嬉戏。

当他能做的事情越来越多，他的眼神也越来越充满"我能行"的自信。他不再为那些嘲讽的眼光而烦恼，而勇敢地走出家门去上学，成为澳大利亚第一批进入一流学校的残障儿童，在高中时他又成为澳大利亚第一个竞选学生会主席的残障学生。在那次竞选中，他以压倒性的票数取得了胜利，当地报纸给他一个称号"勇气主席"。他自豪地说："我没有手和脚，所以我没有限制！"

他开始一次又一次地挑战自己：跳上冲浪板，他成为第一位登上《冲浪客》杂志封面的菜鸟冲浪选手。他还学会了踢足球、滑滑板、打高尔夫球。

力克的伟大，并不仅仅在于他拯救了自己，为自己打开了"我能行"的大门，而是萌发了激励他人的念头。一次，他面对 300 个青少年演讲，一个女孩子突然崩溃到大哭，她问力克："我可不可以抱抱你？"力克欣然同意，于是他得到一个大大的拥抱。力克说，这是他人生最美好的拥抱。

接下来的日子里，他频频出现在学校、教会、监狱、福利院、贫民窟……进行演讲，他的足迹踏遍了五大洲 25 个国家，举办了 1500 场演讲。每次讲到结尾时，他会说："一会儿结束后，我会到门口，谁想给我一个拥抱，请过来找我。"于是，他收获了几百万个拥抱。

全世界有 6 亿人听过他的勇敢传说，他的书《人生不受限》吸引了亿万读者，他用"我能行"的精神激励了无数的人，最终赢得了一个女孩的芳心，于 2012 年 2 月 14 日结婚，第二年他们有一个健康可爱的小宝宝。力克的故事告诉我们：每个人都有无限的可能，只要你坚信：我能行！

第三章　"悦"对话
滋养孩子，改变自己

第一场：学习，和一年级孩子一起走进学校

——与明星校长卓立的对话

卓立简介：

北京史家小学终身名誉校长，北京润丰学校校长。五十余年一线小学教育生涯的儿童教育专家，全国十大明星校长，北京市杰出校长，北京市教育功勋人物。他提出"和谐教育"的大教育观，确立教育的目标是，一切为了孩子，一切为了明天；他的办学愿景是，让家长放心地把孩子和孩子的未来托付给我们；他的承诺是，用心做教育；他对学生的期望是，为中华之富强而读书。他所著的《欢迎来到一年级》被推荐为2017年度"大众喜爱的100种图书"。

卢勤："读万卷书，行万里路，与万人接触，名师指路。"是一个人成人、成功的必要条件。其中，名师指路尤其重要。

名师，就是用心做教育、用心总结教育规律的人。一个人一生中遇到一位名师很幸运。卓立校长就是一位名副其实的名师。他从教55年，在北京史家胡同小学工作48年，担任了45年副校长和校长，他第一个提出了"和谐教育"的观念。幸运的是，我们一家三代人都受益于这位名师。

55年前，当我在北京史家胡同小学读书时，17岁的卓立来到史家胡同小学当老师。是他把幻灯和音响引进了课堂，让我们大开眼界，知道生活真奇妙，万物是可以变化的，我从此爱上了创新。在后来五十多年的岁月里，

我不停地在创造着新的生活、新的活动、新的人生。

33 年前，我儿子在北京史家胡同小学读书，卓立当了校长。是他创办了北京市第一个小学"红领巾电视台"。我儿子竞争上岗，当上电视台"开心一刻"节目的主持人，每周给大家说一段相声。小小的舞台，竟然让这个孩提时有点口吃的男孩子，发现了自己的语言天赋，变成一个幽默、有趣、深受大家欢迎的男子汉。后来，他创作的小品还在清华大学艺术节上获得特别奖。如今，儿子在网上做直播，也赢得众多粉丝。

一年前，我的孙子进入了北京润丰学校，没想到退休后的卓立老师担任了润丰学校的校长。我清楚地记得，2016 年 9 月 1 日那天，73 岁的卓立校长在润丰学校门口，举行新生欢迎仪式，亲自为每一个一年级新生戴上校徽。

这位年过七旬的老校长，55 年来，一直生活在 6 至 12 岁孩子中间，用心陪伴着一代又一代孩子长大，他是我们一家三代人的恩师！

前不久，卓立校长写了本新书《欢迎来到一年级——幼小衔接家长手册》，我读了内心充满感动。他不仅爱孩子、懂孩子，而且也爱孩子的父母。这些父母，也曾是他的学生啊！

卓立校长对父母说的第一句话是："小学是人生的基础，一年级是小学的基础，各位年轻的父母，拜请一定庄重以待！"

自己的小孩要上小学了，做父母的哪个不欣喜，又有哪个不焦急？诸多的"不知道"缠绕着父母，诸多的恐慌困扰着父母，他们多需要名师指路呀！卓立校长最知父母心，他用最简洁、最有力的语言给出了最有用的回答，为年轻的父母指点迷津。这本书看了好几遍，真是越看越觉得有用，书里充满了不同凡响的大智慧。今天我们就把卓立校长请到了"悦长大"的微课堂，专门给一年级的家长们来讲一讲，如何帮助一年级孩子适应小学生活。我想这个话题一定是广大爸爸妈妈非常想知道的。今天您就在微课堂跟大家说说，您对一年级家长有什么想说的话。

卓立：刚才卢老师介绍说，我从教已经是 55 年了，在北京史家小学教了 48 年的书，干了一辈子的小学教育，现在我所在的是润丰学校，这是一个九年一贯制的学校。我写的这本书叫《欢迎来到一年级——幼小衔接家长手册》，主要是想把五十多年从事小学教育的体会和做法跟家长们沟通一下，重点是孩子即将要上一年级的以及已经上了一年级的家长们沟通一下。

因为家长们在这个时候，实际上是非常纠结，也是非常焦虑的，他们迫切想知道学校会怎么样培养自己的孩子，自己又应该怎么样配合学校去做。而这本书是家长和学校沟通好的一个非常好的桥梁。能够亲手把自己的孩子培养大，对很多家长来说也就那么一两次机会。做得好，孩子长大成人；做得不好，要痛苦一辈子的。这句话说得轻松，却是一件非常难做的事。我见到很多家长为此焦虑、痛苦，有些人付出很多，却眼见自己的孩子不听话、不爱上学、沾染上很多坏习惯，简直是痛苦不堪。可回过头来，你再想把他纠正过来，也是很难的。所以，孩子上一年级真是非常重要的时刻。

卢勤：您这番话说到很多父母心里了。孩子上了一年级，喜悦只是一瞬间，接下来就是焦虑不安，每日与孩子斗智斗勇，经常事倍功半甚至适得其反。您就和大家说说，一年级家长该怎么当？

孩子上学了，家长也要上学

卓立：好！今天我就给大家开四个妙方。第一个，孩子上学了，家长也要上学。孩子上了小学，家长们千万不要认为，这下我可解放了，孩子送到学校就让老师来管吧。这就完全错了。

卢勤：是呀，许多父母一开始都有这种松一口气的想法。

卓立：孩子能不能成才，学校是次要方面，家长才是第一位的。不管多么好的学校，同样有差生，甚至有走向反面的学生。学校可以培养出很多优秀的学生，但也免不了会有差生。从这个角度来看，教育对于学校基本上是差不多的。那么，孩子之间为什么会有那么大差别呢？我觉得，很重要的就是家庭教育的差别。如果家长重视家庭教育，能够科学地、到位地、负责地对待教育，孩子就可能会更容易成才。反之，如果父母做得不够科学、到位和负责，孩子可能就一般，甚至会成为祸害。所以，家长一定要重视孩子的教育问题。孩子上学了，你一定要去研究教育的规律和方法，虽然你不是学校的老师，却是孩子的第一任老师，是最重要的老师。这个角色你想到了吗？你上岗了吗？我想，我们每一位负责任的家长一定要有这样一个态度。

实际上，孩子在小学阶段是特别重要的，尤其是一年级。但很多家长不以为然，认为小学有什么，特别是一年级，不就是学习一加一吗？还有很多家长对孩子的关注只停留在吃得好不好、有没有被同学欺负的层面，这样的眼光就太浅了。家长一定要把小学看成是育人的开始，是培养孩子成人、成为国家栋梁的开始。孩子的思想品德、适应社会的能力等，都是从小学开始培养的。我经常说，学校进行的是公民教育，不仅仅是传授知识，很重要的是培养学生的学习能力和习惯，为孩子形成好品格打下基础。因此，我希望家长们能把观念转变过来，跟学校一致起来。

卢勤：父母的眼光决定孩子的未来，一年级是打基础的阶段，基础打不好，人生的大厦就会坍塌。让孩子从一个自然人转变为社会人，父母们要配合学校做好。

卓立：在培养孩子的科学性方面，家长一定要用科学的方法来培养孩子，而不是死乞白赖地只关注学习。我们爱孩子，但更应该让孩子感受到爱，享受到爱，并学会爱，这是很重要的。如果父母总对孩子说，你必须考上清华北大，你必须得好好学，你不能再玩了。虽然，这样的父母也很爱孩子，可孩子感受到的不是爱，而是对他的管制和压抑，最后他就恨死你了。所以，让孩子感受到爱很重要，让他由于你的爱感到很快乐、很幸福，孩子就会愿意按照你指引的方向去努力，这就达到爱的目的了。同时，不仅让孩子享受别人的爱，还要会爱别人。这样的教育就是成功的。

卢勤："亲其师，善其道。"孩子不喜欢你，你说什么他都不爱听，好心得不到好报。

卓立：我觉得，作为家长还应该更科学地关注教育改革的形式，你的教育内容和方法要和学校当前的改革方向是一致的。比如说，在父母上学的时候，教育强调学知识，而现在的学校教育强调学生接触社会、接触实际和掌握生存的能力，热爱科学是非常重要的。我们学校就提出，在课堂和生活中去增长才干，而不只是在书本上简单地学习，号召学习要开动脑，放开眼，竖起耳，张开嘴，动起手，迈开腿。实际上，这就是要求学生把各个方面的感官都调动起来，会动脑，会思维，会创新；放开眼，多看书，多观察，放开眼不只是看东西，看书也很重要；竖起耳，多听，多了解；张开嘴，敢讲话，敢于发表自己的意见，多交流；动起手，会实践，会制作；迈开腿就是走到社会上去了解社会。这样的孩子才能够真正地适应当今的学习模式，我觉得家长们应该关注现在教育改革的方向。

你看现在全国的教材变成统编教材了，是由教育部来审订的教材。以后，从一年级开始就开设科学课了，过去都是三年级以上才开，中学才开，为什么现在从一年级就开了呢？科学课是什么意思呢？我们知道，一百年前，我们敬爱的周总理提出"为中华之崛起而读书"，老一辈革命家前赴后继、赴汤蹈火，把中国解放了，中国人民从此站起来了。现在，我们这一代人，也就是孩子的爸爸妈妈和老师们，在完成着"为中华之小康而奋斗"，使中国富起来。而我们所培养的这一代人，就是现在上一年级的这一代人，要为"中华之富强而读书"，要实现2049年，也就是新中国成立100周年的时候，把中国建成强国的梦想，靠的就是科技。所以，现在从整个国家来说非常重视科学技术，因此从一年级开始就要学科学、爱科学、用科学。我看这套科学教材编得非常好，一年级开始就讲到科学研究的方法，怎么观察，怎么测量，怎么比较，教给孩子们很多创新思维的方法。

你看，现在的语文教学也和过去不一样了。一年级不是先讲汉语拼音，而是先讲课文了。一年级的孩子上来学的是"爱上学""我是中国人"，讲的是一些简单的汉字和儿歌，然后逐渐才开始学汉语拼音。你知道为什么吗？这是希望孩子们一开始就接触汉字，而不是那种抽象的拼音，让孩子对文学和中国传统文化感兴趣，知道学语文是为了写字、说话用的。这和过去的思考、学习模式真的很不一样。

总之，孩子上小学了，父母就要赶紧改变观念，一定不要放手了之，也要赶紧"上学"，从教育观念、教育态度、教育方法，以及现在教育改革的这种变化，父母都要跟得上，这样才能够培养出好孩子。

卢勤：卓立校长讲得非常好，也非常实在，第一个妙方是，孩子上学，父母也要上学。都说择校不如择师，其实真正的老师是父母，作为一年级家长来说，你也要上一年级了。怎么当好一年级的爸爸妈妈，我想卓校长刚才讲得非常的清楚，要了解一年级学生在学什么？学校有什么要求？爸爸妈妈对上学抱有乐观快乐的心态，孩子才会高高兴兴上学。那么，第二妙方又是什么呢？

爱上学，爱老师，爱同学

卓立：第二个妙方是，让孩子爱上学、爱老师、爱同学。孩子上了一年级，很多家长关心的是孩子的学习怎么样，是不是得了一百分，觉得学习好、成绩好是最重要的。我每年给一年级的老师开会总是说，一加一等于几固然重要，但孩子肯定能学会的，但是在这个问题你可以放在次要位置上，更重要的是让孩子爱上学，觉得上学有意思，我太爱学校了。

然后，就是和老师特别亲近，觉得老师是最值得信赖的人，最值得敬佩的人，一谈起老师就竖起大拇指来，这就达到教育目的了。第三是爱同学，这个非常重要，现在我们的教育缺乏培养团结、互助、交往、合作的能力，有的孩子特别独，老是跟同学搞不好团结，今后走入社会一定会吃大亏。我们一定从小让孩子和伙伴们搞好关系，搞好团结，培养开朗、活泼的性格。

我有这样一个观点，在义务教育阶段不要过早地把孩子拴在分数的战车上，一定让孩子全面发展、综合发展。只要孩子全面发展了，成绩也错不了，这是我多年教育的一个体会。因为我在史家胡同小学，在今天的润丰学校，一再强调的就是"一切为了孩子，一切为了明天"，提出"让家长放心地把孩子和孩子的未来托付给我们"的这样一个理念。也就是说，我很在乎孩子的品格和性格，还有适应社会的能力，而不只是分数。

父母在跟孩子交流的时候，不要上来就问你今天怎么样？中午吃的是什么？这个当然可以问，可更应该问问孩子，你跟哪个同学最要好？你们老师觉得你哪个方面最棒？父母关注的地方也正是孩子关注的地方，所以父母对孩子的引导是非常重要的。我希望，父母一定要把教育的着眼点，放在育人上，放在培养人格、培养能力上，放在培养孩子的性格上。

卢勤：您讲到一个十分重要的问题，孩子上了一年级，父母关注的不该只是孩子是否考了一百分，而要关注孩子是否爱上学、爱老师、爱同学。这些爱的教育，我们平常一直都在讲。"亲其师，善其道"，孩子爱老师就爱上学，如果父母跟老师对着干，最后伤害的是自己的孩子。如果父母跟老师建立一种亲密的关系，孩子也会觉得，妈妈爸爸喜欢这个老师，我也很喜欢。对于同学也是，孩子说某个同学的不好，爸爸妈妈跟着一块说这个班的同学素质太差了，那孩子可能就待不下去了。所以要怎么去爱一个同学，熟悉一个同学，也是至关重要的。

那么，第三个妙方是什么呢？

培养规则和习惯

卓立：第三个秘方，我想谈一谈关于培养规则和习惯的问题。孩子只要一上小学，地位就不一样了。在幼儿园里，他是被照顾的对象，老师关注孩子吃穿，孩子感受到的只是被关心、被照顾。但是一上学，他就要成为公民，他对国家就应该负有责任。我想，这个意识很多家长并不理会，不知道这个变化。义务教育就是国家为了今后的发展在培养人才，使国家的发展有后劲，可持续。因此，孩子不光是您自己的孩子，也是国家的孩子。孩子一走进校门，他肩上的担子就不一样了，他的学习任务是您交给他的，也是国家交给他的，他能不能够按时完成作业，是不是努力学习，不仅是对您负责的问题，也是对国家负责的问题。他完成作业，认真学习，也不仅是您交给他的任务，也是国家交给他的任务。当然，这个道理我们没必要掰开揉碎地讲给孩子，但是作为父母应该明白这个道理。所以孩子上学，他实际上已经变化了，从上小学开始他就要承担起责任和义务，努力学习，长大成人。这里有个很重要的问题，他能不能遵守一些规则，从小学生守则开始，有很多的制度和约束，要让他知道，他是必须遵守的。

比如开学的时候，我们学校一年级有四个班，第一天站队就看出不一样了，这其实跟老师的教育有很大关系。有些班的孩子就懂得爱护自己的集体，要为集体增光，懂得学校是有规则的，必须遵守规则，这就从一个幼儿园的状态变成学生的状态了。而有些班就不是这个样子，老师按着葫芦起了瓢，忙得不得了，着急得不得了，说明什么呢？说明孩子们还没这个意识，还没长大，还没成人。

其实，上小学真的是发生了质的变化，这个问题我想老师应该意识到，家长也应该意识到，一定要帮助孩子树立规则意识，什么是可以做的，什么是不可以做的，哪些是必须遵守的。在规则这个问题上，我还特别跟孩子们强调，一定要做到第一是敬畏规则，第二是遵守规则，第三是享受规则。他必须要懂得克服自己的困难，克服自己想怎么样就怎么样的习惯，从这个时候开始遵守学校的各方面的制度和规则。在规则之中慢慢形成自律，就变成自己会约束自己了，就懂得哪些可以做，哪些不可以做，这样孩子就能成长了。我们一定要把孩子从小培养成一个守纪律、懂礼貌、讲规则的孩子，这是非常重要的。

再一个就是习惯，小时候养成的习惯孩子一辈子都受用。一个孩子小的时候，要养成的习惯有很多，学习习惯，生活习惯，方方面面的事情都有一个习惯问题。对于一年级的孩子，我想谈谈"听的习惯"。

这个"听的习惯"经常被家长忽视。其实，这个习惯对一个人来说，一辈子都是很有用的，这是一个非常重要的本领。在上课的时候，会不会专心听讲；在家里，会不会专心听父母说，这是很重要的习惯之一。

如何养成"听的习惯"呢？有三个要点：第一个是，眼睛看着对方，专心地听，这是很多孩子没有的习惯，你说你的，他的眼睛总是看别处，心不在焉。这样对讲话的人是很没礼貌的，让人觉得你不懂得尊重别人，不爱跟别人交流。第二个是，听明白，听完整，不抢话。有些孩子还没有听明白父母怎么说，就赶紧抢着说，不仅不礼貌，而且连别人的话都没听明白，沟通也会有问题。上课的时候，也会有孩子抢话。这样的孩子往往要小聪明，对知识一知半解，学得不扎实。第三个是，边听边想。听别人说话，要边听边思考，而不是直瞪着眼睛，没动脑子，听了就忘了。我曾经教过这样一个孩子，我讲的时候他听得可认真了，可真要提问的时候，他什么都没听进去，因为根本没有思考。要在听的时候，想想别人说得对不对，我应该怎么做，这样才能够达到听的目的。

我刚才只简单说了"听的习惯"，生活中要养成的习惯可多了，家长要科学细致地来研究这些问题。

卢勤：卓校长的第三个妙方是，重视对规则和习惯的培养。一年之计在于春，对于一年级的小学生来说最重要的是养成好习惯，这些好习惯如果一年级养成了，一辈子都受益。

刚才卓校长只讲了"听的习惯"，其实他的书里讲了很多习惯，比如自觉写作业的习惯，合理安排时间的习惯，收纳整理的习惯，做家务的习惯，自我保护的习惯，等等，这些习惯如果在孩子一年级的时候开始重视，就会变成他一辈子的品格，让孩子终身受益。其实，绝大部分的好习惯不是培养出来的，而是父母的言行耳濡目染熏陶出来的。所以，父母要让孩子养成好习惯，自己就要做出好样子。

卓校长，三个妙方都开出来了，那最后一个妙方又是什么呢？

家校一家亲

卓立：第四个妙方想说一说"家校一家亲"的问题。家长和学校在教育中的关系是什么样的？这个问题在孩子一年级的时候，就要把它搞清楚，否则你会很苦恼。在学校，尤其是一年级的时候，家长和老师应该是同一战壕的，家长绝对不要当裁判员、旁观者或督学。如果你摆不正自己的位置，往往会让孩子受损失。

我认为，家长和学校应该是朝着一个方向前进的。既然让孩子上了这所学校，你就要全面地了解学校的办学理念、办学思想，和学校合拍，和老师合拍，要经常和老师沟通。现在的沟通方法有很多种，不仅是可以用语言沟通，视频沟通也可以，或是经常在网上发一些照片，进行图像沟通，这些都可以。所以，沟通的途径不是问题，关键是沟通的态度。

有的班级会为家长建一个沟通群，班级群的功能是老师传达一些事情，或发一些通知，而不是家长在群里议论的地方。如果家长有意见，尽量不要在网络上公开发表，会让老师很难堪，或者老师难以回答大家提出的不同口味的要求。当然，并不是学校和老师不可以批评，但一定要避开孩子，避开其他家长，不要形成一种舆论想把老师怎样，我们一定要注意分寸。

老师也是跟父母们年龄差不多的人，他们也需要鼓励，也需要支持。一个老师同时教三四十个孩子，本身是很艰难的，很不容易的事情。父母有时候会觉得，教育一个孩子都很辛苦，老师要教育一群孩子，而且还要让他们统一起来，在短时间内完成那么多学习任务，可以说是极其困难，极其细致，也是极其科学的工作才能够实现的。所以，当家长的也要体谅老师，站在积极地支持老师、帮助老师的位置上，这样对于整个班级的进步，对于孩子的进步才是有好处的。

卢勤：卓校长讲得很诚恳，家长如果和老师对着干，最受伤害的就是自己的孩子。做父母的、做老师的都要有同理心，站在对方的角度想问题，有些矛盾就迎刃而解了。卓校长，您对家长素质的提高有什么建议吗？

卓立：家长有多种类型，有的属于狼追型，有的属于放羊型，有的属于保姆型。一年级开始，您在孩子心中是什么形象呢？

狼追型的家长就是一天到晚督着，在孩子后面举着"大棒"，逼着孩子这样那样，嫌弃孩子这不行那不行，亲子之间的矛盾特别大，和老师之间的矛盾也特别大。孩子不喜欢这样的家长，家长自己也非常苦恼。这种家长像狼一样追着自己的孩子，真的不可取。而放羊型的家长，恰恰相反，孩子怎么样都可以，宠着孩子，这样孩子也成不了器。

保姆型的家长就是把孩子的所有事情都揽过来了，天天替孩子背书包，替孩子削铅笔，陪着做作业，把孩子的责任，都变成了自己的责任。孩子的事，你替他做了，孩子就失去了很多锻炼的机会，生活上完全依附于父母，变成一个非常懦弱、无能、没有创造力的孩子，这是非常可怕的。

孩子上一年级，对于家长来说，太重要了。刚才谈的这些问题都是一些小问题，但是教育就是在细枝末节之中，在潜移默化之中。实际上，教育就是一种酝酿。

卢勤： 爸爸妈妈怎么跟学校、老师合作，家校一家亲，并不是说把孩子推给学校，一切都是学校的责任，而是父母应该成为学校的助手。这样就延长了教育的力量，家庭与学校成为一种共同的力量。

下面，我想请卓校长回答一些很具体的问题。我看到您的书里讲到，一个孩子上学准时很重要，爸爸妈妈也要准时接送孩子，如果孩子迟到了，对孩子有什么不好的影响？现在的爸爸妈妈特别忙，路上又特别拥堵，如果不能按时接孩子放学，会对孩子有什么心理上的影响吗？

卓立： 作为一年级小学生的父母，一定要按时接送。上学迟到，在全班同学和老师的注目下走进教室，孩子心里会不自在；放学时，孩子一站在校门口，就能够看见父母迎向自己的笑脸，对孩子来说是莫大的欢喜，孩子往往会兴奋地和你分享他一天的校园生活。

如果孩子在一开始就觉得自己不被家长重视，心里会对家长的教育产生抵触，所以我希望家长们一定准时来接送自己的孩子。

卢勤： 有很多家长在问，孩子上小学了，谁来管孩子学习，是爸爸管还是妈妈管？还是奶奶管？还是爷爷管？卓校长，您看谁管？

卓立： 古人云："养不教父之过。"所以，如果孩子教育不好，是父母的错，绝对不是爷爷奶奶或姥姥姥爷的错。比如说，如果孩子挑食，老人顶多管到这个程度——"乖孙子，你要多吃，要讲究营养"，跟孩子讲很多道理，最后孩子还是不爱吃就不吃，老人也毫无办法。如果是爸爸妈妈来管这事儿，他就有权利说："吃不吃？必须吃，今天做的饭就是这个！"实在不行，还可以说："你不吃，好了，10分钟以后我就收碗了，你不吃就饿着。"家长是可以这样做的，孩子慢慢就会知道不吃是不可以的。可老人就不能这么做，不让孩子吃饭，孩子的爸爸妈妈肯定不乐意。

我现在也当爷爷了，我跟孩子的姥姥姥爷都是这么说的，我们应该跟政协的态度一样，"到位不越位，帮忙不添乱"。老人帮忙照顾孩子一定要到位，该接的时候别迟到，该穿的衣服得穿上，这些问题绝对不可以落空。但一定帮忙不添乱，老人做不到的事情，比如学习成绩好不好、孩子品德怎么样，就不要把责任放在老人身上了，这样会发生不该有的矛盾。

至于爸爸妈妈谁来管，这件事最好的选择标准是：谁更愿意管孩子。因为有意愿，他会更容易找到方法，会花更多时间观察孩子，有更多耐心和孩子沟通，帮助孩子总结规律和技巧。如果孩子考试不及格，妈妈可以和孩子共情，爸爸可以帮孩子分析考试失败的原因，和孩子一起攻克难题。当然，如果两个人配合着来做就更好了。

卢勤：我非常赞成卓校长的意见，因为我也是奶奶辈的了，到位不越位，帮忙不添乱。说实在，爸爸妈妈不要把孩子上学的事拜托给父母，应该自己承担起责任，你的责任就是孩子的榜样，老人有他的节奏，角度确实是跟父母不一样，所以别指望让父母帮你带孩子，孩子学习好不好就赖父母，我看没有必要，还是自己来承担责任。

非常感谢卓校长开出的四个妙方，我想广大父母一定受益匪浅，让我们一起走进学校，跟孩子一起做一个合格的一年级的爸爸妈妈，我想这也是很光荣的事情，也是一种责任。我非常希望我们这些刚当上小学生爸爸妈妈的人，勇敢地承担这份责任。我也希望大家好好看一看卓校长这本《欢迎来到一年级》，这是一个人五十五年教育经验的积累。打开这本书，一年级小学生父母的近百个疑问，卓立校长都清清楚楚地告诉了您。您的疑惑可以找到准确的答案，应该说对您孩子一定很有影响——

"我的孩子九月出生，我想让他早点上学，怎么办？"

卓立校长告诉你："6 岁上学，不要抢跑。如果你的孩子出生在秋天，我觉得这是命运给孩子的一件礼物，他的行为能力、心智都是同级的孩子中得到最充分生长和发展的那一个，他就有可能行有余力，轻松自如地进入小学阶段。做父母的，为什么要多此一举地收回这份礼物呢？"

"我的孩子 5 岁了，需不需要上学前班？"

卓立校长告诉你："可以上。5 岁的孩子尝试课堂学习是为了开学后能够理解课堂的规则，在教室里坐得住，进入学前班这个练习场体验一下还是有价值的，而不是提前接受填鸭式的知识教育。"

"一年级的学生主要学什么？"

卓立校长告诉你："基础教育就是'成为人'的教育。我们要教给孩子的是学习的方法，和别人、和自己、和这个世界相处的方法；让自己积累的知识产生质变，为自己、为他人、为人类幸福提供多一种可能的能力。"

"我的孩子上课不爱发言，怎么办？"

卓立校长告诉你："孩子在课堂上不爱发言，最大的可能就是他不会，或者不确定自己对不对。自信表达的底气就是实力，别无他物，提倡学生不仅要会，而且会表达出来。作为父母要和孩子一起找出短板，补一补。孩子能不能在众人面前，勇敢地表达自己的意愿，发表自己的意见，这是一个重要的能力，希望家长一定要重视，要多鼓励孩子。"

"我的孩子当上小组长，会不会影响孩子的学习时间？"

卓立校长告诉你："班级是孩子在校园里的家，参与越多，融入越好，孩子越爱去学校。父母一定要鼓励孩子积极参与，哪怕一件很小的事儿，也会让孩子觉得：我是这个班的，这里的事和我有关，为大家、为集体做了事情，就是我在这个班级的价值。父母千万不要觉得孩子在白干活儿，吃了亏。这个'亏'实在值得吃，这个'亏'能够建立孩子和班级的联系，存在感、归属感就统统都来了，这是锻炼孩子综合能力的极好机会，只要处理得好，和学习是不矛盾的。"

"我也知道，亲其师，信其道。那怎么让我的孩子喜欢上老师呢？"

卓立校长告诉你："我非常想让家长们都意识到，帮助孩子发现老师的优点，哪怕只有一点，让孩子喜欢上老师，就会给孩子提供很大的帮助。"

"什么时间找老师沟通孩子的情况最合适？"

卓立校长告诉你："三个时间：放学的时候，当别的孩子都被接走后；老师不上课的时候，事先约好时间，不打扰老师的工作安排；课外的时间，通过微信、短信等方式先和老师预约一下，请老师安排方便的时间。"

"怎样帮助孩子养成好习惯？"

卓立校长告诉你："化整为零，一个月养成一个小习惯，一学期下来就能帮孩子养成 5 个好习惯。"

"父母怎么做，才能让孩子爱学习？"

卓立校长告诉你："说给孩子听，不如做给孩子看。我一直都认为这句话说得非常有道理，与其天天在孩子面前耳提面命，你要动作快点、你要专心听讲、你不要粗心、你要认真写作业……都不如直接做给孩子看。父母天生是孩子的模仿对象，你的一举手一投足，你是如何做的，孩子天天看在眼里，这就是他的行为标准。"

这真是一本一年级家长的百科全书。

什么是教育？

"记得住，忘不了，用得上。"卓立校长给出的答案，每一条都那么具体，那么实用，那么有效。这是用他一生的心血总结出来的人生礼物，我们要倍加珍惜，用心学习。卓立校长一生用心做教育，我们要一生用心做父母。

法国启蒙思想家、教育家卢梭说："教育儿童必须符合儿童身心发展的规律和年龄特点，否则会导致不良后果。""在万物的秩序中，人类有他的地位；在人生的秩序中，童年有他的地位，即应把成人当成人，把孩子当孩子。"

"长大不容易，成长有规律。"名师指路，路好走。走过了才会明白，世界上没有后悔药，如果明白地走，会走得更明白。

第二场：沟通，让孩子拥有亲密关系

——与著名媒体人杨澜的对话（1）

杨澜简介：

资深传媒人士，阳光媒体集团和阳光文化基金会联合创始人、主席。曾出任北京申办2008年奥运会的形象大使，代表中国做申奥陈述。目前担任联合国儿童基金会首位中国形象大使。曾获多项国内外荣誉，被福布斯评为全球最具影响力的100位女性之一。

卢勤： 今天走进"悦长大"平台的是一位重量级人物——影响世界的杰出女性杨澜。

在许多人眼中，杨澜是一位集美丽和智慧于一身的女人，气质端庄，博学睿智。我认识杨澜，是在中央电视台《正大综艺》节目。作为女主持人，她的美丽大方得体而不张扬，脱俗当中有一份淡然，让人赏心悦目。但我真正了解杨澜，并成为她的朋友，是通过一个真实的故事。

1990年，杨澜从北京外国语学院毕业后，遇到了一次机遇和挑战。那年，中央电视台正要推出一档大型综艺节目《正大综艺》，向全国公开招聘女主持人。经过多年的准备，实现梦想的机会来了。杨澜顺利通过6次严格筛选，最终与另一名女孩面临第7轮的最终对决。

当时，制片方要找的是一位精通英语的主持人，所以临时决定在最后一轮的决赛题目中增加一项内容，要求面试者用英语介绍自己，并且阐述对节目的想法。杨澜和另外一个女孩只有 5 分钟准备时间。

辛少英导演是《正大综艺》的创建者之一，她去面试办公室时，恰好从两位面试者身边经过，她看到另外一个女孩正在向杨澜请教一句话的正确表达方式，杨澜立刻给对方友善而正确的提示。要知道，被《正大综艺》节目录用的名额只有一个，在两个人势均力敌的时刻，对方的任何一点小欠缺，对于杨澜来说都是一个好消息。但是，杨澜没有利用这个机会，而是给予了对方真诚的帮助。

后来，辛少英导演好奇地问杨澜，为什么会帮助自己的竞争对手。杨澜淡然地说："我没有把她当作敌人，而是当作患难之交。"

也许，正是这种品质，让后来的杨澜大获成功，实现了自己美好的人生梦想。这就是杨澜，一个美丽、智慧、优雅、知性、热爱公益的杨澜。

杨澜不仅是一位优秀的主持人、公益项目形象大使，还是两个孩子的母亲。今天，我与杨澜对话的主题是，亲子沟通，让孩子拥有亲密的关系。

沟通要懂孩子的心

杨澜：谢谢卢勤老师对我做了这么好的介绍。这么多年来，您一直是父母心目中的"知心姐姐"，不但陪伴他们成长，也见证了他们为人父母的心路历程。今天，我们交流的主题是家庭教育中的沟通艺术，这也是大家非常关心的话题。

卢勤：作为"知心姐姐"，我经常有很多机会跟孩子们聊天。许多爸爸妈妈虽然很爱孩子，但是他们并不了解孩子，所以沟通常常有障碍。

说到沟通，我想起一个小故事：有一把锁头很结实，大家都想把它打开。一把斧头说，我能把它撬开，可费了半天劲，这把锁还是纹丝不动。一把钥匙说，看我的，然后在锁头的钥匙孔里轻轻一拧，锁就开了。斧头很不服气，我那么有力气，怎么就打不开一把锁呢？钥匙才这么小，怎么就打开了呢？钥匙说，因为我懂得锁的心。

　　沟通也是这样，你懂孩子的心，就能不费力地与他们沟通；不懂孩子的心，说再多也白费力气。很多父母就像斧头一样，特别努力，但就是打不开孩子的心。所以，沟通首先要把心锁打开才可以，也就是要悦纳孩子。

　　孔子在《学记》中说："亲其师，信其道。"是说，一个人只有在亲近、尊敬自己的师长时，才会相信、学习师长传授的知识和道理。作为父母，只有让孩子喜欢你、信任你，你说的话他才能接受，他才愿意和你说心里话。沟通是双方的事情，只有一方努力是不够的。怎样才能让孩子喜欢你呢？我发现孩子们有一种需要，是很多父母常常会忽略的，那就是：被鼓励，被肯定。他们希望爸爸妈妈看重自己，如果父母能用"太好了"的眼光去看待自己的孩子，发现孩子的长处，孩子就愿意与你沟通。

　　可是，有些父母一跟孩子说话，就数落孩子的各种不是，孩子就会从心里排斥跟父母交流。换位思考一下，你愿意整天和一个老说你坏话的人在一起吗？大人们都不愿意，孩子们就更敏感了。

　　我接到过很多孩子的电话，他们讲述的大部分事情，归根结底都是因为父母对他们的肯定太少了。给我印象最深的是，有一个女孩说："我妈天天跟我说，你怎么不是哈佛女孩？有一天，我急了跟她说，我还希望我妈是吴仪呢！"女孩的妈妈委屈地说，我哪儿当得了副总理啊，你这个比较科学吗？同样的比较放在成年人身上，成年人也是不能接受的。这对母女的沟通就是不成功的。

　　还有一个男孩跟我说："我爸爸老说，你怎么那么笨呢，别人考第一你才考第十；别人得一百分，你才得九十分；别人当大队长，你才当小队长，我怎么有你这么一个不争气的儿子啊？"这个男孩很不服气，跟他爸说："李叔叔都当局长了，你怎么还是个小科长？人家王叔叔每个月挣一万多块钱，你才挣四千多块钱？别人家都有大彩电，咱们家就这么个小破电视机。"他爸一听也火了，儿子你别跟别人比，人比人气死人。

　　每次孩子跟我抱怨的时候，我就告诉他们：别跟别人比，你生下来就是最棒的。为什么呢？因为只有最棒的、跑得最快的精子才有机会和卵子结合，如果你不是最棒的，根本不可能来到这个世界上。所以，你要为自己能够生存在这个世界上感到骄傲。我也跟父母说，不要老把自己的孩子跟别人家的孩子比，孩子的基因是你给的，跟人家没关系。

这些年，我发现父母和孩子之间常常因为沟通的问题而较劲儿。人家都说，中国孩子是世界上学习最刻苦、最努力的，但中国的爸妈对孩子的满意度是最低的。

我有一个插队时的知青朋友在美国，她的孩子在美国的中学读书。有一次，她和我说起一件有趣的小事：中国孩子和美国孩子在操场上打球，中国孩子十个球进了九个，中国妈妈会很不满意地说："那个球怎么没进呢？还是不努力！"美国孩子十个球进了一个，美国妈妈不断地鼓掌说真棒。中国孩子就说，这个妈妈一定有毛病，孩子那么差还给他鼓掌。可人家说，那怎么了？进一个球就比没进强。最后，获得成就感的是那个进了一个球的美国孩子，而感到挫败的是进了九个球的中国孩子。

我跟很多父母说，对孩子要有好心态，不要为失去的而遗憾，要为得到的而欣慰。没有一种好心态面对孩子，你就无法跟孩子沟通。沟通时，不要当乒乓球运动员，来了就打回去，一个球都接不着；要像篮球一样，把球接过来，然后再投出去才投得准。所以，沟通非常重要的一点就是要悦纳，你要喜欢并看重你的孩子，才能赢得孩子的心。

肯定孩子要有一个度

杨澜： 我想起美国的教育学家曾经在 20 世纪 60 年代做过一个实验，当然今天如果做这个实验可能就有违教育道德了。当时，他们把一些成绩比较好的孩子单独带到一个教室里，对他们做出很多负面的评价。而另外一组是由一些成绩并不好的孩子组成，研究人员对他们做出很多正面的评价。经过一段时间，用同样的试卷给两组孩子进行测试，就发现那些得到肯定的过去成绩并不好的孩子表现得更为优秀。这说明，成年人的态度对于孩子的表现有非常重要的暗示作用。

有的父母可能会说，社会竞争是很残酷的，我每天在家里说孩子这也棒那也棒、太好了、我爱你，将来有一天他出去面临残酷的现实，必定会受到很多挫折。我怎么样才能让他不会被宠坏，让他有抗挫能力呢？

卢勤：这位父母提出了一个特别重要的问题，对孩子的肯定一定要非常适度，如果你超过这个度，肯定就会起反作用。肯定孩子最重要的一点就是，要肯定得非常具体，不是肯定这个人，而是肯定这件事情，让孩子感觉到是我做到的，他就有了自信心。成就感是自己做到的事情受到肯定之后才拥有的，并不是人有多么伟大。

我举一个非常简单的例子，有个小孩曾经跟我说，我妈不在家的时候，我一个人把屋子收拾得可干净了，想给妈妈一个惊喜。我妈一回来就说，你真是爱劳动的好孩子，我没要求你做就做了，我太爱你了。女孩一听就说，妈你别说了。我问她，你妈妈表扬了你不是很好吗？女孩跟我说："我觉得我妈特假。"

我对这个女孩说，我妈不假。像你这么大的时候，我妈可不是这么说的。每次我妈不在家时我把屋子收拾干净，等我妈一进来，我就躲在门后面，我妈就很惊讶地说，谁干的？这么干净！然后，我就站出来了。我妈就说，真没想到是你干的，你可真能干！就为这句话，我干了好几年的活。

对比这个女孩，我忽然觉得，我妈的夸奖是很有讲究的，我的成就感往往来自我妈妈的惊喜，并不是因为我把屋子收拾得很干净了，我妈就爱我了，而是我妈认为我真能干，在我心中留下了自信的种子。以后别人再说我不能干的时候，我就会想：我妈都认为我挺能干的，这个感觉长大了才有。咱们的前外交部长李肇星，在记者会上有记者问他："您的才华我很佩服，但是长相不敢恭维。"他当时就说，我妈不这么认为。我听了就笑了，他妈妈的那句话让他心里有底了。

所以说，肯定要具体化，说得太空，孩子就会觉得妈妈看重的是结果，我做得好，我妈就爱我，而不是爱我这个人，这个就有问题。

其实，失败是一个常态，成功只是偶然，这个道理怎么让小孩知道呢？我觉得，沟通的第二个要点就是陪伴。孩子什么时候最需要陪伴呢？当他失败的时候，当他堕落的时候，当别人都瞧不起他的时候，当老师也放弃他的时候，这时候爸爸妈妈就很重要了，如果你这个时候也放弃了孩子，孩子就不一定会走到哪里去了。这时候，孩子就特别需要爸爸妈妈的陪伴，这种陪伴首先是要非常心平气和地面对这件事，告诉孩子这很正常，失败是很正常的。

在失败面前，爸爸妈妈的态度对孩子的一生都有影响。失败又怎么样，那算多大的事，有这么一个态度，孩子就会敢于失败。敢于失败的人，最后才会成功；如果他不敢失败，就没法成功。现在有一句话，不要夸孩子聪明，要夸孩子努力。被夸聪明，孩子就害怕失败；被夸努力，孩子就不怕失败。我觉得这是很有道理的。

杨澜：您举的例子，很有说服力。每一个孩子的基因、环境、能力和选择都是不一样的，如果父母用一种整体划一的标准去要求孩子，去跟别人攀比，孩子不开心，父母也未见得舒坦。我觉得，您刚才还说到一个很重要的问题，当孩子失败或做错事的时候，父母不能把他拒之千里。我看到过一些实例，孩子撒了一个小谎，或拿了别人家的东西，这当然是错误的行为，但父母就在道德高压之下，把孩子贬得一无是处，结果让孩子失去了重新尝试和改正错误的机会。

卢勤：你说的也是现在非常敏感的一个话题。有一次，我到北京人民广播电台做一个现场直播节目，女主播是个非常年轻漂亮的女孩。她私下里跟我说起一件事，她说："我有个朋友在念书的时候，有一天您去了他所在的班级，您问大家一个问题：谁小时候偷过家里的钱？他当时就举手了，您立刻拿了一个礼物送给他，说：'你很勇敢，每个人都有犯错误的可能，能够勇敢地承认就是好样的。'我的这个朋友很感动。"女孩讲完告诉我，您知道我这个朋友是谁吗？他就是我的男朋友。当时我听了也很感动，这个男孩能够把这件事告诉他的女朋友，我觉得表达了一个意思：人都有可能犯错误，这个时候需要别人的宽容。一个改正的机会，对犯错的人来说非常珍贵。所以，孩子失败或者做错事的时候，父母要接纳他们，要陪伴他们走过这段艰难的历程。

杨澜：您说得太好了，我在着手制作一个微电影，是向伟大的母爱致敬的。在这个过程中，我突然发现身边很多人，特别是很多女孩，跟妈妈都有很深的过节，尤其是青春期的时候，在价值观和沟通方式上的种种不适应，彼此造成了很深的心理伤害。

我有一个朋友，年轻时因为爱情的原因跟妈妈闹翻了，她负气离家出走多年。母亲也很骄傲，不肯向女儿服软，于是，两个人有将近十年的时间没怎么说话。最近她的妈妈生病了，而且是很重的病。这个女儿回到病床前伺候她妈妈，突然发现其实她一直那么爱妈妈。有时候最深的爱和最深的隔阂都发生在同样的两个人之间，特别是母女或母子之间，真的是非常的遗憾，非常痛苦的事情。

您是不是也经常发现，很多父母在与孩子的沟通上，特别是与青春期的孩子沟通上，选择的方法特别不得当？

倾听，是亲子沟通最重要的方法

卢勤：你刚才说的案例让我想起一个女孩，她在湖南沅江，到现在我们都没见过面，只在电话里沟通过。她的名字非常好听，叫波，从小在奶奶家长大，上初中才回到父母身边。我为什么认识她呢？因为，她跟家人没法沟通，她的母亲非常痛苦，就打来知心热线。在电话里，这位母亲说孩子对她怎么冷漠，一边说一边哭。这个妈妈说，"知心姐姐"您能跟我女儿通个电话吗？我说，只要您女儿愿意，我很愿意跟她通电话。

第二天，一个湖南的长途电话就打到我手机上了。一个女孩说，"知心姐姐"您好，我是波。那个声音可轻柔了，我当时就很兴奋，我们俩就聊起来了，聊了很久。我觉得对方是一个善解人意的女孩，并不像她妈妈说的那么冷漠。一周以后，我就收到她写的一封很长的信，信里她称自己是一个多愁善感又酷爱幻想的小女生。她说："我很喜欢享受生活，我渴望能够在清晨聆听到天空的宁静，坐在海边的阳台上品一杯香气四溢的巴西或者墨西哥的咖啡，听自己喜欢的钢琴曲，手上再拿一张报纸或一本好书，享受这美好的时光。"看到她的文字，我的眼前就出现了一幅特别美好的图画。

之后，女孩就开始诉说自己的痛苦，她说："我带着一颗感恩的心回到父母身边，但我对他们早就失去了那份信任，尽管他们在我身边燃了一团团的熊熊烈火，但仍然无法融化我那颗已经积雪已久的心。幽灵似的母亲已经扭曲了我纯真的心灵，使我失去了和命运抗争的一份激情，我不相信她说的每一句话，看到她的每一眼都带着一份尖锐而痛彻的隔膜，尽管她仍然不惜一切地想用'万能胶水'粘住我这颗血淋淋破碎的心，但是我依然不想理她。"

她说，直到有一天，她看到《世界上最伟大的推销员》这本书，才决定重新选择一次。于是，波同意妈妈给我打电话。没想到，拉紧的心弦就这样被轻轻地柔柔地解开了。她在信中告诉我："打完电话后，有一种奇妙的感觉让我忘掉了自己的'冰心'。很久没见到我这个样子的妈妈当时就特别惊讶，也特别高兴，当我看到她的神情，就情不自禁地说了一句'谢谢'。我忽然觉得，自己的心开始复燃了，期盼已久的发泄，就在一个平常聊天中开始了。知心姐姐，我将永远记住重新唤起我激情的电话，向您行个礼，谢谢！"

当我读到这儿，眼泪已经模糊了我的双眼。我没想到，那个声音轻轻柔柔的女孩，竟有那么多悲伤，而电话里她传递给我的是快乐，跟她聊天非常轻松，非常舒服。我当时就想，为什么她给我打电话很快乐呢？因为，我引导她分享了自己的快乐，而她的妈妈也被女儿的快乐感染。

从那以后，波经常给我打电话。有一天，她特别兴奋地告诉我，她有一个新发现，原来自己的妈妈也是个爱分享快乐的人。她说，我妈看了您写的书变化可大了，她买了很多本，听说谁教育孩子有困难就主动送一本，逼着人家看，您看我妈多可爱呀。当时我就发现，这个恨妈妈的女孩已经真正地打开了她的心。她说，我现在也被我妈感染了。我当时寄给她一本《知心姐姐》杂志，她看得特别过瘾，哪个同学有烦恼了，她就把这本杂志送给人家看，她说："您看我快成我妈了。"

后来我就想，这个小女孩跟妈妈的隔膜是怎么解除的呢？答案是，倾听。当我们聆听孩子的心声时，会有一种非常奇妙的感觉，你会发现自己的心境会随之变化，忘掉成人世界里的烦恼和琐碎，慢慢走进了一个孩子的世界。这时，你就能理解孩子的心，隔膜自然就被解除了。所以我觉得，倾听对父母来说特别重要。

杨澜：我觉得您分享的这个故事很让人感动。您说得对，沟通不仅仅是表达自己，也要认真地去听，因为听里边是一种爱，一种尊重，一种在意，这种情感在潜移默化中会影响到对方，带来一种很大的包容和安全，这才是真正有效的沟通。

二胎带来的新问题

杨澜：我发现在二胎政策下，父母跟孩子的沟通又出现了一个新的难题。有的父母决定要第二个孩子时，遇到了第一个孩子的强烈反抗。我甚至看到这样的新闻：一个孩子逼着妈妈去打掉胎儿，还说，我绝不要小弟弟或者小妹妹，我要独占你们的爱，而父母居然真的乖乖地去打胎了。我觉得真是匪夷所思。这样的情绪，父母该用什么方式去化解呢？

卢勤：这是一个非常尖锐的问题。有人做了关于孩子是否支持妈妈生二胎的调查，结果显示，99%的孩子都反对。有的孩子说，妈妈你挺辛苦的，有我一个就够了。有些孩子公开提出，如果弟弟或妹妹来到世上，我的东西就会被分成两半。更多的孩子在担心，如果有了弟弟或妹妹，爸爸妈妈就不爱我了。这种担心是因为很多父母都没有做好生二胎的准备，第一个孩子出生的时候，就把他当成了唯一的一个，所以这种观念在孩子心里也是很深刻的。

我觉得，两个孩子挺好，这对孩子之间的交流有好处。现在的很多孩子独生、独养、独享，将来走向社会就不能跟别人很好地相处。当然，如何处理好两个孩子的关系，父母也要有准备，老大和老二应该更看重谁呢？我认为，应该看重老大，同时照顾老二。要告诉老大，你是妈妈的好帮手，弟弟妹妹要听哥哥和姐姐的，如果弟弟妹妹遇到困难，可以适当地交给哥哥姐姐去处理。这样孩子就会觉得，我是妈妈的帮手，就从心里有了成就感。

另外，如果弟弟妹妹做得好，哥哥姐姐一起受表扬，反之就要一起受惩罚，这样他们会觉得彼此是一体的。让两个孩子成为一个小世界，跟爸爸妈妈是两个世界，这样就比较合理了。千万不要因为老二的出生，就忽略了老大。老大嘴上不说，心里肯定不平衡。

最近我看到两个孩子，年龄相差几岁，一个姐姐一个妹妹，妹妹年纪很小就会成语接龙了，说得非常好。谁教的呢？姐姐教的。大人教了多少遍，妹妹都没记住，姐姐只说了三遍，妹妹就记住了。而且，妹妹也有一些东西教姐姐。两个孩子互相教互相学，形成了她们自己的一个小世界，非常好。所以我觉得，父母要想生二胎，一定要把这个关系处理好。

杨澜：我有两个孩子，所以能够深深体会到两个孩子学会相处，包括怎样去妥协、怎么相互迁就，其实都是非常重要的为人处世的技巧。因为孩子之间的关系是平等的，跟他们和父母之间的关系很不同。我的两个孩子年龄相差四岁，当我知道自己怀了第二胎的时候，就一直跟我儿子说，现在你可不得了，你都要做哥哥了，你知道哥哥多么受人尊敬吗？当他在医院看到自己刚出生的小妹妹的时候，他摸着妹妹的小手说，小妹妹你不要怕，我会保护你的。其实，父母让老大有这样一种成就感，觉得我是更大的，更能够被爸妈指望的，而且能够帮助弟弟妹妹的时候，他们的自豪感也是与众不同的。

卢勤：其实，这就叫共存指数。共存指数是从小培养的。很多孩子到幼儿园抢小伙伴东西,被欺负的孩子只会哭闹,老师就去找父母解决。其实,如果小时候和兄弟姐妹一起学会如何与人共处,这样的问题就会减少很多。我从小就生活在一个多子女家庭,大家都是互相谦让,互相爱护的。我上幼儿园的时候,有些个子大的男孩抢我的球,我就在树底下等着,他们玩够了,我接着玩。因为从小有这种共存的环境,对有些事情就能够比较宽容。

你刚才说的,哥哥也好,妹妹也好,他们在两个人的关系中学会了共存,这种共存对孩子走向社会特别有好处。第二胎来到时,父母别光想着麻烦的事,也想点好事,大家就都乐意了。

杨澜: 卢勤姐,我们现在请网友来提问,我们比较简短地多回答几个问题,好吗?

一个 16 岁男孩的父母说,他发现孩子在看一些不健康的电子书,就帮着给删掉了。他问,怎么开口和孩子谈既能够不伤害孩子,又能够让孩子远离这些?

卢勤: 这个世界已经打开了,你要把孩子的眼蒙上是不可能的。所以,要让孩子有自我管理的能力,学会拒绝黄色,拒绝暴力,拒绝毒品,这对一个 16 岁男孩特别重要。我觉得,大人帮着删掉这些东西不是解决办法,应该找孩子好好谈一谈,什么是他应该要的,什么是他应该拒绝的。少年吴牧天有一句话说得好,"管好自己就能飞",管好自己比什么都重要。如果什么都由父母来管理,管不到的时候,孩子可能就会走偏。我觉得,爸爸妈妈可以跟孩子好好谈一谈,应该做一个什么样的人,应该接触什么样的事情。

单亲家庭的孩子要多支持

杨澜: 这个问题是关于单亲家庭的。现在离婚率居高不下,很多父母面临着单亲带孩子的问题,这个时候往往会担心,孩子的生活中缺少父亲或者母亲的形象会不会成长得不够健康。如果别人说自己的孩子,孩子会不会产生自卑感,单亲父母应该用什么样的方式跟孩子沟通。

卢勤： 从父母来说最重要的是，不要当着孩子的面说对方的坏话，要维护对方的形象。奥巴马小时候，他父亲是一个酒鬼，但他妈妈一直说他的父亲是一个黑人英雄。一个男孩的父亲是英雄还是酒鬼，对这个男孩来说绝对是两种不同的感觉。

离婚是两个成人之间的事情，对孩子来说，他们永远是父亲和母亲，这种情感的联系是不可切断的。所以从父母的角度来说，为了孩子的心理健康，两个人一定要在孩子面前表现得非常有礼，好说好散，不要给孩子的心理造成不好的影响。双方都有权利去跟孩子接触，如果孩子出了什么问题也不要互相推来推去。

我常常跟孩子说，如果你父母因为感情不好离婚了，你要说一声太好了。为什么呢？因为，幸福的婚姻在一起就是幸福，不幸的婚姻在一起就是不幸。如果他俩离婚了，幸福了，你要为他们感到高兴。有个父母离异的孩子开始流着眼泪，后来她想清楚了，回去就跟爸爸妈妈说："你们离吧，如果离婚能让你们幸福，作为女儿也会为你们高兴。"她的爸爸妈妈就都哭了，觉得孩子理解了他们。如果离婚已经成为定局了，我们就必须面对它，既不伤害孩子，同时也不伤害父母。

杨澜： 我觉得，单亲家庭里的爸爸或者妈妈，可以教会孩子如何去对待社会上的一些冷言冷语。如果孩子在学校里遇到有同学说你没有爸爸，或者你爸爸妈妈离婚了，就可以教孩子说"那又怎么样，我一点也不缺少他们对我的爱"，对吧？我觉得，可以帮助孩子去设计一些回答来应对一些偏见，或者一些不公平的语言。

卢勤： 对，在这一点上父母应该给他们一种力量。

杨澜： 这儿有一个妈妈说，孩子小时候是左撇子，妈妈比较严厉，硬逼着他用右手写字，但现在想起来觉得这种教育方式很不得当。父母怎么样面对在孩子成长过程中，自己曾经犯过的一些错误？毕竟我们也是第一次做父母，肯定会出错的，怎么来跟孩子解释自己犯过的错误？

卢勤： 说起左撇子，不瞒你说我的小孙子就是左撇子。我问过一些专家，专家们都说不要去纠正他。因为左撇子有他独特的思维方式，如果你硬要去纠正他的话，会改变他的这种思维方式，会出现其他的问题。我看到有些左撇子的人写字也挺快的，挺好的，所以不必着急。每个人都不同，要给不同的孩子不同的空间，不要都一样，谁也不是一路平坦地走下去的，都是磕磕绊绊地走过来的，只要能走到正路上来，怎么走都可以。

你可以鼓励他用左手写字，也用右手写字，别人能用一只手，他用两只手。如果他已经习惯了右手写字，也没必要后悔。好多左撇子后来改用右手写字，也没有什么感觉。我觉得，爸爸妈妈老觉得对不住孩子，这个感觉不太好。谁带着愧疚都很难把路走下去，去面对就是了，告诉孩子，当时妈妈不知道，现在已经知道了，以后你就知道了，不用把它看得那么重。

杨澜：谁在内疚和悔恨当中都会让爱变形，有的父母因为孩子小时候没有给予足够的陪伴，就一直想用物质满足孩子，好像是某种补偿，但是实际上对孩子的健康成长能有多少好处呢？其实，我们应该用一种平常心来看待孩子的错误，也用平常心来接纳自己的过失。毕竟谁也没做过父母，怎么能保证第一次就做得十全十美？所以，用这种平常心对待过去很重要。

卢勤：对，正确地看待自己的过去和今天孩子的现实，大家都很客观地看待这件事情，后悔药没地儿买去，已经走过来，接受教训和接受经验就够了。人永远要用太好了的心态去往前看，别老去后悔。刚才你说得特别对，我们已经经历了，也有很多的收获，咱们就接着一块走吧，这不就挺好的吗？

杨澜：有个父母说，孩子比较娇气，我又不会严厉地说他，家里人说我惯他，我应该怎么严厉起来？

卢勤：对于娇气的孩子，严厉起来没用，而是需要一种体验。最好能让他在独立的状态下，去参加一些活动，比如，夏令营。在参加夏令营里，没有人会对娇气的孩子给予过多的关照，他跌倒了自己会爬起来，因为大家都这样。经历这么几天之后，他就变了，不再娇气了，因为娇气没有用。哼哼两句就有人帮助的情况下，孩子才娇气，哼哼半天没人理，他就不娇气了。所以，这不是什么大问题，给他一个机会去体验就会好了。

鼓励孩子大胆表达

杨澜：是呀，去年我们一起合作做"少年演说家"的夏令营，就取得了非常好的效果。我发现能够非常大方地当众表达自己的观点，展现自己的个性，实际上已经成为现代人必备的一种能力了，但是学校里和家庭教育当中对这方面还不是非常重视，有时候甚至父母会说这个孩子不爱说话比较文静，把这作为一种值得表扬的特质。其实，我们应该鼓励孩子大胆地表达自己。如何鼓励孩子大胆地说出自己的想法，您有什么经验跟父母们分享？

卢勤：真的像你刚才说的，能够当众表达自己已经成为今天人和人之间沟通的最重要的一种能力了。

在与人沟通时，如果你不会表达就有问题了，所以父母要特别重视孩子的语言表达。

我们从去年开始举办的"少年演说家潜能开发营"，为什么受欢迎呢？

第一个原因，让不敢说话的孩子敢说话了。很多孩子在学校从来没上过台，从来都没当众说过话，来到夏令营很胆怯。但闭营式上，孩子分享的是，自己从不敢说话到敢说话的故事。有小营员悄悄地问我："杨澜这么大牌的主持人都有过胆小的时候吗？"我说，当然了，胆子都是练出来的，她总是上讲台就敢说话了。她不仅会用中国话，她还会说外国话，都是练出来的。孩子不解地问："练就能练出来？"我回答说："当然啦！"孩子看到这些大人物上台说话那么自然，那么轻松，侃侃而谈，觉得说话也没什么难的，真情表达就行。

开营式上敬一丹来了，跟孩子互动。有个男孩主动上台，敬一丹就问他："台下这么多人你不害怕吗？"那个孩子说："老师，我今天没戴眼镜。"敬一丹说："这就对了，不戴眼镜谁都看不见，你就说你的，不用想别的。"其实，害怕这件事就这么简单，不敢说话的人只要上了台，也就说出来了，就觉得原来说话这么简单，他一体验就知道了。所以每次闭营式上，都有二三十个平日不敢说话的孩子上台发了言，没有怎么准备，每人一句话，都讲得挺好。我觉得，让不敢说话的孩子敢说话，这很重要。

第二个原因，让不会说话的孩子会说话了。有的孩子敢上台但不会说，或者结结巴巴地说不出来，就需要学会说话。小雨姐姐教孩子怎么发声，每天带孩子学绕口令，天天在练，孩子们的嘴就不像原来那么僵硬了。有些父母泪流满面地跟我说，我的孩子从来没上台说过话，今天怎么说得这么好。

夏令营里，有个孩子的表现让我很感动。他在走的时候就说了一句"卢老师，再见"，他妈妈就哭了。孩子的妈妈告诉我，这个孩子从来没跟别人打过招呼。后来，我想起这个孩子在整个夏令营里一直不敢说话，有一天甚至把自己关进洗手间里。我们就拿梯子进来，他又躲到最里面。把他弄出来以后，我问他为什么。他说，我犯错误了，不敢出来。我说，你没犯错误，是锁有问题了，不是你的错。闭幕式上，老师让他上了台，这个孩子一直很胆怯，但那天他开口说话了，他妈妈很感动。

第三个原因，会说话的孩子巧说话了。有些孩子可爱说了，说得把父母烦死了，就没个重点，天天说。但是，当他发现这些大人物讲话都是有板有眼的，很让人爱听，因为声音是有节奏的，有韵律的，有高有低的，而且内容是有故事的，他们就学会了。

杨澜：你看沟通的层面是如此丰富多彩，我们每个人都会受到某种启发，无论是怎么去倾听，还是如何去尊重；无论是怎么样鼓励孩子说出自己的心里话，还是能够理解他们的苦衷，甚至在他们犯了错误的时候给予他们一次更正的机会，这些其实都是我们沟通的重要的组成部分。

我一直记得卢勤姐说的话，我们要相信方法总比问题多，用一颗有爱的心去对待孩子，我觉得孩子是能够感受到的，有了这样一个好的心态，父母和孩子之间的沟通质量一定会大大提升。

卢勤：杨澜总结得非常好！让孩子从小学会与人沟通，学会当众讲话，他们就拥有了亲密的关系，有了生存的基础。这样的孩子才是人生的赢家，才会获得一生的幸福快乐。

第三场：格局，决定孩子的一生

——与著名媒体人杨澜的对话（2）

卢勤： 今天，我和杨澜对话的主题是：格局，决定孩子的一生。这次对话由杨澜主持。

杨澜： 什么是格局呢？很多父母觉得孩子是我的，我生我养跟别人没关系。但我想说的是，孩子是属于这个世界的，孩子是属于他们自己的，所以父母要有格局认识到这一点，这样当孩子们的成长与你的期待，或者你替他们做出的选择有所不同的时候，你才不会慌张、焦虑，或是大加指责。

父母自己的格局会直接影响到孩子的人生格局。父母应该问问自己，我们到底打算度过怎样的人生，这个问题听上去好像有点大，但其实不要感到奇怪，很多成年人都没有把这个问题想清楚。

今天我们邀请了一位大咖，跟我们一起来探讨一个亲子的问题，但我觉得在这个亲子问题的背后实际上是成年人的问题。这位大咖也是我非常尊敬的一位大姐，大概有两三代人了，都叫她"知心姐姐"，她就是中国少年儿童新闻出版总社的首席教育专家，也是中国家庭教育学会家庭教育专业委员会的副理事长、著名的儿童教育专家卢勤老师。她总有一种春风化雨的能力，能够把非常深奥的道理用非常生动和浅显的方式与我们分享，当然她一生在儿童教育方面积累的经验，已经是学富五车了，没有办法在今天一一跟大家讲解。但是我相信，她一定会有一些当下大家最关注的话题跟大家一起分享。

我记得，卢勤老师在参加"天下女人国际论坛"圆桌论坛的时候，有一位我们的学员当众向卢勤老师表达谢意，因为在她小时候，在人生很重要的时刻，曾经因为卢勤老师的一句话改变了她的人生。有请卢勤老师给大家打个招呼，然后跟我们讲讲，当时到底说了些什么话。

家庭的格局决定孩子的人生

卢勤：大家好，刚才杨澜老师已经给大家做了一些介绍，我非常佩服的还是杨澜老师，她那种淡定，走上台的凝聚力，她的语言那么平和亲切，我觉得非常的好。她刚才谈到一个特别重要的话题，家庭的格局有多大，孩子的人生有多大。这个话题我也非常愿意和大家进行一些探讨。

杨澜：刚才说到那个人，她会因为您的一句话受益终身，这是哪句话？您跟大家分享一下吧。

卢勤："告诉孩子，你真棒！"完成从挑剔孩子到肯定孩子的转变。当孩子觉得"我很重要"时，潜能就发挥出来了。这样的事情特别多，我经常遇到一些妈妈见到我就说，曾经你说了一句什么话，我曾经看了你的一本什么书，于是我就改变了，我的孩子也改变了，还有我的孩子现在怎么优秀。我仔细想想，我说得最多的话是什么话呢？就是鼓励的话。我从别人的言谈举止中，看得到他有一种内在的力量，我会告诉他：没有你想的那么悲观，我觉得你能行，你在哪个方面会获得很大的成就。当时我说完之后，他就认为自己确实能行，慢慢就找到了自信，我觉得我就像一个帮别人找东西的人，帮他们把丢失的自信找回来。其实很多孩子，在成绩不如别人的时候，他就认为自己不行。

如今那个女孩已经是个成功的女士了，这让我很欣慰。这让我想起一个要自杀的孩子。一次，我到一个学校去，给中学生们做完讲座之后，很多孩子围着我，一个女孩挤过来说："我不跟你提问题了，你回答一下我一个朋友的问题吧，她老想着自杀。"等人都散了，我就问那个女孩："你为什么要自杀呀？"她小声说："我不行，我成绩不行。"我问："你成绩多少？""年级第六。"我说："我从来没得过年级第六，你已经相当棒了。"女孩仍然说："我真的不行，我妈让我考第一。"我说："考第一这个事情看跟谁比了，你想在你们班考第一，在年级也考第一，那多不容易呀！"

看女孩的状态，我知道她其实是有潜力的，只是不自信。于是就跟她说："我判断你是能行的，但你太看重名次了。过于看重名次，就失去了自己。其实考第几名没有那么重要，如果你能把自己想做的事情做好，你就会很棒的。"

这个女孩告诉我，她觉得自己就是一棵不起眼的小草。我说，小草生命力才强呢，小草不怕风不怕雨，又不怕别人踩，踩倒还会继续站起来，这才是小草的精神呢。当小草多好，当鲜花很快就会凋谢了，而你当小草就能"野火烧不尽，春风吹又生"。说着说着她笑了，你知道这孩子后来怎么样？她真的阳光起来了，不仅学习很好，还成了学校里很活跃的一个人。所以，有的时候孩子在成长中会丢点什么东西，我们就帮他们捡回来。孩子找回自己的东西就有自信了。

杨澜：一个孩子已经考到年级第六了，还觉得自己不行，想要自杀，这个时候你会看到她的背后有一个人，就是一个想用激将法激励女儿争第一的妈妈。这个妈妈一心想让女儿更优秀，但她的方式却是不断地贬低女儿，甚至压迫她的自尊，让她觉得自己活着没有价值。我想说这样的妈妈不仅是错误的，甚至可以说是愚蠢的。任何一个生命都需要看到自身独一无二的价值，才有可能激发她所有的内在动力，成为更好的自己。

孩子长大是一个过程

卢勤：这就是格局，什么叫格局？格局就是眼光，是看到眼前，还是看到未来。刚才你说的这种妈妈，她就是看到眼前，眼前我的孩子不是第一名，她就觉得这个孩子不优秀。其实我们要看未来，孩子的未来在哪里？

眼光如果不放长远，那所有的孩子都没希望了。因为，孩子长大是一个过程。

我写过一本书叫《长大不容易》，孩子要慢慢长大，不能一天就长大了。杨澜再出名，她也是慢慢出的名，她再了不起，也是慢慢成长起来的，人都有一个成长的过程。所以，对于父母来说，如果眼光长远一点，相信你的孩子一定行，那我们所有的孩子都错不了。如果只看眼前行不行，那只能看人家的孩子了，越看人家孩子，越觉得自己孩子不优秀，所以孩子压力就很大。我觉得这跟爸爸妈妈的格局有关系，你说呢？

杨澜：父母的格局首先是眼光有多远，你能看到孩子的一生，他有这么漫长的过程可以去学习，在某一个点上比别人差又怎样呢？这就是一个行进的过程。孩子不能一直都像短跑冲刺一样拼尽全力地奔跑，那样他会被累坏的。当父母有了长远的眼光，就会生出一些智慧，就会把孩子的成长看作一个过程，而不是在一个点上与别人的比较。我觉得这样的父母对孩子的成长更有利。

这也让我想到了一位教育专家，他曾经说了一段话，我觉得特别棒。他说："教育其实是用一个灵魂唤醒另一个灵魂，用一个生命去感动另一个生命的过程。"其实并不因为我们为人父母，我们就天然地知道这个道理，如果你没有用自己的这颗心去体会孩子成长的艰难，没有用自己的生命在跟孩子对话，就不会明白这一点。我挺想问问卢勤姐，我觉得你的眼界特别开阔，而且价值观特别健康，您小时候，父母有一种什么样的格局和价值观，帮助你形成这样的格局？

卢勤：我确实受我妈妈影响非常大，我妈妈就是一个很有格局、很有眼光的人。她在乎的不是成绩，而是健康，她觉得身体好比什么都重要，所以我们考多少分，她并不是太看重。让我最感动的是，我工作以后，有一次街道主任来找我妈，说："你女儿挺优秀的，我们想把她评为'三八红旗手'。"我妈妈说，我女儿够忙的了，就不当"三八红旗手"了。后来，我妈还专门叮嘱我，咱不当"三八红旗手"了，已经累成这样了，睡觉的时间都没有。我说："好，咱们不当了。"后来，全国妇联开展了"写给年轻妈妈"读书活动，把我那本《写给年轻妈妈》的书推了两百多万册，他们又评我为"全国三八红旗手"。我回家跟我妈说，"三八红旗手"什么都不用干，该干吗还干吗，不用多干。我妈说，那还行。这让我特别感动，其实我妈在乎的就是你别累着，你今天的状态怎么样。

还有，我妈很重视给孩子一个眼光。她不会只要求我们把学习搞好就行了，而是让我们参加很多社会活动，不要把自己圈在家里，所以她特别支持我们参加集体活动，从我哥哥姐姐到我，每年"十一"国庆节都去天安门参加游行。哥哥姐姐参加中学生仪仗队，我是小学生就到天安门广场组字，白天晚上去练也挺辛苦的，我妈从来不说你们好辛苦，而是说多去去，以后看人多就不害怕了。所以，我们每个人都有胆量，广场上有多少人啊，觉得我也是中间一个，胆子就大了。

我从小就爱画画，我妈就很鼓励我画画。上学第一天，老师问谁会画画，大家都没举手，我傻乎乎地举了手。老师说，那黑板报就交给你了。我画黑板报，一直画到六年级，又从初一画到了高三，后来下乡插队又给农民办报，最后就办到《中国少年报》。在这个过程中，我妈起了很大作用。上小学，我每天晚上出黑板报到天黑，我妈不放心，就跑到学校去找我。那时候我家离学校走着得走半个多小时，我妈一看我在画黑板报，什么话都没说转头就走了。因为，我妈知道我在忙什么。后来上中学正好赶上"文化大革命"，我也在学校出黑板报，妈妈只说，你注意安全。结婚以后，有一次我爱人上我妈那儿告状，说我经常回家很晚，我妈说她小时候就这样，我爱人就不说什么了。我觉得是妈妈给了我胆量，鼓励我能为别人做什么事就做什么事。所以，遇到公益活动我就很快乐，特别爱做一些好人好事。

其实，在这方面我妈是我的榜样，我妈也不是什么官，就是居委会的老太太，一到过"十一"过"五一"就拿一个板凳到胡同里头坐着去，看哪有不正常的人赶快报告，可负责任了，一大早就去，晚上才回来，最后人家奖励她一个脸盆，还挺高兴的。我们从小就看她做社会公益，家人都很热心，我妈就看重这个，比成绩好有用得多。所以，我们家人都属于社会工作者，每个人都很热心社会公益。

杨澜：一开始卢勤姐说做父母的眼光要看得远，这是格局的一方面。另外，您说的心要放大一点，为别人付出不要吝啬，要感到骄傲。作为父母，任何一次付出或者帮助别人都有功利心，你给孩子传导的格局就是很狭隘的，将来会影响他们待人接物的方式，如果你想让孩子成为一个乐于分享和给予的人，父母自己要先有这样的格局。

卢勤：孩子小时候感受到帮助别人的快乐，他就是个热心的人。其实，孩子帮助别人就会有成就感，有成就感就会很快乐，爸爸妈妈一定要培养孩子这种精神，能为别人做点什么就做点什么，这种孩子长大后就是一个热心的人，而且是有格局的人。其实，这跟父母的格局真的很有关系。杨澜，我想知道你小时候，爸爸妈妈对你是怎么教育的？

杨澜：我是独生女，那个时候家里有独生子女的不多，但他们没有因为我是个女孩，又是独生女，就比较娇惯。我从小学一直到中学毕业之前，每个周末家里楼道的地都是我拖的，我爸妈就跟我说的很重要的一点就是，不能只扫门前雪。我们家当时住六楼，我把自己家门前的地拖完以后，还要把下面五层楼的楼道也拖干净。

卢勤：这点挺好，你妈妈鼓励你做，你也做了。

杨澜：我记得，我嘀咕过两句，要是每星期都是我来拖，别人永远可以不拖喽？我妈妈说，就算别人不拖，你有什么损失呢？你一个小孩子有的是力气，能做就做呗。其实，心与心都是能够沟通的，后来我们家邻居一位木匠师傅就跟我爸爸说："杨老师，你们家孩子真不错，老在公共区域打扫卫生，以后咱们两家轮换着做，一家负责一周吧！"所以，我们邻里关系相处得特别好。

卢勤：这个经历很宝贵，你后来特别爱做社会公益，可能跟小时候的经历有关系，因为你在做的过程中感受到了一种快乐。

杨澜：但是，有些父母就会说了，以前的孩子功课压力不大，竞争没有那么激烈，现在孩子要考大学，从幼儿园就上各种辅导班、兴趣班、学校考试非常严格，淘汰率是很高的，我没法那么大度，那么不着急。我就想问问，您自己做母亲的时候，孩子也都需要上学考试，也要面对很多的竞争，你是怎么教育孩子的？

孩子爱什么就让他学什么

卢勤：我在这方面很受我妈妈影响，我妈妈老说龙生九子，子子不同，每个人都有每个人的发展道路，我妈从来不把我们和别人比较，人家的孩子怎么样，我妈从来不说。在这点上，我们内心是比较平静的。当我成了一个妈妈的时候，我也是这样去做的，孩子有自己的特点，愿意学什么就去学什么，所以在他的兴趣发展中，我没有做更多的要求让他必须做什么。我从小就是一个兴趣非常广泛的人，我什么都学过，后来这些东西虽然不专业，但是全都有用。所以，对自己孩子的成长，我也是这个态度，德智体全面发展，并不是很看重什么，而是他愿意做什么，就支持他去做什么。所以，他在兴趣爱好上选择也是非常多样的。

儿子上小学时，学过二胡、捏泥人、画画、说相声、无线电，最后自己组装了一个可以接收五个频道的收音机，在全区获奖。上中学，他自己选择进军乐团吹大号，吹了六年，成为金帆交响乐团首席大号手。上大学，他学的是计算机专业，从此走进网络世界。现在，他自己办了网络公司，每次夏令营的视频他都做得很特别，有点像大片。因为，他运用了音乐、美术等艺术手法，还运用了幽默的语言，把小时候学到的东西都用上了。

兴趣永远比努力重要。我妈妈总对我说，小孩学什么就让他学，学会了本事都是自己的。我妈从小让每个孩子学会买菜做饭、干家务活，生存能力都挺强。人可以当参天的大树，当栋梁，也可以做一堆柴，做一个燃烧自己的人。只要有能力，干什么都可以。

多给孩子一点时间

杨澜：咱说了眼光放得远一点，心胸放得宽一点，实际上都是要多给孩子一点时间，我最近写了一篇专栏叫作《父母有格局，孩子更优秀》，也是为我一位好朋友，音乐家谭盾的太太黄静洁女士的一本书叫《父母的格局》写的一个序。我为什么会给她写这个序呢？一方面我们是很多年的朋友，另外一方面她讲的观点我特别欣赏，她说："有的时候父母要沉得住气，要让孩子自己认识到做选择的代价和他们需要负的责任，哪怕有的时候是错的，只要不伤大雅，不会危害到他们的健康安全，其实让孩子可以在错误里多待一会儿，我觉得这一点是父母的格局。"

书中她提到了一个很多父母，特别是妈妈们很头疼的问题，择校。父母觉得孩子没考上名校，自己就面上无光。是不是学校的排名越靠前、竞争越激烈，孩子去就越好呢？其实真不一定。黄静洁就提到，她在中国和美国分别带她自己的两个孩子去求学，遇到对孩子选择完全不同的一个态度。在美国，孩子要上小学，自己是有选择权的。学校会单独面试孩子，不允许父母坐在旁边指手画脚，他们会问孩子喜欢这个学校什么，你最想在这儿做什么事情。你别看孩子只有六七岁，其实他们有自己对于空间和兴奋的把握度，有些孩子适合在相对比较个性自由、宽松一点的环境中成长；有一些就愿意迎接挑战，愿意在一个比较高强度的学习压力之下激发自己的潜力，每个孩子对待环境的态度是不一样的，而并不是说一个所谓的客观标准，只要是好学校就适合所有的孩子。

可能很多中国的父母觉得，孩子要出国，要去上大学，到美国就一定要考哈佛。其实，哈佛并不是给每一个孩子准备的，那里有一些学科在全球是特别领先的，但某些学科可能其他大学比哈佛更领先，所以要看孩子对专业的选择适合在哪所大学。比如，美国有一些文科院校，在文科方面是非常强的，而且很有历史，在所谓的常春藤名校当中，几乎有一半都是这样的学校。这些学校招生并不多，也不是像哈佛、耶鲁这样的综合性大学，但是它们在人文修养、人格养成方面非常有传统。很多孩子在这里将获得非常好的成长，甚至决定他们一生的走向，出来以后也非常受到一些综合性大学的青睐。所以想跟中国的父母说，不要因为别人眼中的名校就非逼着自己的孩子去，尊重孩子的选择是第一位的。

合适才是最好的

卢勤：说得对！合适的才是最好的。现在怎么让孩子知道他适合什么，给孩子一个充分的空间让他选择他适合做什么。一个人做了自己适合做的事情，那会非常快乐。

我二姐考大学没考上，我妈说："你不是很想当老师吗？这回可以去当老师了。"我二姐从小就喜欢当老师，我是她第一个学生。小时候，她经常教我写字画画，让我背着手坐在那儿，她拿一个小黑板，在前面"上课"。后来，在妈妈的鼓励下，我二姐真的去当老师了，成为全国优秀辅导员，又到教育局当干部，她退休的时候在教育报刊社当总编室主任，现在还笔耕不断，她文笔很好，对教育非常感兴趣。

其实，人生的辉煌在于适合，这个适合从择校到择业、择友，包括择偶，不一定别人觉得好的就适合你。这也跟父母的格局有关系，父母的人格力量和对孩子的认识，决定孩子的未来。对家庭来说，教孩子做人比任何事情都重要，孩子学会了做人，做事也一定会做得很不错，将来在哪儿都是一个成功的人。所以，在格局中人格是很重要的，怎么让孩子从小知道该如何做人，做一个什么样的人。在这点上，我觉得有两点特别值得当今父母关注：

一个是让孩子有爱心，有爱心的孩子对周围的人带着一种爱，他会去努力做一些事情，这样就有一种成就感，他和家庭、集体、社会就有很大关联。爱是个口袋，往里装就是满足感，往外拿就是成就感，如果一个人只往里装不往外拿，就永远没有付出的成就感。所以，爱心的养成特别重要。

我儿子小时候，有一次整栋楼停水了，我儿子说他去看看，结果好久没回来。他干吗去了，我也不知道。直到有一天，我碰到了一个住在楼下的邻居老太太，她见着我就说："太感谢你儿子了，他帮我拎了好多水放在那儿。"他挺乐意做这种事情，我们看重的也是这个。

我记得，儿子小学快要毕业时，赶上发生自然灾害，学校要求捐款，他当时有 50 元的压岁钱全都捐了，他们班的中队长学习最好的女生就捐了一个很破旧的书包。后来，老师跟我说："你看那孩子，我们很看重她，学习很好，但她就捐了一个书包。你儿子捐了 50 元。"50 元在当时对于一个小孩来说是很多钱了。我说，那挺好的，他愿意捐我很高兴。

还有一年冬天，他跟同学出去玩，下着大雪，一会儿就回来了。我说，你怎么回来了？他说，我们在地铁站外边看到一个老太太在卖地图，就想如果她有家，肯定不会在过年的时候出来卖地图，结果几个同学就把钱给她了，把地图都拿回来了。

很多事情让你觉得很温暖，因为他关爱别人，所以我就比较在乎这种。其实将来他上什么学校，干什么工作都不重要，学会了做人，他就会成为一个人群中受欢迎的人，在这点上很多父母可能不太在乎，觉得考个好学校比什么都重要，结果很多孩子很自私冷漠，即使成绩优秀，却无法交到朋友，因为没人愿意跟他相处。

所以，人生的格局中讲人格很重要，一个孩子内心世界很博大，他的机会就多，他干什么都能干得不错，社会上什么事都可以有人干，孩子如果能够奉献他微薄的能量，他会很有成就感的。

未来的领导者是愿意奉献他人的人

杨澜：很好，可以用两个例子来佐证一下您刚才所说的，父母的格局为什么会影响孩子呢？就是因为父母自己怎么做比怎么教训孩子要重要得多，因为孩子有样学样，孩子可聪明了，他不管你说教了什么，他就看你是怎么做的。

比如说，有一种非常典型的中国父母对孩子的说教方式就是，你好好读书才能考上清华北大，将来才能出人头地，才能买房子、开好车、娶媳妇。你要是什么都做不好，就只能是去做大厨师傅什么的。言下之意，他已经把本身很有职业发展前途的工作给贬低了，其实能够做到顶级大厨，甚至可以和总统平起平坐的。最要命的是，这种不断重复使得孩子对未来自己在社会上的位置也有一些非常狭隘的理解。中国有一些孩子要去美国读中学，或者读大学，学校的老师都会问孩子："你为什么要来我们学校读书，你将来的理想是什么？"很多中国孩子从小耳濡目染着父母的这种言论，就会说："我读书就是希望能够出人头地，将来有一份不错的收入，改善我父母的生活。"当然对中国人来说那是不错，起码还有一份孝心，但是在另外一种文化中，学校老师马上会觉得这个孩子非常自私，非常功利，而且并不是对学问有兴趣，只是对功利性的结果有兴趣。

这样的孩子还没有看成绩，就已经注定不会被美国的名校录取，因为人家先看到的是：一个在知识上，在对世界真理的判断上有好奇心，能够独立思考，而且愿意为世界的改善做出奉献的人。这样一类人才被定义为未来的领导者。而一个只想着自己开什么车，住什么房子的人是不会有作为的。父母的教诲就帮了孩子的倒忙。

我另外有一个故事可以跟大家分享：耶鲁大学过去非常看重中国的博士生候选人，因为咱们国家的知识教育和基础教育是比较扎实的，练习也比较充分，使得很多孩子在报考一些竞争力非常强的学科，比如计算机科学、物理、数据等方面，有一定的竞争优势。但是前两年耶鲁大学就决定，在博士生的招考方面，会对来自中国大陆的学生特别严格，甚至有一种不太愿意接收的心理。为什么会这样呢？就是因为，培养一个博士生，学校要花很多时间，导师要花很多心血，各个方面都有很多的资源来支持。但他们却发现，很多学习非常优异的博士生所选的专业根本不是他们要学的，都是父母替他们选的。所以读到博士的时候，他们已经失去了学习的愿望和动力，学出来以后也不愿意在这个方面继续发展，赶紧跑到华尔街找份赚钱的工作，去谋生挣钱了。所以，导师和学校感到非常失望，认为付出很多资源没有真正地用在那些想在这个领域精益求精、继续研究的学生身上，所以他们对于来自中国大陆的学生要求越来越苛刻。

大的格局决定孩子的未来

卢勤：我们曾带领孩子们去美国西部夏令营，参观了斯坦福大学，给我印象最深的是学习氛围浓厚，我问几个中国留学生，为什么读这个学校。他们说："为了改变世界，我们走进这所学校就是为了改变世界，世界现在需要什么，就要研究什么。"陪我们参观的一名中国留学生跟我们谈到中午就非常着急要走，说我已经跟导师约好了时间，下午必须赶到他那儿做一个课题，就跟我们匆匆告别了。我就觉得，这些走进世界名校的学生与众不同的是，他们走进学校的目的，并不是自己获得了什么，而是想要改变世界，想为世界做一点什么事。这也是一个大的格局，决定孩子的未来，所以现在那些世界名校排斥我们的学生，就跟孩子们的格局太小有关系。

杨澜：卢勤姐，你这些年特别重视少年演说家的训练营，为什么你觉得让孩子学会表达自己，特别是在公共的场合表达自己，对于这一代，其实是每一代的孩子来说都那么重要，而且需要经过这种特别专业的训练呢？

卢勤：我越来越觉得，表达能力对孩子来说特别重要。我觉得，表达能力是孩子在校园生活中获得成就感的重要因素，也是决定孩子在未来职场中获得影响力的重要条件。一个孩子在学校里，有没有更多的人给他拥戴，有没有成就感，真的不光是看学习成绩，更多的是看你会不会表达，能不能把你的话说出来，让别人信服。在一次"知心调查"中，我们问孩子们上学的目的是什么，很多孩子把获得友谊放在了第一位，学习知识反而是第二位的。而获得友谊更多的孩子，就是那些能跟别人沟通的人。将来到职场上也是这样，会表达的人就有影响力，就会起着更大的作用。现在我越来越觉得，社会对人的语言能力要求是越来越强了。

曾经有一个新闻报道，一个贫困地区的孩子考上了重点大学，但因为他有口吃的毛病，在学校经常被人嘲笑，不敢说话。四年过去了，这个孩子连毕业证书都没拿到。后来，他的爸爸生病了，需要很多钱，他铤而走险去抢银行，被判入狱10年。这个大学生因为语言障碍从小没有人关注过，所以他虽然学识很多，但不会表达，无法与人沟通，内心就变得孤僻而敏感。

所以，孩子小时候，父母一定要认真听孩子说话，耐心和孩子说话，给他讲故事，孩子的语言就会发展得很好。两岁开始就是孩子语言发展的一个重要的关键期，要有人听他说，要给孩子说的机会。我小时候就可爱说话了，我妈曾经说，要送每个人一个礼物，送给我的就是一个喇叭，让我吹去吧。实际上就是说，我爱说话。我从小爱说话，说了六十多年，为什么爱说？因为有人爱听。所以，父母要听孩子说。

另外，口才是需要训练的，你看像杨澜说　　　　那么清晰，也是经过训练的。"少年演说家"就是为了培养孩子敢说话，会说话，把话说得深入人心，这就是我们培养的目的。所以这几年来参加的人越来越多，很多孩子受益了，父母也受益了。每年活动结束后，孩子上台表演的时候，很多父母流泪了，因为这些孩子在学校里不是能说会道的，是不敢说话的孩子，经过训练敢说话了，我特别高兴。

孩子的内心有一个宝藏

杨澜： 没错，看到孩子的进步，我也特别欣喜，每一个孩子内心都是一个宝藏，就是需要有人去给他们足够的关注，让他们有机会表达自己，其实他们都是很行的。时间过得非常快，我们最后剩下了不到十分钟的时间，就请大家赶快用文字的方式把需要问的问题提出来吧。

怎样培养出有大格局的孩子

有位爸爸问：父母怎么做才能培养出有大格局的孩子？多出去旅游，还是参加一些有品位的培训班，或者给他们创造一种什么样的环境。

卢勤：其实这些都让这位爸爸说到了，要有格局应该走出去，让孩子看看外面的世界，他看到了心里会受到触动，就会有他的梦想。另外，也要适当地参加一些培训，比如语言培训，他把语言功能掌握了，特长方面发展也会更好一点，确实培养孩子的格局还是需要爸爸妈妈想得更远一点。

孩子的心是开放的

卢勤：还有一个妈妈说，女儿6岁，幼儿园大班，她好奇心特别强，很多时候为了胜利，在游戏中不顾公平的规则，好胜是把双刃剑，该怎么引导她能够公平地竞争，引导她面对失败。杨澜你说说？

杨澜：我觉得，孩子有好胜心是挺棒的一件事，其实很简单，要让她学会换位思考，比如说，你们可以一起玩游戏，你也可以不管规则，我相信你的孩子一定会反过来抗议你的。用某种方法让她看到不守规则的行为有什么值得去思考的地方，换位思考对孩子来说也是很容易达到的。孩子的心是比较开放的，父母只要稍加引导，让她看到尊重别人，尊重游戏规则，其实就是能够更好地发挥自己的才能，我觉得孩子在这一点上，应该是很容易就可以得到纠正的。

一个人长有两只耳朵一张嘴，要多听少说

卢勤：还有一个父母说，父母在人际交往方面能力不太强，如何引导孩子在这方面的发展？我觉得爸爸妈妈不太会说，就听孩子说吧，听众多

了孩子就爱说了。爸爸妈妈学会倾听比学会说话更重要，一个人长了两只耳朵一张嘴，要多听少说，我说的是爸爸妈妈。

孩子大了，要有跟同龄人一起的空间

卢勤：还有一个问题，孩子上大一了，明显觉得跟孩子无话可说，怎么办？

杨澜：我觉得这正常，因为上大一的时候，孩子已经十七八岁了，这个时候的孩子最需要展现自己独立的价值，所以他即使跟你说得来，也不想跟你说，他要跟自己同龄人说，他觉得社会上的一些人才是跟他说得来的，爸爸妈妈说不来。一方面，孩子在某一个特定年龄段会有不同的心理需求，我们要尊重他们，给他们空间。另一方面，回到父母的格局，如果我们对这个社会上出现的一些很深刻的变化、科技的进步等都一无所知，我们又能跟孩子们说什么呢？

卢勤：说得对。

杨澜：所以，父母要始终保持学习的状态，也要保持自己的独立空间，也要有自己的事业、自己的兴趣、自己的朋友圈，跟这个社会始终保持一种紧密的接触，这样你做的事情孩子会感兴趣，说不定他们就主动来找你聊了。

卢勤：所以父母要不停地学习，如果父母不学习，对这个世界一无所知，那真的孩子跟你没什么好说的。

孩子叛逆，更要成为他的朋友

一位家长：怎么才能在孩子逆反期间给孩子更多的引导？

卢勤：其实孩子到了逆反期，就是十三四岁，这个时候是青春期，他需要的是朋友，如果爸爸妈妈放下身段成为孩子的朋友，急他所急，想他所想，跟他像朋友一样交流，一般的孩子是能够接受的。如果还是高高在

上地教育他，你说东他就非要说西，怎么跟孩子学习交流也是父母学习的课题。

怎样培养孩子语言的发展

卢勤：还有最后一个问题，关于孩子在语言方面，他说希望听听杨澜有什么好的主意，怎么培养孩子的语言发展？

杨澜：我自己真的是深受语言训练的益处，这么说吧，大四的时候，我参加了中央电视台第一次公开的主持人招聘，主持了《正大综艺》节目，其实我个人既没有受过表演训练，也没有受过播音主持的训练，在专业方面，我没有任何优势。但是，我有一个优势是什么呢？我在大学主修的是英美文学专业，当时只有学外语的学生是需要不断地训练口头作文和主题演讲能力的，这个也真是我们教育系统当中的一个缺憾，所以你看即使是学中文的学生，他们都是注重读和写，不注重说，但是只有学外语的学生，我们的口语考试就是出一个题目，准备五分钟，然后讲十分钟。所以，这个无意当中对我组织思想，组织语言，用合适的方式来表达，起到了一个很好的培训作用。

当我去中央电视台竞选主持人的时候，虽然有差不多一千个女孩参加竞争，我是觉得我肯定没有机会的，但是却没有想到，我变成了最后的幸运者。我现在想起来还是觉得，语言的表达能力其实就是一个孩子思想的能力和他内在的一种力量，所以让孩子来学一学演讲，实际上是对他的自信和思想缜密性的一个很好的训练。

孩子的语言是需要训练的

卢勤：杨澜的成长经历告诉大家，语言是需要训练的，说话是需要学习的。训练之后就掌握了技巧，在讲话的时候就不用那么啰唆，而且能够明确地表达自己。杨澜那个年代已经过去很久了，今天更需要这种人才了，所以我们"少年演说家潜能开发营"真的给孩子提供了这样一个好的机会，希望我们能够在学习说话的路上，在成长的路上成为永久的朋友。

杨澜：谢谢卢勤姐，你看一个小时这么快就过去了。父母和孩子之间很多的矛盾，就是一个沟通和理解的问题，也就是表达的问题，所以从某种意义上来说，怎么样讲话不仅是讲的话本身，它更是一种建立在心理上的沟通，是信任和良好的互动关系的一个开始，也希望父母们不断地拓展自己的格局，让自己的孩子变得更优秀。还是这句话，父母有格局，孩子才有未来。

第四场：公益，让孩子从小有大爱

——与金话筒主持人敬一丹的对话

敬一丹简介:

中央电视台《焦点访谈》《感动中国》节目主持人。先后主持《经济半小时》《一丹话题》《东方时空》《直播中国》《声音》《新闻调查》等栏目。曾主持香港回归、澳门回归等重大事件直播，荣获第一、二、三届全国十佳电视节目金话筒奖。现任中国视协主持人专业委员会主任。

卢勤: 敬一丹是我的朋友，我喜欢看她主持的节目，那么智慧，那么亲切，那么有说服力，每句话都直抵人心，充满正能量。而我和她成为挚友，是因为她的女儿王尔晴。

1995 年，我在《中国少年报》工作，曾开展了《我眼中的妈妈》征文活动。在大量来稿中，我发现了敬一丹的女儿、北京第一实验小学三年级学生王尔晴写的妈妈。在她笔下，一个有名的主持人变得有血有肉、亲切活泼、充满人情味。

文章中有一段是这样写的:

妈妈从来不叫累，也不怕苦、不怕脏。她没有闲着的时候，就连打电话，也要拿一块抹布擦电话。妈妈脾气大，她每次发脾气差不多都是冲着我或爸爸。妈妈不挑食，很节省，从不乱花一分钱、浪费一粒米，要是爸爸扔了一个纸盒子，妈妈就会再捡回来。

妈妈很爱我，她经常带我出去，让我长知识、开眼界。我请别的同学到我家来时，她很欢迎，热情地招待每个同学，给同学和她的家长倒水、拿水果，跟同学家长聊天。同学要走了，她就把同学送到楼下或车站。

王尔晴的作文获奖了。颁奖那天，敬一丹和她的先生都来了。女儿在台上读获奖作文，妈妈在台下流泪。用敬一丹的话说："我自己获奖，有的是成就感；而女儿获奖，我感受到的是幸福感。"

今天我与敬一丹要谈的话题是：孩子与公益。在开始之前，我先给大家讲一个真实的故事，这个故事发生在 20 年前。

1996 年元旦的前一天，当时我是《中国少年报》的记者，来到北京官园小学进行采访。在这里，我碰见一个叫小鑫的女孩。那时，小鑫只有 10 岁，她有着非常特殊的身世——10 年前她刚出生的时候就被亲生父母抛弃了，扔在北京紫竹院公园的垃圾堆旁，清洁工人吕师傅早晨打扫卫生时发现了她。当时，这个小女孩口吐白沫，鸡胸驼背，患有严重的佝偻病，吕师傅双手捧着这个幼小的生命，把她带回了家。吕师傅因为一次事故头部受伤，从工厂病退到街道，成为一名清洁工，每月收入非常少，邻居劝他不要收养这个孩子。吕师傅却说："她是一个生命，我一定要把她养大。"

就为这件事，他的妻子和他离婚了。吕师傅每日省吃俭用，工厂每月补贴 2000 元钱给他治病，他都用来给女儿治病。父女两人的生活仅靠吕师傅打扫卫生的工资维持，所以小鑫从小没有玩具和新衣服，没有糖果，更没有零花钱。

小鑫的名字是三个"金"堆起来的，但是生活并不富有。不过，她的生活并不缺少快乐，父亲的善良给了她一个温馨的家。小鑫知道爸爸把全部的爱给了自己，她心疼爸爸，从小帮爸爸收拾家务，清扫街道。但不幸的事情又一次发生了。1995 年 2 月，小鑫的爸爸得了重病，肚子胀得老大，腿也肿得很粗，下不了床，小鑫每天都要照顾爸爸，但这些事情小鑫没有跟任何人说。后来她的成绩下降了，引起了老师的注意，老师来家访走进那间小平房,顿时惊呆了,屋里黑洞洞的,一件像样的家具都没有,一张双人的木床上,没有床单,只有一床破棉絮。老师怎么也不相信北京城里还有这么贫困的家庭。后来,学校决定给小鑫提供免费午餐,小鑫当时就哭了:"我有饭吃,可是我爸爸怎么办呢?"于是,学校决定让小鑫每天打两份饭带回家。

当时我听了这个故事非常感动,就去采访了小鑫。校长把她叫到办公室,走进来的是一个非常可爱的女孩,眼里充满了温情。我问她:"这些事你的同学们都知道吗?"她说:"有些同学知道,他们有的给我送来衣服,还有的悄悄给我送钱。有个同学拿了10块钱,让我给爸爸买好吃的。"我问她:"买了吗?""买了。""你都买什么了?""我买了爸爸最爱吃的香蕉。""你爸说什么了吗?""我爸哭了,当时他什么都没有说,眼睛湿湿的。"

我说:"同学们平时吃零食,你不馋吗?"她说:"我能忍住,别人吃好的,我就咽咽口水跑到一边。"我听了这些话,眼泪都流出来了,就问她:"你爸爸对你有什么期望啊?""爸爸说,希望我成为一个有用的人。"我当时想,她已经把爸爸的希望记在心里了,我问:"你觉得你爸爸是个有用的人吗?"她说:"我爸有用,他把大街扫得干干净净的,大家就能高高兴兴地上班了。"我很感动,这个清洁工的爸爸在女儿心中,位置是很高的,我说:"今年过年你有什么心愿吗?"你知道她说什么吗?她说:"我希望爸爸能吃上一碗鱼米饭。"我问她,什么是鱼米饭?她回答:"就是在米饭里泡上鱼汤,上面有一条小鱼,爸爸很爱吃。"说的时候,这碗饭好像就在她眼前。我真为吕师傅感到骄傲,他有这样一个疼爱他的女儿,生活虽然贫穷,但内心一定非常富有。

在我的提议下,官园小学举办了"过年的心愿,手拉手"主题队会,会上小鑫讲了自己的故事,同学们都特别感动,很多人捐了钱,捐了物。后来,我写了篇报道——《小鑫爱爸爸》,《中国少年报》见报以后全国很多小朋友都来了信,引起很大反响。

敬一丹被中央电视台的同事称为"有苦孩子情结的著名主持人",她先后 8 次来到小鑫的身边，嘘寒问暖，还亲自为小鑫买了一个崭新的写字台。敬一丹对我说："孩子虽然小，也会做出感动大人、教育大人的事情。大人未必拥有小鑫这样的爱心。"当年的农历腊月二十八日，敬一丹邀请我在中央电视台《焦点访谈》里，以过年的心愿为主题，专门讲了小鑫的故事。节目播出时，我从电视里看到小鑫的家焕然一新了，崭新的衣柜、写字台和上下结构的床，地面铺上了地砖，墙壁粉刷一新，还装上了新的窗帘。我当时又惊又喜，这是谁干的呢？节目中说，这是一个不愿透露姓名的在影视公司工作的年轻人干的。我当时就给敬一丹打了电话，才知道，给小鑫家带来变化的人是敬一丹的朋友。

小鑫和她爸爸因为懂得爱，得到了社会上的很多帮助。小鑫说："我要把这些钱捐给更困难更需要的人。"后来，她把钱捐给了比她更困难的同学。新学期开始，班上又开了一次队会，主题为"小鑫爱爸爸，大家爱小鑫，小鑫爱大家"。当时，敬一丹也参加了这个主题队会。让我最感动的是，敬一丹不仅自己关心小鑫，还让自己 10 岁的女儿和小鑫结成手拉手伙伴，多次带女儿去看望小鑫，帮助小鑫。她的女儿成长很快，后来作为"手拉手"活动的代表，进入中南海，向中央领导汇报了她和小鑫手拉手的经历。

一晃二十多年过去了，敬一丹的女儿变成了大姑娘，听说她一直非常热心地从事公益，所以特别想问问敬一丹，孩子小时候做公益对成长起了什么样的作用？

十岁是孩子接触社会的好时机

敬一丹：我女儿小的时候，通过和另外一个女孩的相识，使得生活中有了一个非常重要的内容。她看到了另外一种生活，她的眼睛里也有了别人。一个 10 岁的女孩，如果能养成习惯去关注别人，对她的成长是非常有意义的。到中学以后，学校组织去革命老区，她对这样的活动非常感兴趣。因为，她从小就接触公益，对另外一种生活有兴趣、想了解，这是一件好事，一种好的倾向，而这种影响是潜移默化的。

卢勤： 10岁这个年龄正是接触社会的好时机，如果她一直在自己的圈子里，会觉得天下的孩子都跟她一样，吃喝不愁。一旦接触到另一个世界，了解到还有同龄的孩子过着那样一种生活，她的内心会产生一种感动。

我11岁的时候，读过一篇故事叫《海边青松》，讲的是英雄安业民的故事。于是，我和三个小伙伴成立了"安业民工作组"，宗旨就是做好事，但不能让其他同学知道。不过，我们会把做的好事记录下来，写成红领巾日记，寄给安业民炮兵班的叔叔。我们还制作了"安业民工作组组证"，上面写着"不得转让，不得遗失"，这是照着家里户口本抄的。因为安业民炮兵班是海岸炮兵，属于海军，所以我们的标志是大海，我们的组歌是《海岸炮兵之歌》。我妈当时很支持我们，把我爸的一枚印章给了我，上面刻了"安业民工作组"，跟官印一样，特别隆重。小组成立之后，我们还到天安门广场宣了誓。

敬一丹： 我特别感兴趣，您母亲这样做是一个极其重要的支持。

卢勤： 是的，妈妈支持我们做好事。我妈是一个愿意让孩子分享、让孩子为大家服务的人，所以看见我们做这样的事，立刻就给我们提供了场所，户口本都拿出来让我们抄。这让我觉得特别得意。

三个人的小组成立以后，就开始做好事了，因为要把日记寄给炮兵班的叔叔，我们天天想着做好事。但是哪有那么多好事可做呢？我们去军事博物馆参观，看展柜玻璃挺脏的，就顺手给擦干净；到图书馆、新华书店，看着书码放得不整齐，我们就帮人整理书架；放学路上，看见菜市场运白菜的车，我们就帮人运白菜。当时，学校女厕所的粪池盖子坏了，等同学都走了，我们三个人悄悄修理好。

每天脑子一直在想，我能帮别人做点什么呢？这就形成了一种思维方式。发现有些同学受了批评很难受，怎么办呢？我就准备一张字条，写上一句名人的话，等同学走进教室的时候悄悄放在他手里，还当没事人一样。后来，大家觉得人太少需要发展组员，怎么发展呢？就给一些同学写字条：根据你的表现可以参加我们的组织，如果愿意，下课以后在后院大槐树底下集合。同学一看挺乐意，就加入我们。后来，我们的小组有了二三十人，每次有新成员加入都到天安门广场去宣誓，很隆重。

后来，大队辅导员康文信老师知道了，他帮我们保密到小学毕业。再后来，因为和电台做了一个节目，很多报社也进行了报道，小学毕业前安业民炮兵班的叔叔来到我们学校，我们就变成安业民中队了。上初一的时候，我们又成立了安业民中队继续做好事。每年9月9日安业民牺牲的日子，我们都去纪念安业民。我在《中国少年报》工作后，有一年的9月9日，我正好在福建厦门，就去安业民烈士墓前献了鲜花。当时来了一批少先队员，问我："您也是来献花的吗？"我就把自己的故事告诉他们，这群孩子说："您放心，每年9月9日我们帮您献花。"

小时候做的事情已经形成了习惯，别人有困难，你不帮就难受，脑子里总是在想我能帮别人做什么呢？所以，我的快乐人生三句话有一句就是：你有困难吗？我来帮你。后来，我做很多公益的事情都是发自内心的。

敬一丹：小孩小时候，如果她能参与公益，会慢慢形成一种有益于人生的生活方式，我觉得这是最好的。她不是要刻意做什么，而是非常自然的选择，其实和孩子一起做公益是互相影响的。

我女儿小时候，有一天怯生生地对我说："妈妈，我们老师说有一个希望工程，我能把压岁钱都捐了吗？"当时，我女儿有300元的压岁钱，我听到她这样说，心里一亮。哎呀，我女儿终于知道有一个希望工程，也终于知道自己应该干什么了。我说："行啊。"我特别高兴，我就领她去了，当时希望工程的捐助点还没有现在这么多，我们直接到希望工程办公室，在那儿我也第一次见到了徐永光。其实，我一直远远地、很尊重地看着徐永光做这件事。那次因为带女儿去捐款，正好徐永光也在，我俩就聊起来了。徐老师对我说："这样一个公益支教的项目，他也遇到了市场经济转型中的特殊困难。"聊着聊着我就产生了一个选题，后来我就在《一丹话题》里做了一期节目，就叫《市场经济转型期的希望工程》。是我带女儿去希望工程，还是女儿带给我对希望工程的关注？这非常有意思。从此我就跟希望工程结缘了，和徐老师变成了很熟悉的人，一直到现在，也关注了他的每一个公益项目，关注他的每一件公益的事情，我想：小时候形成的一些习惯，会让一个人的一生都保持这么一种倾向。

卢勤：我觉得，你是无意地带女儿走入了一个世界，结果就在她心里埋下了一颗种子。

敬一丹：有时候她会让我去琢磨、去思索，尤其是在她长大以后，很难说是大人影响孩子，还是孩子影响大人。当孩子形成一种习惯以后，在她的环境里做一些事情，也会反过来启发大人的。

卢勤：从学校出来以后，在她的职业选择中，我听说她也做了很长时间的公益。

小时候的行为可以影响到长大以后

敬一丹：她从一个孩子变成一个大人的时候，就有了一种自觉，如果说小时候有一些行为是偶然的、自发的。当她对这个世界形成认识后，她的选择就变成了自觉的。

她曾经做过三年的"美丽中国"的工作人员，为什么会被这项事业吸引呢？我后来问过她，她说可能就是小时候这些潜移默化的影响，当她遇到"美丽中国"以后，就会情不自禁地加入。她最初是在"美丽中国"的一个机构做义工，然后慢慢地变成半职工作人员，最后变成了全职工作人员。"美丽中国"是一个支教组织，它是一个世界很多国家都采取的模式，具体的做法是：在一流大学选择优秀的毕业生，到教育资源贫乏的地区去支教两年。这样的想法不是临时的、偶然的，而是可持续的、制度性的。两年时间，志愿者可以接触当地的教育计划，也可以和当地的学生建立相对稳固的联系，很容易见到教育的成果。我女儿在这个机构里，我觉得最有挑战性的工作就是募资。募资得让捐助人拿出钱来，在很多人看来这是一个求人的事儿，首先你要有说服的力量。像我们媒体做这件事儿，也经常是用媒体的方式来说服、用媒体的方式来传播影响，但是专职地做募资还不一样，它不是我说完了，你听到了就行了。媒体人做到这儿就完成了一个传播，而募资是更定向的，更有针对性的，要见到真金白银的。

卢勤：我记得，你女儿是不太爱说话，不太敢说话的，小时候参加"手拉手"报告团，去中南海汇报的时候，她看着天花板背词的样子很辛苦，看起来不是很善于表达，现在是不是很能说了？

让孩子认识生活的本来面目

敬一丹：我记得，她小学一年级的时候，老师的操行评语居然这样写——该生性情淡泊。我看了以后非常吃惊，一年级已经淡泊了。因为，她好像不愿意参加什么，也不太爱出头露面，就是在旁边看着。后来，她遇到一个教育理念非常现代的老师，这位老师给所有孩子机会，不仅仅是已经显示出潜力的孩子，还有那些有潜在潜力的孩子，这位老师也能看到。他给每个孩子当众讲话的权利。我女儿终于有了一个机会，她回来就跟我说："我们老师说让我去演讲，我的心都要爆裂了。"我就说："第一次爆裂了，第二次就不会了。"有了那一次后，她慢慢有了一些自信，尤其是参加一些公益活动，特别是"手拉手"这个活动，使她走出校园有了更大的空间，慢慢地她就知道表达是怎么回事了。

她做公益组织募资人员的时候，我就看到了她在这方面的能力，那是从小锻炼出来的。我有几次机会看到她工作，当她走到人群中，感到这里的人们可以为"美丽中国"做点贡献的时候，她就会抓住一切机会让大家了解"美丽中国"是一个怎样的组织，需要怎样的帮助。比方说，大家寒暄的时候，她会说30秒；等大家坐定，从容点了，她会说两分钟；待会儿看大家没有什么集中话题的时候，她会跟你说上一刻钟。我问她："关于'美丽中国'你有多少个版本？"她说："从10分钟到两小时都行。"

这些仅仅是我偶然看到的，但我没有看到的呢？她还在人们中间说了多少话，"美丽中国"重复了多少次？她心里是有一个目标的，就是在远方、在大山脚下，那些需要帮助的孩子，这是她的动力。她跟我说，我去支教的学校，看到老师和学生特别有感触，我觉得接触到这样的老师以后，对自己工作的理解就不仅仅是凭兴趣而已。她觉得做这件事是有意义的，所以她非常投入地做这个工作，做了3年。我也由此走进了这样一个支教组织，走近了一群特别可爱的"美丽中国"的老师以及他们的学生。这对于我来说，是一个新的天地。

我原来也接触过一些项目的支教组织，但从来没有这么近。通过女儿，我就特别想了解，直接面对学生的这些老师究竟是怎样一群人呢？比如说，在云南少数民族的村寨，四个支教老师到了以后就问："孩子，你们会唱歌吗？"孩子们都说，不会。一说到云南，大家都觉得当地人能歌善舞，结果并不是这样，那里太闭塞了。老师想试一试，就说："你们跟我们唱。"老师们唱一个"啊"，孩子们也唱一个"啊"，就是这样一个起点。老师们很不甘心："你们哪怕一句也不会唱吗？"一个小男孩唱了一句："起来，不愿做奴隶的人们！把我们的血肉筑成我们新的长征……"他没见过长城，就把"长城"唱成"长征"了。这一幕被一位支教老师记录下来了。这些支教老师就想，要给孩子歌声，不能让孩子的童年没有歌声。于是，他们就开始行动了。半年以后，他们的镜头记录了孩子们唱歌的情景，他们唱的是《天空之城》。我看到这段录像的时候特别感动，我觉得这些孩子已经不是半年前的那些孩子了。当初的那种木讷完全没有了，有歌声的孩子眼睛里都闪着光。他们回到了孩子应该有的模样。我觉得，这是一群特别可爱的老师。在他们看来什么叫意义？孩子们有歌声，有笑容，就是意义。这些"美丽中国"的老师，他们自己还是孩子，有的还不到二十岁，可他们用自己的力量让大山的角落发生了改变，我相信这些改变会影响孩子一辈子。

我见到这些山里的孩子是在上海举办的一次募捐大会上，当时我女儿负责总协调，我去给她当志愿者。山里的孩子被请到上海，为慈善晚宴所有客人唱歌。我作为志愿者其实是给"美丽中国"助阵的，也是给我女儿加油的，我也想看看女儿是怎样工作的。还好，她不是小孩样子，已经完全成熟了，尤其让我欣赏的是，她很专业，也很职业。当这些孩子走上台给宾客们唱歌的时候，我寻找着谁是那个唱国歌的男孩，我已经找不到了，因为他们的表情和眼神完全变了。我问其中一个小孩："这些'美丽中国'的老师给你带来了什么？"他说："快乐。""美丽中国"的老师站在孩子后面，为孩子们的改变感到非常欣慰。他们不谈自己，他们就想用自己的实践给孩子一点变化。

"美丽中国"的几百位老师，我只是有缘遇见了其中几位，他们将会带来什么呢？他们不是我们想象的刚走出校园，还有学生味道的，他们都相当有眼光。他们说，当看到生活的本来面目以后，我们依然热爱生活。我觉得，这句话表述得相当成熟。应该说，他们在大山角落里也看到了阴影，所谓生活的本来面目，就包括正面和负面的。也正是因为那些负面的，才需要公益。"美丽中国"的支教老师看到了生活本来面目以后，仍然热爱生活，我挺为他们感动的。

后来，我几乎成了"美丽中国"的志愿者，只要有机会，我就会跟大家说"美丽中国"是怎样一群人在做，听我讲这段话最多的人群是学生。每次走进大学讲到这个话题的时候，我觉得都可以带来共鸣。我看到现在校园里的学生，都是有这样一种向善之心的，有相应的平台，有相应的召唤，他们就会和我们共鸣。不仅仅是"美丽中国"，有很多支教的项目，比如说"西部计划"，有很多支教老师到不同的地方。每次谈到公益项目的时候，大家的呼应特别地发自内心。所以，这让我相信做公益的向善之心是人们本来就有的，有相应的平台，有相应的渠道，他们就会有所表达。

人的内心都是向善的

卢勤：非常让人感动。我想可能孩子在你的陪伴下，走向了公益，今天你又在孩子的影响下，也在做公益。其实，你刚才说的那句话特别对——

"人之初，性本善"，人的内心其实都是向善的，都是有这颗心的，就是看谁能把它启动，有没有父母能够从小在乎孩子这颗小小的善心，慢慢让它发扬光大。

从国际来说，公益是没有国界的，地球村就是靠着这种公益，把大家连接在一起。你刚才讲的支教老师的故事，让我想起一个美国读书的华人女孩，叫国璁聪。她妈妈是我的一个朋友，有一次来中国的时候，我送她一本我写的书《写给年轻妈妈》，其中有一章写的是"手拉手"活动，讲的是当年"手拉手"发起的时候，我们到贫困地区去看那些"手拉手"的贫困孩子，城市里的小记者和那里的孩子"手拉手"的故事。那些故事都很让人感动。

当时，城里孩子不知道农村孩子的生活情况。一个男孩上去就问："你有几个书包啊？"小女孩说："我有一个。""你上几年级了？""五年级了。""书包没坏吗？"小女孩说："坏了，坏了好几个洞，都让我缝好了。""你怎么保护书包啊？""放学的时候下雨了我就把书包抱在怀里，到家了我就把它放在盒子里。"小男孩哭了。我就问："你怎么了？"小男孩说："你知道吗？我书包多着呢，一个学期有好几个书包。"我说："你是怎么对待书包的？""平时放在屁股底下当坐垫，下雨了当雨伞。"

小男孩继续问小女孩："你有橡皮吗？""没有。"于是，小男孩把自己带来的好几块香味橡皮送给小女孩。小女孩接过来，就把橡皮放进嘴里了。小男孩说："不能吃！那是橡皮。"小女孩眼巴巴地看着动物形象的香橡皮，男孩哭了："我把好几块比这还好的橡皮切成小块打了橡皮仗。我要知道世界上还有这样的孩子，我就留给她一大包了。"

这样的故事被我收录在自己的书里，送给了她。她回国后，放在家里的桌子上，女儿看到后非常感动，就想做公益，想为中国农村的孩子做点事情。她妈妈从大洋彼岸打电话问我："女儿想为国内农村孩子们做点事，你能帮助她吗？"我说："可以啊。"她女儿想发起一次"爱心桥"的活动，让美国的孩子少喝一杯咖啡，帮助中国贫困孩子受一年的教育。我就很支持地说，你做好这场活动，钱想捐到哪里我帮你。

孩子们的钱都是自己赚来的，为了得到这笔钱到处去募捐。有一个孩子的妈妈经营酒店，他们就跑到酒店募捐。孩子的妈妈说："你们做公益我很支持，但是钱要自己赚，你们找人来我的饭店吃饭，我只要成本，利润可以给你们。"他们就找来很多人吃饭，又做公益，又当服务员，又演节目，又宣传，赚了很多钱。

后来，他们赚了好几万美金，就来到中国，把善款换成报纸和书籍送到了西双版纳。孩子们出发前开了一个座谈会，每个人脸上洋溢着微笑，很幸福的样子，等到回来的时候就不一样了，一个个眼中含着泪水。他们说："到了西双版纳之后，看到那些孩子都光着脚丫去上学，教室没有窗户，宿舍非常简陋，伙食非常差，就是清水煮菜，但是那里孩子学习劲头都非常足，每天都很快乐，踢野草做的毽子。"看到这些，美国孩子都哭了，他们说："这样的环境，我们一天、一分钟也待不下去。他们却在这里生活了那么久。"然后，美国孩子就用自己的钱去买了很多的鞋送给农村孩子，而西双版纳的孩子把自己做的项链、自己家产的杜果送给了这些美国的孩子。

回到美国，孩子们又开了一个座谈会。校长和家长都很感动，说我们的孩子长大了，有责任感了。后来，他们出了一本书叫《分享》，我帮他们写的序——《分享把世界点亮》。结果，他们第二年攒钱去了贵州，第三年去了四川灾区。就在这时，活动带头人国璁聪获得了美国中学生公益最高奖——总统奖，被美国哈佛大学提前录取了。他们班有个同学也是华人的孩子，各门功课都第一，各种公益活动都不参加，被美国五所最著名的大学拒之门外。所以，每年都有美国孩子过来做公益，他们都特别有积极性。后来我发现，有公益情结的孩子发展都特别好，国璁聪现在已经从哈佛毕业，和你女儿一样，一直在做公益。

社会更愿意接收有做公益经历的孩子

敬一丹：刚才您说的社会评价，对鼓励人们参加公益活动特别重要。

比如，刚才那个孩子，她参加了一些公益活动以后，得到了正面评价，就会鼓励其他人也来参与。再比如，"美丽中国"的老师，他们都是大学毕业生，有了支教经历以后，将来可能会回到自己的专业，再去找工作。有的家长会担心，大学毕业不赶紧找工作，会不会影响将来从业呢？我们带着这个问题也走近了一些企业家，问他们："你会在乎吗？你将来在招聘的时候面前有这样一个人，他有两年支教生活，没有相应的专业经验。"很多企业家都表示，我们更看重他的这样一个选择，从这里可以看到他的品格和责任。我们相信，他原来学的专业依然在，而他热心公益，愿意为他人奉献，是值得欣赏的。如果说我们有这样一种风气的话，这种价值评价，也是参与公益的一种鼓励。

卢勤：其实在国外，中学就要求你有公益记录，上高中、上大学更需要你的公益记录，这会被作为道德评价的标准，不是看你说得怎么样，而是看你做了哪些事。我觉得，我们也应该提倡这样一种道德评价标准。

敬一丹：其实在我身边，做公益的人会给人很好的感觉，他的友善、热心、对外部世界的关注，和他相处是很舒服的，我甚至有时候看到一个人有公益倾向、环保倾向的时候，就基本上可以判断，这是一个好人。不管他的个性是怎样的，这种跟人生相关的倾向，就让我们大致可以判断这是个好人。

卢勤：我记得有一次，我和白岩松一起去传媒大学跟学生座谈，谈到"道德"时，我说了一件事：有一个记者拍照技术特别好，一天发现路边有一个井盖没有了，他就蹲在井盖旁边等着，看谁掉下来就把照片拍下来。我说，这就是一个缺德的记者，他以拍摄效果为主，没有考虑到别人的安全。平常生活不经思考做的事情就是你的本性，我觉得这种事情跟少年时期所受的教育有关系。从你女儿的成长经历中可以看出来，少年时代有什么样的体验，就有什么样的人生。小时候妈妈带着孩子做公益，孩子长大了带着妈妈去做公益，两代人都会幸福快乐。

第五场：故事，让孩子爱上表达

——与故事姐姐小雨姐姐的对话

小雨姐姐简介：

原名孙怡，北京电台著名节目主持人，高级编辑，每天都会在广播和微信里为小朋友们讲故事，已经讲了二十几年。曾多次获得亚广联、联合国儿童基金会等国际组织颁发的大奖，以及中国播音主持金话筒奖等100多个奖项。由她编著的《怎样给孩子讲故事》《小雨姐姐的快乐播音课》《少儿播音主持及语言表演训练》等系列图书，深受父母和孩子的喜爱。

从2015年至今，小雨姐姐一直担任"少年演说家潜能开发营"的总教练，几年来，培养了许多爱说话、会说话的孩子。

卢勤： 大家好，今天和我一起走进"悦长大"微课堂的是一个神秘的嘉宾，我的好朋友中国播音主持最高荣誉"金话筒奖"的获得者，当今中国最会讲故事的人——小雨姐姐。

我和小雨姐姐的友谊是从2008年开始的。2008年5月12日，四川省汶川县发生大地震。"六一"前夕，我们组织了"知心姐姐陪你过六一"慰问团，开赴四川。小雨姐姐主动报名参加了慰问团。

在灾区，作为北京电台的主持人，小雨姐姐满腔热情地投入了采访工作。她不顾危险，不辞辛劳，走进倒塌的学校，走进破损的民房，采访一个又一个惊恐万状的学生、受苦受难的百姓和一群又一群日夜奋战的志愿者。每次见到她，都会听到她采访到感人肺腑的故事。

记得有一次，我告诉她，一个叫谢小莉的小姑娘画了一张带翅膀的房子。小莉说，这是天堂的学校，我不能让我死去的同学没有学上。这张画的背后写满了她死去的同学的名字。

小雨姐姐听后，泪流满面，她把我讲的故事录了下来，还千方百计地去采访了那个女孩。每每看到小雨姐姐风尘仆仆采访的身影，我就在想，这个人一定会成为一个优秀的记者。

果然，在后来的日子里，小雨姐姐荣获了中国播音主持最高荣誉奖——金话筒奖。我想，这是当之无愧，一分耕耘，一分收获。从那之后，我们成为了好朋友。

小雨姐姐： "悦长大"平台的父母朋友，大家好！我是北京电台的节目主持人小雨姐姐。能够跟卢勤老师，也是我最崇拜的一位教育专家一起和大家交流，我觉得特别荣幸！

讲故事是最好的亲子沟通方法

卢勤： 今天我们要和大家讨论一个许多父母和孩子都十分关心的话题，怎样和孩子有效地沟通。沟通有两个基本元素，一个是听，一个是说。听就是父母要学会听孩子说话，了解孩子心里在想什么，有什么需求，父母要学会听，孩子才会说。还有一个元素是说，说给孩子听，让孩子爱听，那就是通过讲故事和表达的方式。

大家都知道童年离不开故事，我小时候是听孙敬修爷爷的故事长大的，而今天的年轻父母和孩子是听着小雨姐姐的故事长大的。小雨姐姐在讲故事的艺术上形成了自己独特的风格，所以深受小朋友的喜爱。年过八旬的作家金波老师写了很多童话故事，他就特别喜欢听小雨姐姐讲他写的故事。他说："小雨姐姐用声音征服了我，她的声音让我心中的人物站起来了，让那山那水那花那草那飞禽走兽都活起来了，无论是诗歌、故事还是散文，经她的声音再创造，文字便有了温度，生命也有了精神。我的作品经她的讲述便有了血脉，有了心跳，有了呼吸，有了新的声音。"

讲故事是最好的亲子沟通方法，任何时代的孩子能够穿金戴银的不算富有，有个会讲故事的妈妈才是最富有的；拥有玩具不算幸福，听妈妈讲故事才是最幸福的。今天，我们就请小雨姐姐和妈妈爸爸分享一下，怎么用故事来跟孩子交流，怎么给孩子讲故事、选故事，为孩子打开一个故事王国。首先，咱们先请小雨姐姐来说说讲故事对人有什么好处。

小雨姐姐：听了卢勤老师的这段开场白，我觉得卢老师今天就是一个节目主持人。我在广播里主持节目，给小朋友讲故事今年是第 23 年了，我每天至少会给孩子们讲一个故事，算起来已经讲了有八千多个故事了。刚才说到的金波老师，是我特别崇拜的大作家，此外还有高洪波老师、白冰老师、葛冰老师，这些都是我特别崇拜的作家。我有幸讲他们的作品，也是一件特别开心的事。

讲故事对孩子的积极影响是毋庸置疑的。孩子刚出生，父母就特别希望能跟孩子交流。小宝宝咿咿呀呀的，父母们都着急，希望知道宝宝的哭是什么意思，笑是什么意思。等孩子稍微大一点了，父母就希望通过语言跟孩子进行对话，这个时候，父母应该教给孩子怎么去表达。有的孩子会比较认生，在家人面前可以说一些话，但遇到生人了，就会躲到妈妈身后，不敢说也不敢表达。这时候，父母应该帮助孩子，不能去训斥孩子，应该像卢勤老师那样鼓励孩子。我也是通过卢勤老师受益的一个父母，在我儿子小时候，我也是用到了卢勤老师教给我的一些方法，屡试不爽，真的对我帮助很大。

说到故事，其实故事真的可以帮助孩子从内向走向活泼，从不敢说到敢说，甚至会说，很擅长说。春暖花开了，天气也很好，这时候爸爸妈妈可以拉着孩子的手，到户外走一走，看到一棵大树就可以说："宝贝，我们向大树爷爷问好吧。"然后，看着大树摆出一副很虔诚的样子，稍微地鞠一躬：

"大树爷爷好。"爸爸妈妈说完了，可以让孩子学，这虽然看起来比较幼稚，但就是要通过这种拟人化的方式，让孩子慢慢地去学会应该怎样去跟别人打招呼，真的碰到了叔叔阿姨或者爷爷奶奶，孩子就会主动地去跟别人打招呼。我们还可以慢慢地去编一个故事，比如说，"你看，大树爷爷今天多开心呀，它摇着树枝在跟你问好呢。"

故事可以帮助孩子学会和别人交流，同时也可以帮助父母和孩子之间进行特别友好的交流。孩子的第一个老师就是爸爸妈妈，然后才是老师，才是社会。爸爸妈妈和孩子交流的过程中一定会碰到这样的问题，孩子不愿意说。比如，孩子在幼儿园的时候，父母特别想知道宝贝吃了什么，玩了什么，碰到了什么事，今天是不是高兴。有时候爸爸妈妈去问孩子，有的孩子愿意说，有的孩子就不愿意说，愿意说的孩子也未必说得那么全。遇到不愿意说的孩子怎么办呢？

父母就不妨变成一只小白兔，或者其他的卡通人物。以小白兔为例，妈妈可以把手放在头上面，真的就像一只小白兔那样，然后对孩子说："你好，我是小白兔，我今天可开心了，我今天吃掉了最喜欢的胡萝卜，还有我最喜欢的白菜，那你今天吃了什么呢？"孩子喜欢童话世界里面的人物，他马上就会融入父母给他设定的环境当中，会告诉爸妈，他今天在幼儿园里吃了什么。

再比如，父母发现孩子今天状况不好，就会非常担心。其实，愿意表达的孩子一般不会受到太多的欺负，往往是一些内向的孩子容易受到伤害，因为别人抓住了他不爱表达的弱点。所以，我特别希望父母帮助孩子成为爱表达的孩子，首先是爱表达，然后是会表达。而故事可以让孩子学会表达，同时也可以让孩子学会怎么去生存。

很多父母都在说，孩子学会了做饭就永远也饿不着，不会天天吃方便面。我当时就准备了一个跟做饭有关的故事，给儿子讲。后来，我儿子在美国上大学的时候，是特别受欢迎的人，因为小时候我天天给他讲做饭的事儿。在美国他搬家的时候，有的同学就跟着他搬家，因为他们可以吃到好吃的，我儿子会做饭。

小孩常把自己当成故事中的人物

卢勤：你是一个非常负责任又非常有智慧的妈妈。

小雨姐姐：当时有一个故事叫《小熊爱做饭》，说小熊怎么从不爱吃菜到最后会做菜的过程，非常有意思。当时我就先讲给儿子听，然后讲给收音机前的小听众们听，那个故事改变了很多我的小听众。有些小听众对我说，就是因为《小熊爱做饭》这个故事，自己慢慢从西红柿炒鸡蛋开始学起，后来变成了一个厨艺很高的大厨。

卢勤：小孩常常把自己看成故事里的人物，活在故事里，孩子就不紧张，他不觉得你在说教，而是觉得你在教我什么。

小雨姐姐：没错，在童话里面，孩子会觉得那些人物都是他的朋友。所以，我经常把一些蔬菜编成人物，白菜妹妹，油菜哥哥，还有黄瓜哥哥，这些蔬菜一旦成了孩子的好朋友，他就会亲密地跟它们在一起。比如，晚餐开始了，我的苦瓜哥哥在哪儿啊？我今天想吃苦瓜哥哥。孩子真的是童话世界里的人物，所以父母一定要让自己也变成童话世界中的一个人物。

卢勤：说到这儿，我想起一个很好玩的故事。小孩掉牙是很恐惧的，小时候我们都说牙掉了一定要扔到房顶上去，新牙才能长得好，长得快。

小雨姐姐：对，下牙要扔到房顶上去，上牙掉了要搁在地上。

卢勤：小时候，大家总觉得掉牙反正不是什么好事。我的中学班主任叫胡筠若，她的女儿在美国读书，生了儿子在美国长大，她说美国孩子从小就听着牙仙子的故事长大。

小雨姐姐：对，我也讲过这个故事。

卢勤：牙仙子告诉孩子们，牙掉了以后要把牙放到枕头下面，牙仙子就会给你钱，奖励标准是门牙一美元，槽牙两美元。

小雨姐姐：现在估计得涨价了。

卢勤：所以，这个孩子就期盼着掉牙，终于第一颗牙掉了，孩子就很高兴，当天晚上就放在枕头底下。果然，第二天牙没了，牙仙子留下了一美元。孩子可高兴了，期盼着第二颗牙掉下来，等到第二颗牙掉下来的时候，他妈忘了这茬儿了。

小雨姐姐：忘了放钱了。

卢勤：第二天早晨一看，牙还在那儿，孩子就哭了，牙仙子没来。他妈赶紧说，昨天晚上咱们小区掉牙的小朋友太多了。

小雨姐姐：牙仙子跑不过来了。

卢勤：对，他妈就是这么说的，还告诉他："牙仙子没到咱家来，不过今天晚上一定会来的。"孩子就问，咱们家刚换了窗户，牙仙子能进得来吗？妈妈告诉他，牙仙子不从窗户进屋，它有地儿进。晚上，孩子的妈妈去枕头底下拿牙，结果一紧张，牙就掉到地上了。孩子醒了，问她在做什么。妈妈急忙对他说："没干吗，你赶快睡吧，牙仙子今天晚上会来的。"然后，就悄悄把这个牙拿走了，搁了一美元。第三次这个孩子牙掉了，掉在学校的池塘里了，回来就哭了，说牙仙子还能给我钱吗？他妈说，那你给牙仙子写封信放在枕头底下吧。于是，孩子写了：牙仙子，我的牙真掉了，但是找不着了，你能给我一美元吗？第二天一看，果然有一美元，孩子可高兴了，说："不过牙仙子没把我的信拿走。"妈妈说，你仔细看看。孩子打开信一看，上面写着：乐乐小朋友，你的牙我已经拿走了，我希望以后你保护好所有的牙，因为牙仙子要收集你所有的牙，还是给你留了一美元。可是，等孩子掉第四颗牙的时候，他就很生气。

小雨姐姐：为什么生气呢？

卢勤：孩子回家跟妈妈说，牙仙子偏心，给我一美元，却给我同学五美元。结果，开父母会的时候，所有父母都冲着那个给了孩子五美元的父母表示不满，质问他："你怎么随便乱出牌啊？"这位家长说，我实在没零钱了，下次我一定按规矩来。

小雨姐姐：哦，是因为没零钱。

童话可以陪伴孩子长大

卢勤：这个孩子就在期盼中慢慢长大了，他到我家来的时候已经初一了，当时我跟他聊天，他妈妈上洗手间了，我说："你能告诉我牙仙子到底在哪儿吗？"他告诉我，在洗手间呢。他说，长大了，谁都知道了，其实牙仙子是妈妈扮演的，但是谁都不愿意说破，因为这里面蕴含了妈妈的爱。如果你把事情搞得太现实了，孩子们就没有童年了，所以童年离不开童话。故事能够陪伴着孩子长大，我们小时候对故事就很感兴趣。

小雨姐姐：刚才我们说到故事可以帮助父母和孩子学会交流，可以让孩子有学会生存能力的动力，同时，故事还能锻炼培养孩子的记忆力，因为孩子经常希望妈妈重复讲一个故事。我去幼儿园跟父母座谈，有人说，一个故事孩子让我讲二三十遍了，还不允许我错，我讲错一点，错一个字，孩子就说你错了。

孩子通过一遍一遍地重复，是要增加自己的记忆力，这会让他有安全感。我前两天和北京市残联的工作人员去一个培智学校演出，孩子见到我们特别希望我们抱他，他们的校长说，这些孩子其实是缺乏安全感。

另外，故事还可以帮助父母来完成一些难以启齿的话题。比如，有些孩子可能会有一个毛病，就是拿家里的钱。有的父母就会着急，会说你怎么偷钱，这样就会伤害到孩子。如果父母碰到这样的问题，就不妨用一个故事来完成。比如，小熊没有跟熊妈妈说就去拿钱了，然后出现了什么后果，等等。你可以很婉转地讲一个故事。孩子在听的时候，一定会把小熊当成自己，他就知道，原来这样做是不对的，比父母直接训斥孩子要好很多。

通过故事帮助孩子进行性教育

小雨姐姐：性教育问题，也是大孩子的父母特别头疼的一个问题，讲深了不是，讲浅了不是，不说不是，说了也不是，那该怎么办呢？其实故事可以帮父母们的忙，不管希望传达什么样的内容，自己编也好，或者到书店里、网上去买一些相关的书也好，父母可以去选择那些与传达内容相匹配的故事。通过故事告诉孩子们一些道理，或者告诉孩子们一些知识，比直截了当地说效果要好很多。

卢勤：故事是不分年龄的，它会陪伴人一辈子的。

小雨姐姐：举一个我自己的例子。儿子出国之前（他去美国上高中），我特别担心，因为我们都不能陪他去，就怕他学坏。我们都知道，国外有青少年吸毒的现象，还有文身、戴耳钉等，我觉得那都是我接受不了的事情。孩子到了那么远的地方，他学坏了我们也够不着。我想了半天该怎么办，儿子马上就要出发了。我当时就想，我是一个讲故事的人，我可以让故事来帮忙，要是直接说我怕儿子逆反，他不听怎么办呀，我就编了一个故事。

卢勤：什么故事呢？

小雨姐姐：因为故事是临时编的，人物我都不记得了，但是其中有一段我记得，这个主人公和孩子在玩一个后悔的游戏。当时，我就拿出一个小手偶，从小我就用这个小手偶给儿子讲故事，直到现在，我一动这个手偶，他都会很开心。我说，现在我就是熊妈妈，你是小熊，我们来玩一个后悔游戏吧。我们用故事说说那些不能后悔的事情好不好？其实，儿子很明白，他知道我不放心，于是我们俩就开始了。我先说的是吸毒，因为吸毒是很难后悔的，要去戒毒所，戒掉它很不容易。儿子就说打耳洞，但他好像很不情愿。

卢勤：很无奈的样子。

小雨姐姐：我觉得他是在安慰我，因为他能看出我很紧张。我觉得，经常在一起讲故事的孩子和父母关系会很融洽，我跟孩子之间就特别融洽，他的什么表情我都能读懂，我的表情他也能读懂。他看出我很紧张，所以我们俩就一直玩这个故事续编的游戏，一直玩到很晚。通过这个游戏，他能够了解我对什么事情是不能接受的，知道我的底线在哪儿。这种表达就是有效的表达。

卢勤：用故事的语言跟孩子聊天。

小雨姐姐：对，我们说，故事是语言艺术的一个门类，其实语言艺术包括很多，比如朗诵、讲故事、相声、评书、三句半都算。我们说故事对于亲子来讲是非常有效的。

让孩子把自己的话说出来

卢勤：刚才你说到一个词叫表达，其实表达是一种非常重要的能力，与人交往中如果你不会表达，明明你是好心，你的话却伤了别人，就伤了和气；明明你们俩都是对的，就因为表达不到位，于是造成了沟通的麻烦。所以，我觉得可能需要学会表达，学会如何把自己的话说出来。

小雨姐姐：对，首先是要敢说，然后是会说。

卢勤：敢说之前有一个想说，这是很重要的。他想说就是他信任你才跟你说。所以父母也好，老师也好，一定要得到孩子的信任，让他愿意把话说出来，这样他心里的一些疙疙瘩瘩就解决了。

其实，每个人只要学会了表达，无论在哪里，他的心都会飞扬起来。所以，我特别想让更多的孩子跟你学怎么表达，把自己的心里话说出来，而且也会编故事讲给别人听。如果做爸爸妈妈的也很会表达，就容易走进孩子的心里，说话不是硬邦邦的、冷冰冰的，而是有故事、有道理的。让孩子在这种环境中长大，他的心就会柔软得多，你说是吧？

小雨姐姐：太对了，卢老师讲的让我很感动。所以让孩子学会表达，相信他的人生都会很精彩。

卢勤：每个人内心都有很多美好的东西，但是怎么能够巧妙地表达出来，给别人带来很多正能量，让社会环境变得更好一点，这是一个很大的话题。所以，现在我们让孩子学会表达，爸妈也要学会表达，老人也要学会表达，大家都会表达以后，有话就说，好话好说，不该说的话不说，大家都明白话应该怎么说，这个社会就会好得多。我觉得，你这个行业是非常好的，你现在走遍世界，无论是中国的小朋友，还是外国的小朋友，甚至是一些有障碍的小朋友都会进行非常好的表达，这个世界就和谐了。我觉得可以把你的这些经历写成一本书，你是不是写过这样的书啊？

小雨姐姐：对，2014 年是我给孩子们讲故事的第二十个年头，我写了一本书叫《怎样给孩子讲故事》。这也是对我讲故事二十年的一个总结吧。

卢勤：那你都讲了什么内容呢？

小雨姐姐：内容可多了，故事对孩子的成长有什么好处，从要给孩子一个有故事的童年开始，一直到怎么样为孩子选故事。其实，选故事很重要。卢勤老师原来是中国少年儿童新闻出版总社的总编辑，您肯定知道每年的新书量很大，父母可能不知道该如何给孩子选书，所以我的书里就加入了如何给孩子选书的内容，还有孩子的性格有缺失，我们就讲点故事吧，说到这儿我想起一个书里举的例子，我儿子以前胆子特别大，大到天不怕地不怕，看到游泳池就敢往里跳，他还不会游泳，我很担心，我就想用故事希望他胆子稍微地收一点，没想到就像给孩子喂药一样，这个药量用大了。

卢勤：讲鬼故事了吧。

小雨姐姐：对，讲的是吸血鬼的故事，结果孩子一下就变得胆子特别小。我让他从胆子大变成胆子小就用了一个故事。后来，他到哪儿都藏在我身后，我说这可怎么办，以后长大了女朋友该笑话他了，这可不行，我得让他胆子再大一点。从胆小到胆大我至少讲了十几个故事。

卢勤：故事还真是神奇。

用说故事的方式叫醒孩子

小雨姐姐：这二十多年我只失手过一次，后来我就知道了，原来讲故事也是一件需要我们好好琢磨的事。孩子就像父母的复印件一样，父母什么样孩子就是什么样，父母说脏字或者语言不规范，孩子也会有样学样。

所以，我们家长要先把自己的语言变得好一些，完美一些。

这本书还提到讲故事之前怎么做准备，有的父母说，我拿起一本书来就讲。讲了二十年的故事，我都不敢拿起一本书就讲，我觉得还是要做一点预习准备工作，至少要知道这本书里讲什么。我记得曹文轩老师在拿到国际安徒生大奖的时候，我们很多记者采访他，说您给孩子们推荐一些书吧。曹文轩老师说，最高的标准是，您看完这本书以后觉得想让孩子看，那就可以让孩子看，这就是一个标准。其实我觉得父母要给孩子看书之前，自己要先看一下。

如何讲故事孩子最爱听？我这本书写得特别的细致，包括睡前故事、起床故事，卢老师知道什么叫起床故事吗？我们很多父母到了早晨一掀孩子被窝，"起床了！"这样很生硬，容易影响孩子一天的情绪，所以要用故事的方式唤醒孩子，让孩子一天都充满快乐，那是很重要的。

还有讲故事的几大误区，怎么给特别的孩子讲故事，比如说给自闭症的孩子讲，给盲孩子讲，给听障的孩子讲，这些我都尝试过，写的都是一些我的经验。另外，讲故事以后做什么，这个也是我特别希望父母能够好好地去琢磨的一件事。故事是书上的内容，讲完书上的内容怎么变成您家里的内容，希望父母跟孩子玩起来，把这个故事玩起来，做一个角色扮演或者故事续编的游戏，就像我跟我儿子那样。这本书还有一个内容就是，做个讲故事的高手吧。如果您对自己的要求更高一点，或者您希望孩子能够做一个讲故事的高手、故事大王，或者参加比赛，这一部分是再好不过的了，这都是我在讲故事过程中总结的一些技巧和经验。

卢勤：听你这么一介绍我觉得讲故事真是一门学问，要学会给孩子讲故事，爸爸妈妈要事先学习。我觉得让很多的父母变成故事妈妈，变成故事爸爸，我们的家庭就幸福快乐了。

小雨姐姐：我去过很多幼儿园，说起来我们现在的幼儿园老师也是非常需要这门课的，我也是国培计划的老师之一，对于幼儿园老师或者小学一年级的老师来讲，讲故事是老师的必备技能之一。我们现在的老师有的技能还不是很好，也是需要学习的，所以我每年都会给老师们进行一些培训。

卢勤：其实对孩子来说，小学生、中学生也非常需要从小学会表达，把他们的语言魅力给发挥出来，我觉得任何人的本事都是训练出来的。

小雨姐姐：没错。

卢勤：包括语言也是训练出来的。

学说话要趁早

小雨姐姐：卢老师说得对，我记得在前几期"少年演说家潜能开发营"里面，我们给孩子们讲的就是如何用语言的魅力去打动别人，去向全世界表达你的看法。

卢勤：我记得第一次跟你谈起"少年演说家潜能开发营"时，你就说了一个例子：有的孩子说我们伟大的祖国时，一听就像背书。所以，我很希望孩子有感情地表达，说自己的话，说有感情的话，而不是模仿别人的话；我不希望孩子变成那种像传销一样的大喊大叫的表达方式，而是用真情实感表达自己，用一个孩子这个年龄应该有的语言。我记得培训的时候，你经常给孩子们讲怎么真情表达。你看我们请杨澜、于丹、敬一丹跟孩子交流，这些都是语言方面相当有功夫的人。

小雨姐姐：都是"大家"。

卢勤：她们上台讲话都非常的自然，真实而感人。我希望孩子也是这样的，所以咱们才搞"少年演说家潜能开发营"。

小雨姐姐：没错，我们请这些大家，包括卢老师，给我们父母讲的时候，我觉得孩子们都特别爱听，在最后汇报演出时，很多父母都掉眼泪了。我记得，有的孩子刚进到夏令营的时候很羞涩，低着头不说话，有些孩子可能还口吃。但通过几天的训练，孩子们的胆子变大了，变得自信了。站在台上，他们表现出来的光彩让我们看了都很感动。

我觉得，从小父母就要像教孩子学说第一句话那样，耐心地跟孩子进行交流，而且要让孩子懂得说话的礼仪。很多孩子来到营地的时候，说话都不敢看着我们，都是看着地或者望着天，这不是一个好的沟通面貌。我会告诉孩子，你跟别人说话时要和善，眼睛要看着对方的眼睛，你要根据对方的表情来调整自己的表达方式。还有，有的孩子手上拿着饮料，我就会告诉他，你知道人的声带是什么样的吗？饮料喝多了，嗓子就会变成果脯了，就没有弹性了。后来很多孩子表示，自己以后再也不喝那些甜饮料了。

卢勤：听你讲课我也很受益，你说声带要保护，我原来老是露着脖子，现在开始戴围巾了，还有吃过冷过热的食物对声带都不好。我觉得，不是说专业搞语言的才要好好保护声带，这应该是一种常态。

小雨姐姐：对啊，很多孩子希望长大以后当节目主持人，希望当演说家，希望自己像奥巴马那样侃侃而谈。他有了这样的愿望，我就会告诉他，首先你要爱护嗓子，爱护你说话的工具。

卢勤：敬一丹有一句话说得挺好的。她说，六七天的"少年演说家潜能开发营"不足以改变一个孩子的一生，却能在孩子心中埋下一颗种子。什么种子呢？就是用我的语言去服务大家，用我的服务去和别人沟通的这样一颗种子。孩子有了这个愿望，他对自己的语言会很在乎，就会注意去学习，也会保护自己的声音。

小雨姐姐：我记得在深圳举办"少年演说家冬令营"的时候，我们还到海边上去做口部操，就像我们锻炼自己的肢体一样，每天要练练舌头的灵活度。说到这儿，我还想跟父母们说一下，平时不要老让孩子吃那些特别软的东西，因为我们的口腔里面都是咬字器官，我们说话要说得有力量，如果老让孩子吃太软的东西，口腔周边的那些小肌肉发育得就不会太好。我们要锻炼口腔里面的这些小肌肉，所以适当地吃一些有硬度的，比如坚果，又有营养又好。

卢勤：在开发营里，你做过一次配音，说声音是可以化装的，孩子们可感兴趣了。特别是听说你录的很多节目，无论是孩子、老人，什么样的人都是你一个人配出来的，他们感到很惊讶。

小雨姐姐：是呀，有一部在央视播出的韩国动画片叫《阿贡》，我在这部动画片里配了8种声音。声音真的是可以化装的，如果孩子们能够学会这些技巧，对他们以后学习语文都是非常有好处的。

让孩子变成一个有思想的人

卢勤：今年端午节的时候，我们有四名少年演说家将跟我和敬一丹一起到江西的老区去，和农村的孩子手拉手，让他们把声音传达到那儿，让农村的孩子知道声音是这么美妙。孩子学语言干吗呀？为大家服务啊，他有了公益心，他会学得更好。

小雨姐姐：太好了，如果有这样的班，孩子们不仅想说敢说了，还可以学会怎么去说，慢慢地我们还会把一些说的技巧告诉他，因为我们看到电视上那些演说家，其实很多人都是先写成稿子的，怎么去说一定要有思想的，要变成一个有思想的人，我们会告诉他如何去思考。

卢勤：学了这个，孩子作文成绩会有很大的提高。

小雨姐姐：对对对，孩子就学会怎么写作文了。

卢勤：上次总跟咱们一个桌吃饭的小男孩，回去竞争当班长，竟然成功了。

小雨姐姐：祝贺他。

卢勤：8岁以上的孩子都可以来参加"少年演说家潜能开发营"，如果有机会的话能够跟小雨姐姐在一起，度过一个非常美好的暑假，我想对他们的人生是很有好处的。

小雨姐姐：我也很开心，我愿意把我二十多年播音、主持、讲故事的技巧与孩子们分享，让他们每个人都练成少年演说家。

卢勤：将来有更多的小孙敬修爷爷、小小雨姐姐出现，孩子们的声音美妙起来了，家庭也会和谐。

小雨姐姐：是的。转眼一个小时就过去了，今天我们好像是有两位节目主持人在聊天一样，真的很开心，每次和卢勤老师在一起都是我最开心的时候，我也能学到很多的东西。

卢勤：我要向你学习，怎么使用语言能够更准确，特别是有些词的读音，我以前没有注意过，很多读音是不准确的，要向你好好学习。

小雨姐姐：希望孩子都能够成功，都能够成为快乐、对社会有用的人。

卢勤：我觉得让每一个孩子都把自己的声音变得更加美妙了，把自己想说的话传播给更多的想听的人。家里有了听的有了说的，和谐就不成问题了，所以祝大家在声音中能够有美好的生活。

小雨姐姐：祝福所有的爸爸妈妈和孩子。

第六场：童话，让童年更美好

——与儿童文学作家晓玲叮当的对话

晓玲叮当简介：

著名儿童文学作家，曾出版《小飞仙美德图画书》《欢乐嘻哈镇》《非常成长书》等 30 多部作品，总发行量超过了 800 万册，多部作品被改编成动画片和游戏。2006 年获得"冰心儿童图书奖"，2012 年获得中宣部"五个一工程"图书奖，2013 年在上海国际童书展中获得"金风车最佳图书奖"，2014 年获得"中华优秀出版读物奖"。

卢勤：今天我们的微课堂来了一位非常美丽的作家，她的名字叫晓玲，笔名晓玲叮当。我认识她是在二十一世纪出版社集团办的一个荐书活动上，活动叫"好书给中国"，我推荐了她的一套书《小飞仙美德图画书》。

我看这套书的时候特别感动，里面有非常生动感人的童话故事，把美德这颗种子播撒在孩子们心中。那时候我就有一个想法，如果有机会的话，要把晓玲叮当请到微课堂来聊一聊她的创作经历。她是怎么把美德的种子播撒在孩子心中的？我想大家一定会非常地感兴趣。

晓玲叮当：大家好，今天非常开心和卢勤老师一起走进"悦长大"微课堂，谢谢卢勤老师对我热情洋溢的介绍。我写作已经有 20 年了，以前我是一个电台的少儿节目主持人，每天在电波里给孩子们讲故事。有一天，我觉得自己的故事不够讲了，讲完了，我找不到故事给孩子们讲了，于是，我就开始自己写，就这样走上了给孩子们创作故事的道路。在给孩子们写故事的过程中，我体味到了非常大的幸福，所以就一直坚持了下来。

在孩子心中播下一颗爱的种子

卢勤：童年离不开故事，每个孩子都是在故事中长大的。我小时候听的故事是孙敬修爷爷讲的，那时候我觉得他的故事真好听，他讲的孙悟空的故事，我至今都不会忘记。

晓玲叮当：我小的时候也特别爱听故事，我妈妈给我讲的故事到现在都还记得呢。我听到的第一个故事就是《狼来了》，后来在长大的过程中，有的时候我打算撒个谎，就会想起这个故事。对一个孩子而言，他在年幼时听到的故事可以陪伴他终生。我们该给孩子准备什么最美的礼物呢？我觉得应该是美好的故事，而且最重要的是美好的美德故事。柏拉图曾经说过这样的一句话，非常打动我。他说："一个孩子成长的时候首次听到的故事应该是美德的典范，孩子教育的中心其实就是美德的养成。"

卢勤：对于父母来说，给孩子最大的爱就是在孩子心中播下一颗爱的种子。但是，怎么播是一个很大的难题。其实，好的美德故事就是在孩子心中播下的一颗种子。你做了一件很了不起的事。

晓玲叮当：我为什么要去创作《小飞仙美德图画书》呢？我就是希望，能够在孩子成长的路上为他们播下爱的种子、美的种子、美德的种子、诚实的种子、善良的种子……当这些种子被播撒之后，就可以陪伴孩子们成长，可以在他们成长的道路两旁开出各种鲜艳的花朵，让他们成为一个向善的人，一个美好的人，而这种美好会引领他们走向非常美好的前程。

卢勤：说得太好了。孩子们应该获得的爱的种子里，有一颗种子就是怎么爱自己，怎么喜欢自己。我特别喜欢你写的《小飞仙美德图画书》里的《河马比美赛》，这个故事特别好，你当时是怎么想的呢？你把这个故事和大家说说呗。

谦虚就是美德

晓玲叮当：这个故事是一下跳到我脑海当中的，它讲述的是小飞仙和蝴蝶每年都要举行一个比美大赛。这个比美大赛就在云南，全世界的动物都会接到邀请。有一年，河马接到了邀请。有一头叫大脚丫的河马特别激动，三天三夜睡不着觉，嘴里翻来覆去的都是比美大赛。

最后，所有河马都烦它了，比美大赛，比美大赛，你还能不能说点别的呀？大脚丫说，说别的，那就是应该有我们河马的比美大赛。啊？河马也要举行比美大赛？它说，是啊，你瞧我们河马又不像大象那样大大的，又不像老虎那么威风，所以根本就引不起别人的注意，我们要创造河马自己的焦点，就是河马比美大赛。可是，这个比美大赛怎么样去比呢？它们决定请小飞仙来做艺术指导。

有一个叫樱桃的小飞仙一下跳出来说，我最美了，我最聪明了，我最能干了，让我去指导一番吧。于是，飞仙国的国王普灵王就给了她一面镜子。告诉她，当你拿不准的时候就问问镜子吧。可是这个樱桃仙子可骄傲了，心想：我还用得着镜子吗？有我去就够了。但是，普灵王坚持让它带上镜子。樱桃很不情愿地带着这面宝镜来到了沼泽村，也就是河马的居住地。到了那里，她告诉河马们，我可是一个来自飞仙国的专家，你们所有河马都要听我的。

河马们一见小飞仙这样说，都很听她的。樱桃仙子就开始折腾这些河马了，一会儿要它们每天只吃三根香蕉，因为樱桃仙子认为河马们太胖了要减肥；一会儿又决定把它们的大嘴巴缝成小小的麻雀嘴，因为樱桃仙子认为河马的嘴太丑了。最后，樱桃仙子又想出了别的主意，反正河马们被折腾得纷纷病倒了，也没有变美。河马们很生气，觉得这个专家好像不是那么回事啊？它们就把樱桃仙子给赶走了。

这时，又来了一位小飞仙，她就是郁金香仙子。郁金香仙子拿着宝镜，做了许许多多的事。她帮助河马们找到了自我，还帮助它们找到了自己身上最闪亮的地方，那是什么呢？就是河马的大嘴巴。郁金香仙子举行了河马比美大赛，看谁的嘴巴最大最美。河马们可开心啦，郁金香仙子也赢得了小飞仙们和河马们的喜爱，普灵王奖励给郁金香仙子一粒美德花种，这粒种子代表的美德就是谦虚。

独特的样子最美

卢勤：这个故事就告诉孩子什么是美。每个人有不同的美，万物都是不同的，是多样的，每个人都有自己的模样。独特的样子，就是最美的。现在很多孩子，胖子羡慕瘦子，矮个羡慕高个，每个人都觉得自己不美，还是人家最美，最后每个人都不愉快。其实，每个人都是独特的，都是唯一的。我觉得河马比美的故事就告诉孩子们，当你刻意去学别人的时候，往往失去了自己最美的地方。

晓玲叮当：确实是这样的，书中的那面镜子里跳出来三个动物——天鹅、麻雀、鹿，每一种动物都跟河马们说了一句很重要的话。天鹅说，无论你是一只天鹅，还是一只灰燕，最重要的就是要喜欢自己，美丽源于自信。麻雀是怎么说的呢？它说，世界上每一种事物都有自己独特的魅力，找到自己的长处，你就是最美的。梅花鹿说，如果你温和有礼，心中有爱，就会具备持久的魅力，美丽来自美好的心灵，这就是我们鹿的秘密。那这三个秘密通过镜子传递给河马，终于让河马们脱胎换骨，成为美丽的河马。

卢勤：这个话题对孩子来说特别重要，孩子的很多烦恼离不开美和不美。所以我觉得河马的故事告诉孩子一个真理：所有的长相都是上天赐给我们的，每个人的美都是不同的。

晓玲叮当：当我们爱自己的时候，我们拥有自信的时候，我们就会浑身散发着快乐，散发着魅力。

卢勤：我跟很多孩子说，最好的化妆品不是法国的，而是拥有"太好了"的心态，当你能够面对自己说一声"太好了"的时候，你就会越来越美。

不仅你自己美，还会影响别人，影响你的父母，影响你周围的世界，因为你自己觉得自己很美，你就很有自信，这个世界就充满了正能量。如果你整天觉得自己不美，为这个伤心，为这个花费很多工夫，你的世界就会变得很暗淡，就会影响很多的人。相信自己，我觉得是非常重要的。你用了这样的方法，能够去启迪孩子，我觉得特别好。

美德可以照亮孩子的人生

晓玲叮当：在我跟孩子们交往的过程中，许多孩子也都问我："晓玲叮当姐姐，你觉得将来我应该成为一个什么样的人呢？"我就告诉他，我希望你能够成为一个梦想成真的人，一个快乐的人，一个与他人和谐相处的人，最最重要的是一个心中有着美好道德的人，美德可以照亮我们的人生。

卢勤：有一句话叫作"助人为乐"，帮助别人是最快乐的。这对孩子树立美德是特别重要的，他得学会付出，有一个字叫"舒"，舒心的"舒"，左边一个"舍"，右边一个"予"，舍得给予才能舒心。

晓玲叮当：是的。

卢勤：所以，小孩要去帮助别人，能够去付出，才能感受到做人的快乐。我记得，你有一本书叫《花神的奖励》，什么样的人才能得到花神的奖励呢？这个故事好像就给了孩子们一个启示：怎么去做人才能受到欢迎。

晓玲叮当：对，是这样的，这个故事是《小飞仙美德图画书》中的第一个故事。在故事当中，我给孩子们提了这样的一个问题：为什么这个世界上会有各种各样的人，为什么有的人纯洁质朴，浑身散发着美好的气息，而有的人内心丑陋，令人讨厌呢？有的人你一见他，就喜欢他；而有的人你一见他，就讨厌他，其实这一切都和我们的小飞仙有关。

每天晚上，小飞仙都会飞到那些睡熟的人身旁，往他们耳朵眼里注入各种各样的气息，比如说善良的、勇敢的、坚韧的，或者是贪婪的、自私的，这些不好的。每个小孩听到这里一定会说，要是小飞仙每天给我注入那些美好的气息该多好呀，千万别给我注入那些听起来让人不舒服的，什么贪婪，自私，这些让人不舒服的气息。可是，小飞仙给你注入什么样的气息，是由你自己决定的，如果你做了一件善良的事，小飞仙就给你注入善良的气息；如果你做了一件自私的事，小飞仙就会给你注入自私的气息。别看小飞仙白天在花里睡大觉，可是你做过什么事都逃不过它们的耳目，因为小飞仙有它们的一套仙术，这一切其实都和天上的花神美朵、小飞仙国的普灵王有关。

在很久以前，天神为了帮助地球上的人们分清美与丑、对与错、是与非，就让女儿美朵建一座美德花园。美朵是掌管地球上植物生长的花神，她决定把美德花园建在仙境，于是，请好朋友普灵王来帮忙。他们决定在飞仙国寻找 50 个小飞仙，奖励给每个小飞仙一粒美德花种，小飞仙的神圣使命就是将这些美德花种播撒到人们的心灵深处，让它们在那里生根发芽。哪个小飞仙会第一个获得美德花园的种子呢？有一个小飞仙闯入了大家的视野，他的名字叫小茉莉。他长得挺丑的，每个小飞仙都叫他"空心菜"。因为，他浑身上下经常沾满泥巴，他最喜欢到地底下去和那些种子一起玩耍，"空心菜"在飞仙国就是"丑八怪"的意思。

有一天，有一颗种子很伤心，很难受，它是一颗喇叭花的种子。它说，我没有其他花漂亮，我不想钻出地面，我害怕别的种子笑话我。茉莉仙子说，别担心那么多，你瞧我也不漂亮，他们还叫我"空心菜"呢。外表不是最重要的，重要的是我们的内心，如果我们拥有一颗喜欢自己的心，谁还能伤害我们呀？这颗喇叭花的种子动了动，叹了口气说："做喇叭花多没意思啊，你瞧我的花茎这么细，我的花朵也只有可怜巴巴的一种颜色。所以，不管你怎么劝我，我还是开心不起来。"

茉莉仙子马上就有了一个主意。过了一会儿，他就开心地回来了，摇晃着手里的小瓶说，这是我从鸡冠花那里要来的红颜色，还有从瓜叶菊那里要来的蓝颜色，每天早晨我会把你的花朵染成蓝色，到了中午再给你换成红色，这样你一天之中就可以变换两种色彩了。喇叭花种子非常开心。它双脚一跳，弹出了地面，所有的植物都欢迎它，老灌木乐呵呵地说："喇叭花，你好啊，欢迎来和我做伴。"喇叭花苗说，多亏了茉莉仙子，要是没有他，我现在还在地底下独自伤心呢。

茉莉仙子是一个非常喜欢帮助别人的小飞仙，他不仅帮助了喇叭花，还帮助了好多的小蚂蚁。因为淘气的小飞仙把小蚂蚁们回家的路标给破坏了，是茉莉仙子带着它们回到了自己的家。后来，茉莉仙子又帮助桃树爷爷战胜了那些喜欢吸食它树汁的小蚜虫。所有被茉莉仙子帮助的人都非常的喜爱他，都对茉莉仙子说："要是每一个小飞仙都像你一样善良，那该多好呀。"

后来，普灵王和花神美朵就把第一粒种子奖励给了茉莉仙子。茉莉仙子得知这个消息非常惊讶，他说，我没做什么了不起的事呀。可是普灵王说，小茉莉帮助自卑的喇叭花找到了自信，帮助迷路的蚂蚁回家，帮助桃树爷爷获得自卫能力。他善待身边的一切事物，愿意帮助每一个人，这正是我们要寻找的美德呀。后来，他就得到了美德花园的第一粒花种，这粒花种代表的是善良。

童话滋养孩子的心灵

卢勤：真好，听你讲故事的感觉很美妙。一个孩子如果听到这样的故事，会认为帮助别人是一件很快乐、很美丽的事情。

晓玲叮当：是啊，茉莉仙子因为做了这些事，得到了花神美朵的奖励。花神美朵弹了弹手指，又给了他另外一份奖励，茉莉仙子的身上散发出了一种光芒，变得像月亮一样好看，他再也不是"空心菜"了，他变得那么美好，那么有魅力。

卢勤：这些故事你是怎么想出来的？这么美。

晓玲叮当：实际上许多故事不是我自己想出来的，是小飞仙飞到我梦里告诉我的。我用十年时间写完《小飞仙美德图画书》之后，最大的感受是：这个世界上真的存在小飞仙。当我的故事进行不下去的时候，是小飞仙给我力量，他们经常飞到我的梦里，告诉我这个故事后来是什么样的。那个时候，我就相信这个世界上真的有小飞仙存在，有精灵存在，我也相信童话是真的。

卢勤：真好，有美好心灵的人才能写出美好的故事，小飞仙就是你美好心灵的一种化身。因为经常在想这方面的事情，你头脑里就充满了一个童话般的非常令人向往的世界。

晓玲叮当：对啊，所以我说写童话的人过得特别快乐，因为他身边就围绕着这些小飞仙、精灵和其他能带给孩子们美好的童话人物。

卢勤：所以，孩子的童年离不开童话，童话会滋养孩子的心灵。

晓玲叮当：当一个孩子在很小的时候，读到了这些故事，他的成长道路两旁就会开满各种灿烂的花儿。比如，代表善良的茉莉花，代表勇敢的玫瑰花，还有代表谦虚的郁金香花。这些美好的散发着花香的气息就会萦绕着他，使他成为一个美好的人。

卢勤：我们的生活中就需要多一些美好的事情。

用故事给孩子种下善良的种子

晓玲叮当：我跟父母们交流的时候，有些父母说："晓玲叮当，我觉得'美德'这个词太大了，太空了。"我告诉他们，美德一点都不大，一点都不空。很多父母在教育孩子的过程中，都愿意把精力放在培养孩子的实用技能上，比如，去奥数班、去学美术、去学跳舞……却忽略了对孩子品德的培养，最终可能收获的是恶果。

我看到过一个新闻：北京的一位老太太独自带大女儿，送她上清华，送她去美国留学。后来，她的外孙女又要在美国继续求学，她就卖了一套房子去供养她的外孙女和她的女儿。现在，这个老太太81岁了，去美国养老受到了外孙女、女婿和她女儿的嫌弃，她非常伤心。外孙女给她买了一张回国的机票，本来是10月6日的航班，10月3日就把她送到了机场。老太太在机场孤零零地待了三天。这件事情被网友热烈讨论，很多人说，这个 81 岁的老太太真是养了一个"白眼狼"。

卢勤：其实，这个老太太自己做错了一件事情，她把自己的财富给了孩子，却没把孩子变成财富。

晓玲叮当：是这样的，很多家长觉得要给孩子最好的玩具，为他们留下无尽的财富，或者让孩子变成一个聪明的人，但实际上智慧和财富都不是最重要的，最重要的其实是一个人的良知。如果一个人懂得感恩，懂得回报，是一个有良知的人，他就不会做出可怕的事，就不会成为一个"白眼狼"。

卢勤：可见，美德教育有多么重要。在孩子心中埋下一颗爱的种子，父母将收获爱的果实；埋下一颗恶的种子，收获的将是恶的果实。

晓玲叮当：对，那怎么样给孩子埋下善的种子呢？就是用故事，因为故事是最有力量的。

卢勤：我觉得你用几十年时间做了一件很了不起的事，写故事、讲故事。

晓玲叮当：这就是我为什么要写《小飞仙美德图画书》的原因，就是要为孩子们的心灵播下善的种子。

卢勤：你写这个童话故事是不是很难？

晓玲叮当：不难，因为我从小就喜欢听故事，从小也喜欢看童话故事。我在很小的时候就是一个书虫，所有的时间都在读书，到现在，我还记得小时候读到的那些童话故事。这些故事深深地影响了我，塑造了我，也开发了我的想象力，所以我跟很多父母讲，你们送给孩子最好的礼物，就是让他爱上读书。一个爱读书的孩子不会变坏，因为书中的故事是那么美好。《人鱼公主》《绿野仙踪》《彼得·潘》，还有《宝葫芦的秘密》，这些神奇的故事都陪伴过我，给我的童年带来了那么多的快乐。所以，在我成为一个电台少儿节目主持人的时候，我就情不自禁地拿起笔，要为孩子们写故事。那些童年读过的故事像潮水一般地涌入了我的脑海当中，我的想象力得到了最大限度的开发，我写故事的时候觉得自己是天底下最快乐的人，所以从来没觉得写故事难。

勤劳的双手可以带给我们想要的一切

卢勤：我觉得，你的故事有一个很大的特点就是特别有想象力。刚才你说自己是书虫的时候，我就想起你书里有一个故事叫《吃毛虫》，给我印象可深了。这个故事你是怎么想起来的？

晓玲叮当：《吃毛虫》讲的是小矮人和小飞仙之间的故事。有一天晚上，小矮人的胡子和头发全都不见了，胡子和头发可是小矮人的命根子。原来，是爱吃头发的彗星虫落到了矮人国。这种彗星虫，小矮人们管它叫吃毛虫。怎样才能把彗星虫送回它们的老家呢？据说，一定要找到石头花，才可以解决这件事。为了找到这种石头花，小飞仙们用尽各种各样的本领，可谁都没有找到石头花，后来有一个名叫羊齿的小飞仙，他决定自己去种石头花。最后，他真的种出了石头花，也就是后来的生石花。这个故事讲的是关于勤劳的故事，羊齿也被称为神奇之手，一双勤劳的手可以带给我们想要的一切。

卢勤：这个故事多好，多美啊，通过勤劳的双手，挽救了一批小矮人。

晓玲叮当：其实，这个故事的灵感也是小飞仙给我的。有一天我睡觉的时候，小飞仙就在梦中给我讲了这个故事。早晨醒来的时候，我特别激动，噼里啪啦地在电脑前很快就把这个故事写出来了。

晓玲叮当：我做电台少儿节目主持人，跟许许多多的孩子成了朋友，我特别爱孩子，把我所有的时间都花在他们身上了。孩子们是我最要好的朋友，我为他们做电台主持人，我为他们写作，我跟他们聊天，忙到最后，我就没有时间有自己的孩子了。

卢勤：你是让孩子幸福的人，你拥有了很多孩子。

善良可以给人带来快乐

卢勤：这套书里，你自己最喜欢哪个故事？

晓玲叮当：我自己最喜欢的是茉莉仙子的故事。我家的窗台上，还有院子里都种了很多很多的茉莉花，我另外一本书《欢乐嘻哈镇》里的主人公笑笑鼠，它最喜欢的花也是茉莉花。我想，茉莉花给人们带来的是善良的芬芳，当我们嗅到了茉莉花清甜的香气时，就可以感受到善良给我们带来的美好，善良是一个人最最重要的品质。

卢勤：你自己心中的美好世界是用茉莉花装扮起来的，所以才能写出这么好的故事。

晓玲叮当：我也希望每个孩子心里都能种下善良的种子，善良可以给人带来美好，带来快乐，因为你周围的人都喜欢你，当你以一颗善良的心去对待别人的时候，你收获到的将是最大的快乐和喜悦。

勇敢的精神叫"我能行"

卢勤：在你的小读者当中有没有人给你讲述过，他读你的故事的感受和收获？

晓玲叮当：挺多的，在我的邮箱里，还有微博里，经常有读者给我留言。一个小读者就告诉我：晓玲叮当姐姐，我读了你的一个故事叫《勇敢水配方》，这个故事讲的是小飞仙国的森林里出现了一个恐怖的兰花大妖，所有小飞仙都吓得六神无主，可是蜜环族小矮人却一点都不害怕，他们为什么这么勇敢呢？因为，他们有一个勇敢水配方。以前我是一个很胆小的孩子，可我读完《勇敢水配方》之后，我也给自己酿了一瓶勇敢水。喝了以后，我就变成了一个很勇敢的孩子，我再也不怕黑了，而且我还敢在班里发言呢。我想，他已经掌握了勇敢的真谛。

卢勤：其实，在你的童话中除了故事之外，还有很多可以操作的事情。比如，勇敢水只是一种普通的水，但是它加入了勇敢的成分，就有了一种积极的心理暗示。喝进去就勇敢了，我觉得这也是儿童教育中非常重要的。

在我们平常的教育中，常常也会渗透这样一种勇敢精神，叫"我能行"。

我们用什么方法呢?

每次夏令营和冬令营的时候，都会选一个晚上和"我不行先生"告别。所有的孩子坐好后，每人发一个套娃，把最小的套娃拿出来，然后写一句我最害怕什么，写完就塞进最小的套娃里，外面写上"我不行先生"。写完之后，我们就会让孩子们把"我不行先生"放到桌子上，读一段告别词，叫《"我不行先生"安息吧》——

无论我想干什么，你都会说：我不行。晚上我出去，你说外面很黑有鬼，我就不敢去了；我想举手的时候，你说答不对老师会批评你，我就把手放下了。无论做什么事情，"我不行先生"都会阻挡我。今天，我要跟"我不行先生"告别，跟他说再见，和"我能行先生"交朋友……

这是一封很长的信，里面讲的都是孩子们"我不行"的表现，把这封信读完之后，所有的孩子站起来说，"我不行先生"安息吧。然后，孩子们拿着自己的"我不行先生"，把它埋进沙子里。孩子们很开心，回到营地再用大的套娃做一个"我能行先生"带回家。对孩子来说，跟不良的心理暗示做斗争，需要有一种方式，你的"勇敢水"本身就是一种很好的方式，随时把自己爱喝的饮料变成"勇敢水"，喝进去就给了自己一个正向的心理暗示。

晓玲叮当：对，《勇敢水配方》传递给孩子的就是，恐惧是一个很薄的气球，你一戳它就破了，你害怕的只是害怕本身。

卢勤：我希望你有更多这样的童话作品，把孩子当成孩子，不要当成成年人，不要说教。用童话的方式进行道德教育，是润物细无声。

晓玲叮当：孩子是一棵幼苗，他们是需要引导的，故事是最好的给孩子讲道理的方式。我也读过卢勤老师的很多书，里面有很多故事也都一直在陪伴着我。

让孩子爱上阅读是写好作文的前提

卢勤：我挺爱看你的书，你的书让我知道了更多的故事。其实童年需要故事，道德教育也需要故事。孩子们就需要像你这样的爱孩子的作家写出更多的好故事。另外，我也想知道你有没有想过怎么培养孩子自己写故事？

晓玲叮当：我觉得，要培养孩子自己写故事，首先要给他读许许多多的故事，当他读得多了，自然而然就会产生一种强烈的冲动，我要自己去讲故事。

小的时候，我读了很多童话书之后，就情不自禁地给我的小伙伴们讲故事了。他们都把我当成"故事大王"，在路灯下面围着我，有的时候还给我带一点瓜子糖果来贿赂我呢。我就给他们讲书里面的一些有趣的故事，他们听得津津有味。有的时候我的故事讲完了，或者我看的书也讲完了，他们还逼着我讲，我就开始自己天马行空地编故事了。那个过程其实就是一种创作。

卢勤：太好了，讲的过程中，故事就编出来了。

晓玲叮当：我在看J.K.罗琳自传的时候，她能够写出那么精彩的《哈利·波特》，经历也是这样的。所以，很多爸爸妈妈说孩子作文写不好，或者孩子不喜欢写作，我就告诉他们：其实很简单，送书给他们，让他们爱上阅读，一切都有了。

卢勤：你说的这个方法非常好，我觉得可以组织孩子们把《小飞仙美德图画书》好好读一读，读完以后自己讲自己的故事。

晓玲叮当：还可以讲自己的小飞仙的故事，如果你是一个小飞仙，你是谁呢？有很多小读者都给我寄来他们自己写的小飞仙的故事。我看了觉得非常有意思。

应注重孩子心灵的成长

卢勤：我觉得你可以建立一个小飞仙俱乐部，或者小飞仙联盟。把有这种想象力的孩子集合在一起，使爱的种子能够发扬光大，每个孩子都闪亮。道德的教育是当今社会非常迫切需要的，时下出现了很多让人发指的事情，这说明我们道德教育的缺失。

大家都渴望有一个好的社会环境，其实环境都是人创造的，如果每个家庭都有意地培养小飞仙，让每个孩子在美德方面都能够有追求，从小都能有一个小飞仙飞到孩子心中，那这个世界就美好了。

晓玲叮当：是啊，那多美好啊，我想如果那样每个人也会非常幸福和快乐。

卢勤：很多家长老想着给孩子攒钱，希望让孩子将来活得好一点，但是不知道如果没有美好的心灵，钱再多也没用。

晓玲叮当：有的家长觉得，我的孩子要上名牌大学，这是最重要的，但陶行知说过一句话："一个聪明的恶人可以给这个世界带来更大的恶。"

卢勤：其实追求什么很重要，追求名利、名校、名牌、名次，不注重孩子心灵的成长，这些东西只能有害于这个社会。

晓玲叮当：对，最终都会归零。而当你拥有了美德之后，所有这一切也许它就自己飞来了。

卢勤：就像有一个童话故事，讲了一个非常贫穷的人家，他们很希望有人能帮助自己渡过难关。有一天，有人来敲门，女主人开门看到三位老人站在门外，他们一个叫爱，一个叫财富，还有一个叫健康。

三位老人说，如果你们只能选我们中一个人请进门，你们会选哪一个？父亲说，当然要财富了，有了财富我们的日子就好过了；母亲说，当然要健康了，有了健康我们才能好好活下去；孩子说，我们还是要爱吧，有了爱就有一切了。最后，一家人决定把爱请进门。爱的老人走进来，财富和健康都跟着走了进来。爱的老人说，有了爱就有了财富和健康。

晓玲叮当：多美好啊。

卢勤：是啊，家里有了爱，家里就有阳光；社会有了爱，社会就有温暖。我觉得，美德的故事就是让孩子心中产生爱。

晓玲叮当：产生爱，产生善。

卢勤：这就是人和人之间最宝贵的东西，人和人之间你骗我，我骗你，最后谁都不相信谁。只有你爱我，我爱你，大家都用善良的心去对待彼此，这个社会才能温馨和谐。

第七场：智慧，好妈妈总有好办法

——与成功学专家吴甘霖、邓小兰的对话

吴甘霖简介：

著名管理学家、方法学家、畅销书作家。历任《中国青年报》资深记者、香港中华文化传播集团副总裁、世界青年成功学会副会长等职，出版了《孩子自觉我省心》《好妈妈总有好方法》等四十多部著作，其所著《方法总比问题多》发行一百多万册，深受读者欢迎。

吴甘霖对青少年的自我管理与自我保护有很深的研究，并用其成果指导自己的儿子吴牧天，使其写出一部优秀中学生的自我管理秘诀的畅销书《管好自己就能飞》。

邓小兰简介：

母亲素质研究专家、畅销书作家，历任《中国青年报》记者、全国妇联华坤女性调查中心主任。与吴甘霖共同出版《好妈妈总有好方法》等多本著作，中央电视台、北京电视台等曾录制其多期节目。

卢勤：人们常说："方法总比问题多。"方法从哪里来？在实践中总结出来的，所谓"吃一堑长一智"就是这个道理。吴甘霖先生就是一个专门研究方法的专家。我走近他，了解他，是因为他的儿子吴牧天。

2014年的一天，我应邀参加接力出版社《管好自己就能飞》一书的

新书发布会。书的作者正是吴甘霖的儿子——正在美国普渡大学读书的吴牧天。

让我惊讶的是，吴牧天从小接受父亲自我管理和方法的训练，从 17 岁开始，以自我成长为主题，通过每天总结，写出了三十多万字的"自我管理日记"。这本书，正是在这个基础上写成的。书中以自身经历，再现了从痛恨管理到爱上自我管理的生动过程，其中描述了他遭受绑架时，采取爸爸教过的方法机智逃脱。这使我对这位爸爸让孩子自我管理的方法训练产生了浓厚的兴趣。

今天，我们把吴甘霖和吴牧天的小姨、也是《好妈妈总有好方法》作者之一的邓小兰一起请到"悦长大"专家教育平台，共同探讨好妈妈总有好方法。

吴甘霖：大家好，我叫吴甘霖，是吴牧天的爸爸，和我合作写这本《好妈妈总有好方法》的是邓小兰老师。我们两个为什么要写这本书？是因为我们在一段时间，可以说长达十年的对家庭教育的调研中，发现了一个现象：中国的妈妈不缺爱，但是缺少针对性强的系统的科学方法，所以我们是十年磨一剑。而且，邓小兰老师之前是全国妇联华坤女性调查中心的主任，我们做了很多调研，很多问题都有针对性。我自己也是方法学专家，我出过国内发行较大的一本方法学著作叫《方法总比问题多》，这一本《好妈妈总有好方法》是那本书的一个家教版。

邓小兰：大家好，我是邓小兰，今天很高兴跟大家一起来分享《好妈妈总有好方法》这本书的一些主要内容，谢谢大家。

卢勤：这两个人都有个共同经历，曾经都是资深记者，应该说他们看问题的方法跟一般人有所不同，吴先生本身又是一个方法论的专家。今天请他们来，我想我们谈谈方法为什么很重要呢？

吴甘霖：一句话来说，如果我们在教孩子的过程中只有爱，缺乏方法，只能吃力不讨好。

卢勤：光有爱没有方法，吃力不讨好。

吴甘霖：对，我举个例子，去年母亲节的时候，接力出版社要求我与一些父母做交流，其中一个妈妈谈了她自己的故事：这个妈妈和自己的先生离婚了，独自带着孩子生活，一方面她有自己的事业很拼搏，另一方面超级爱孩子，可以说对孩子有求必应。有一个细节，孩子很小的时候想买一台好电脑，妈妈给他买了，孩子用电脑主要是打游戏，后来是作业也没做好，成绩也不好，而且电脑被用坏了。孩子就要换一台电脑，而且要换最好的电脑，妈妈觉得不能这样了，这样把学习都影响了，结果这个孩子就把自己关在房间里用头去撞墙，喊着："如果你再不给我买，我干脆离家出走。"这个妈妈特别痛苦，该怎么办呢？

从这里延伸一下，我和邓老师研究发现，中国家庭里有三个现象是不应该有的。第一个现象是什么呢？本来应该是孩子听父母的话，但是现在倒过来了，是爸爸妈妈必须听孩子的话。第二个是，本来付出爱就应该得到美好的爱，但很奇怪的是，很多父母并没有得到孩子的爱，反倒收获的是怨和恨。

父母都是一边当一边学的

邓小兰：我在全国华坤女性调查中心的时候，有一次看到《中国青年报》上有一篇特别好的文章，是一个征文，有三千多名学生参加，主题是：他们笔下的妈妈是什么形象。有学生形容，自己的妈妈像一个精算师，自己的每一分钟都被妈妈所控制；有的时候，妈妈就是变色龙，考得好就高兴得不得了，考得不好梦里面都是暴跳如雷。总之，三千多名学生笔下的妈妈形象很多都不是特别好，甚至是丑陋的，这个现象确实特别引人思考。

卢勤：是的。前不久，我遇到一个孩子，当着自己的妈妈面说："我妈妈就像公鸡一样，天天在报时，时时刻刻都在报时。"他妈妈也在场，我们都在笑，其实这个孩子对妈妈的爱已经感到很反感了。

邓小兰：是的，感到很压抑。

吴甘霖：在调研时，我也看到一些让人觉得很震惊的结果，在一些孩子的心目中谁的形象最丑陋，竟然是妈妈。我想，这些妈妈要是知道了肯定既失落伤感，也很痛心，但是她们是否反思过自己的教育方法是有问题的？这是刚才说的，我们本来应该得到，付出爱就因此得到美好的爱，但是没有想到收获的是怨和恨。

第三个是什么呢？我们教孩子，应该是越来越轻松，因为孩子越来越懂事了嘛，结果是什么呢？反倒是越教越累，尤其教到青春期以后，激烈的对抗就出现了。

这本书里面就写过一个故事：有一个孩子老去打游戏，妈妈怎么也劝不通，最后妈妈没有办法了，要去跳江自杀。那个孩子也慌了，爸爸责骂了一下孩子，结果孩子也跳江自杀了。你看这种悲剧说明一个什么问题呢？我们太缺乏对方法的重视，我觉得这有一个社会环境的问题。

我在中央机关讲课的时候，有一位领导讲了一句话，我们对孩子教育有个缺点，讲世界观太多，讲方法论太少。我同时也想到一个问题，我们这些当爸妈的人，自己也是世界观太多，方法论太少。

我在牧天 3 岁的时候，就开始教他方法论，6 岁开始教辩证法。因为，世界观和方法论是不可分割的两个方面。我觉得，卢勤老师非常优秀，是我们国内少见的世界观和方法论结合得最好的老师之一。但是，相当多的母亲都只有世界观，缺乏方法论，我们应该倡导一种新的教育理念，一起来研究总结做好妈妈的方法论。

卢勤：对，每一个父母都是一边当一边学的，首先学的是，我要爱我的孩子，真的很爱，但很多爱的方法是需要慢慢摸索的。像我妈有六个孩子，这本身就是一个巨大的体验，要培养好这么多不同的孩子一定会总结出非常好的方法。而我们现在就一个孩子，父母没有机会去摸索，遇到问题先是恐慌，然后就束手无策。为了让大家少走一些弯路，不妨把你们俩总结的方法给大家介绍一下。

吴甘霖：好的，那我们先去看一个例子，看有没有方法之间的区别。

就比如刚说到的买电脑的例子吧。

卢勤：这个问题非常普遍。

吴甘霖：我们看另一个家庭里面，一个女孩上了一所重点学校，她发现同班同学都有笔记本电脑，就跟爸妈提出要买笔记本电脑。一般的父母会想，既然大家都有，那肯定得给你买了。但这个父亲是这么说的："第一，我们家里有台式电脑，你要用可以用。第二，假如你要换笔记本电脑，你年龄也大了，应该承担一些东西，有两个选择。第一个选择，你干几个月的家务活，规定时间、规定标准。第二种选择，你背三十篇励志散文。"最后，女孩选择了背诵励志散文。背了几十天，她背好了，爸爸就给她买了笔记本电脑。这个爸爸是谁呢？就是新东方的校长俞敏洪。

卢勤：我听他说过这个故事。

吴甘霖：这个故事非常有意思，和刚才那个妈妈是完全不一样的，是俞敏洪没有钱吗？

卢勤：他有钱，四川大地震的时候，他捐了好几千万呢。

对孩子有求必应其实是害孩子

吴甘霖：他钱很多，为什么不轻易对孩子有求必应？这给我们很多启迪。首先是观念上的启迪，对孩子不能有求必应，孩子可以是父母的宝贝，未必是社会的宝贝，这是我们一定要明确的，养成有求必应的习惯将来会出很大的问题。第二点就是如何教孩子，俞敏洪的这种做法其实是在给孩子定规矩，同时他用了一个非常巧妙的方法，把孩子的需求转化为做另一件更重要的事情的动力，我要你励志，要你成长，这是更重要的事情。

卢勤：自己努力得到的比伸手就能得到的更有价值。

吴甘霖：对，要什么给什么，反倒把孩子给害了。我觉得有几件事情都是害孩子，您之前提过，替孩子等于害孩子，对孩子有求必应也是把孩子害了，所以我们要从这种爱的方式中解脱出来。有了这个观念，我们就要掌握很多具体的方法，比如说，有表扬的方法，也有批评的方法。表扬的方法很重要，批评的方法也格外重要，父母对孩子的批评往往张口就来。

批评孩子要考虑他的感受

卢勤：人家的孩子多好，瞧你这样。

吴甘霖：对。所以有句话说，世界上最恐怖的人是隔壁的孩子。我们谈一下怎么去表扬，怎么去批评，其中特别是批评的关键点。

我想跟大家分享的一个方法叫三明治的批评方式。三明治是上面一块，中间一块，底下一块。三明治的批评方法最关键的一条是上面的那一块，叫肯定，否定之前先肯定；中间是批评；底下这块应该是勉励。否定之前先肯定就是，批评孩子之前一定要找到孩子有哪一点是合理的，或者他的一个观点合理，或者他的行为在某方面合理，即使他这些都不合理，但有一个东西还是可以肯定的，就是他的感受。我认可不了你的观点，认可不了你的做法，我可以认可你的感受、冲突、伤心等。

我在南京凤凰书城讲课的时候，有一个老教授举手说："吴老师，我有一个很大的困惑。我教了一辈子的书，学生都很愿意听我的话，但是我的孙女不愿意听我的话。"我说，你讲一个最近发生的故事吧。这个老教授就讲了这样一件事：周末，小孙女请同学来家里玩，玩着玩着孩子们打架了。别的小朋友打了小孙女，小孙女也不客气地打了别人。这个老教授就想，我要以身作则，我们家庭是知识分子家庭，以前孙女不打人，为什么打人呢？所以，他就走过去批评孙女，你怎么打人呢？打人是不文明的行为。结果，小女孩冷冷地看了爷爷一眼，哼！鄙视地哼了一句，就走了。

现场我就把这个三明治的方法告诉他：假如你不直接批评孙女，而是说"孙女你看，如果别人打了我，我也会很伤心、很愤怒，恨不得把别人痛打一顿。"这时候，你孙女就觉得你站在她的一边，一下子就听进去了。然后你再说，"不过打人毕竟是不文明的行为，你是主人，她是客人，你可以让她一下。"你说，孩子是不是可以听进去了？

这点告诉我们一个非常重要的和人交往的原理，别人不接受我们的观点不是我们的观点错了，而是不接受我们的态度。要让孩子好好地接受我们的观点，就要先架一座桥梁，让他觉得你是关心他的，是和他站在一起的，是为他着想的，有这一点是一个基础，所以我们先肯定。

第二点就是批评本身，有人认为批评就是刮胡子直接就刮了，我觉得不是这样的，我觉得批评的目的不是指出孩子的缺点，而是让孩子充分认识到自己的缺点，并做出改进承诺，这个特别关键。我在教儿子时，我觉得这个是用得特别好的。有一句话说："千般逼，万般哄，不如孩子自己懂。"要他自己管自己，所以那本书叫《管好自己就能飞》。

之前，我为了培养牧天，要他每天写一篇自我管理日记，他开始写得挺好，但是中断了，我就说必须把这个习惯给坚持下来，后来他做了检讨，知道自己错了。然后，我让他做出改进的承诺，之后他每天写完自我管理日记，都要从电脑或者手机发给我。他还做了一个承诺，如果哪一天没有写，晚发给爸爸了，有特殊情况可以说一声，如果没有，每天罚一百美元，等于一天六百块人民币。

卢勤：他罚给你？

吴甘霖：我扣他的生活费。自从做了这个承诺以后，他再也没有不写日记了，到现在为止他已经坚持写了一百多万字的管理日记，这就非常好了。我是指出他的缺点了，但是更多是由他自己认识到自己的缺点，而且一定要有行为改变。

卢勤：是他自己要写的，还是你让他写的？

吴甘霖：首先，我要他写自我管理日记。

卢勤：他愿意写吗？

吴甘霖：开始的时候愿意，中途中断了，我是要求每天都必须写，他知道中断是不对的。所以他对我有一个承诺，这个非常好，我根本不用为他操心了，罚一百美元还是比较重的，这个效果就好了。

第三点是勉励，批评孩子不是结束。孩子挨了批评，心情是复杂的。挨了老师批评，会担心老师从此瞧不起他，不关心他了。爸爸妈妈批评了他，会担心爸爸妈妈从此不要我了，所以有的孩子会离家出走。产生这样的后果都是由于批评完就拉倒，这样不行。批评孩子是为了让他有一个转变，所以需要给他一个认可——孩子，你只是以前没有意识到，现在你认识到自己的错误，你决定改进，你一定会成长。这样孩子就可以放下所有的包袱，非常高兴地接受你的批评，然后也不影响你和他的关系。所以，这个三明治的方法，我觉得是非常管用的方法。在和邓老师交流的过程中，我一直觉得跟孩子的交流应该多一点指导，少一点指责，这种方法我觉得是很管用的。邓老师也总结了一个特别好的方法，关于怎么批评孩子的方法。

卢勤：那请邓老师说说。

邓小兰：批评确实是很多妈妈头疼的问题，批评重了孩子会逆反，批评轻了又没有效果。吴老师刚才说了第一点，三明治的批评方法，还有两点我也跟大家分享一下。

第二点就是先疏导再引导，当孩子犯错误的时候先疏导再引导。在《妈妈总有好方法》里边，我们写了这样一个特别经典的案例：科学家格雷·斯蒂芬三岁的时候，发生了一件影响他终身的事情。是什么事情呢？有一天他去冰箱拿牛奶，牛奶的瓶子特别大，结果他手一滑，瓶子掉到地上了，虽然瓶子没有摔碎，但是牛奶泼了一地。这时候妈妈在外面干活听到响声进来了，一般的妈妈看到这个场景心里就会很生气，让你不要拿怎么又去拿呢？但是，斯蒂芬的妈妈是怎么做的呢？她看着惊慌失措的小斯蒂芬说了一句："儿子，你制作的牛奶河还真棒呀，你要不要在里边玩一会儿？"本来特别紧张的斯蒂芬一听妈妈这么说，很高兴，马上就在地上玩起来了。玩了十几分钟，这时候妈妈又说："儿子，是不是玩得差不多了，现在你看牛奶是你打翻的，是不是应该由你来收拾？你是选择用拖布还是选择用抹布？"斯蒂芬说："那我用抹布来清理吧。"他就跟妈妈一起把地上的牛奶擦得干干净净。之后妈妈又说："儿子，你看看你在拿瓶子的时候没有拿稳，摔到地上了，肯定是方法不对，你要不要试一试用什么样的方法拿瓶子才不会掉呢？"斯蒂芬一听，特别高兴就拿着瓶子去院子的水龙头接水，一会儿他就跑回来，特别高兴地告诉妈妈："我知道怎么样瓶子才不会掉了，只要双手握住凹下去的地方，它就不会掉了。"妈妈说："真不错，你掌握方法了。"后来，斯蒂芬说这件事对他影响特别大。在成为科学家之后，尽管有很多次做实验失败了，但他一点都不怕，他觉得错误并没有什么可惧怕的，因为可以掌握正确的方法，只要用心去发现。

其实，这是很多妈妈需要借鉴的，当孩子出现问题的时候，到底应该怎么办呢？我们就不妨学学斯蒂芬的妈妈。第一步就是，先安抚孩子不安的情绪。我们都知道孩子做错事情的时候，往往父母不去责备他，他就心里已经够紧张害怕了，这时候如果我们再去责备他，他可能就更加紧张不安，后面的话都听不进去了。斯蒂芬的妈妈就特别懂得这一点，所以她先疏导了小斯蒂芬的情绪，说"你制造的牛奶河还真棒，你要不要在里边玩一会儿"。第二步是，既然是你犯的错误，那么你应该去承担责任。那你应该去把地上打扫干净，小斯蒂芬选择了抹布，把牛奶擦干净了。第三步是，鼓励孩子去尝试正确的方法，其实斯蒂芬的妈妈并没有告诉孩子握瓶子的正确方法，而是让小斯蒂芬自己拿着水瓶去尝试。孩子通过实践得出来的结论往往是记得最牢的，可能永远也不会忘记。所以，这是很多妈妈需要借鉴的，先疏导再引导。

从小不出错的孩子将来特别怕出错

卢勤：非常好，我觉得这两个方法都非常好，好在哪里呢？对孩子的信任，对孩子体验的鼓励，从小不出错的孩子有一个什么问题呢？他就特别害怕出错，就不敢冒险，不敢去体验，就属于保守型的。从小出了错马上就受到打击的孩子也会很胆小。只有那些出了错有改正机会，再体验成功的孩子才不怕失败，也才不怕体验。你们俩说的方法给了孩子体验的赞赏和机会。当孩子面对一个我们认为是缺点或者失误的时候，实际上就是一次体验，爸爸妈妈要包容孩子，允许孩子在体验中失败，在失败中体验，这是一种成长。

吴甘霖：是的，我稍微补充一句，关于邓老师讲的这个案例，我觉得在培养孩子自觉性里面也是很关键的，不要用自己的头脑代替孩子思考，让他自己去探索，他就可以得到最珍贵的东西。

卢勤：对，所以对您刚才说到的不应该在家庭里出现的现象，我还有一点不同的意见。您说，本来应该孩子听我们的话，现在我们要听他们的话了。其实对于现代的父母来说，首先要听孩子的话，听懂孩子在说什么，他的行为表现的是什么。这个世界上已经不是大人说话小孩听了，很多孩子比大人头脑灵活，他们看问题的方法有的时候可能是超越我们的，会有一种新的思维。所以我觉得，爸爸妈妈要学会先听孩子说话，听懂孩子说的话，然后再学习孩子说话，跟孩子交流就好多了。我觉得跟孩子打交道也确实需要很多很好的方法。

邓小兰：批评还有第三点，刚才谈了两点，第三点就是，轻批重评，这个也是非常重要的。当面对孩子犯错的时候，有很多妈妈可能都会犯同样的错误——指责，一味地指责孩子，甚至变成了一种默契，到最后就光剩责骂了。但其实批评的目的并不是去责骂孩子，而是让孩子知道为什么错了，该怎么样改正，我们要轻批重评就是少一点指责，多一点具体方法的指导。

我们在书里面也谈了一个案例：放学了，上初中的儿子回来了，一看到桌上放着妈妈刚烤好的蛋糕，特别高兴，饥肠辘辘的，马上就跑过去拿着勺子大口地吃起来。这时候妈妈说了一句："儿子，这个蛋糕是要爷爷奶奶爸爸妈妈和你五个人共同分享的，现在你去厨房拿五个盘子，把蛋糕分成五份，好吗？"儿子特别高兴地跑到厨房把那个蛋糕分成了五份，高高兴兴地吃完了自己的那一份。在这个案例里边，妈妈对于批评是轻描淡写的，没有指责孩子说，你怎么那么自私啊，你不知道先给爷爷奶奶送去，你就知道自己吃。而是告诉孩子，你应该具体怎么去做，拿五个盘子把蛋糕分成五份。儿子很高兴地接受了，而且在不知不觉中学会了分享，我觉得这是妈妈应该在批评当中特别注意的。

卢勤：对，父母经常会有那种没头没脑的批评，自己发了火本来不对，还让孩子也受到了伤害。你看，这样一件小事经过妈妈的引导，反而让孩子学会了分享。这样做既让孩子学会了爱，同时也学会怎么去爱。

邓小兰：这个也是特别重要的。

吴甘霖：通过交流，我们对第一个问题已经有了比较深的认识，就是有方法和没方法，教育的效果绝对不一样。现在，我想谈一谈细节，好方法如何让孩子更好地成长，我们涉及几个方面，好方法怎么样教人生观，好方法怎么让孩子学会负责，好方法怎么让孩子成为学习的高手，还有好方法让孩子怎么全面地发展，好方法怎么让孩子改掉一些坏毛病。

因为时间有限，我们拣很普遍的，但是又非常有用的方法跟大家分享，就是人生观教育。人生观教育其实学校和家庭都在做，这个表面上看起来有点大，但不管是东方还是西方，都是对孩子最核心、最根本的教育，但是我们以往的教育缺乏科学方法，所以导致苍白无力，孩子最抵触的就是这一块。

我非常感谢卢勤老师在评吴牧天的书时，提到了我们作为父母教育吴牧天有三个关键点——听得进，记得住，用得上。我们教孩子时，特别强调要他记得住也用得上，后来我补充了三个字，叫"听得进"。听得进，我们前面谈了很多，现在谈一下记得住，怎么让孩子记得住那么多事？

我要讲一个人的经历，他是李开复，曾是微软公司的副总裁，是中国最优秀的职业经理人之一。他小时候非常聪明，据说幼儿园还没毕业就上小学了，到了小学成绩也挺好。有时候别人会夸他，你真不错，成绩这么好。他就开始自鸣得意，觉得自己很强。结果过了不久，考试的时候他拿了九十多分，一回家妈妈把他打了一顿。当然我们不提倡打孩子，打骂孩子不好，但是李开复的妈妈打完孩子做的事，就很有意思了。当时，小小年纪的李开复就说："妈妈，我考了九十多分，你为什么打我？"他妈妈说："我打你不是因为你考得成绩差了，而是打你不谦虚，人一辈子要成长，关键是谦虚，你有没有水平不是你自己吹的，是靠别人的认可。"说完这句话，她就问李开复，你现在明白我为什么打你了吗？李开复就把妈妈的话重新复述了一次："就是要我不骄傲，要我学会谦虚。"妈妈又问："你懂了？""我懂了。""那你想不想到我的怀抱里再看看书？"因为平时他很爱他妈妈，妈妈也跟他很亲近。李开复说，我愿意。我觉得这非常的温暖。

从这里悟出的方法，记得住。

首先，**妈妈教孩子的时候不要劈头盖脸地说一大堆，每次只讲一个问题。**

卢勤：对，少而精。

吴甘霖：越讲得多，孩子越复杂；越讲得多，孩子越觉得逆反，吃力不讨好。最好是要独特，独特的环境，独特的形式，甚至反常都行。我原来做记者，有一句话非常重要，角度决定新闻。我们给孩子讲故事也好，发生什么事情，不是很多角度，而是只有一个角度，从一个角度认识一件事情对孩子来讲就足够了。

卢勤：你刚才说的时候，我就想起曾经看过一个别人的方法论，叫"一分钟惩罚，一分钟奖励"。一分钟惩罚就是，当一个孩子犯错误的时候，就只说一个问题，给孩子一分钟的惩罚，告诉他为什么不对，不对在哪里。之后你要沉默一分钟，然后一分钟的拥抱，让孩子知道你还是爱他的。这个方法比长篇大论好得多，孩子们在短时间内会震撼，你说的话他也能记住。你给他一个拥抱，他也没有失去安全感，所以教育有的时候需要精练，而这种精练正来自于父母对于问题的思考。如果父母主要凭着情绪教育孩子，就精练不了了。

吴甘霖：卢老师，您对教育的研究真是透彻。我记得在吴牧天《管好自己就能飞》的首发仪式上，您就提到了一个观点特别好，父母送给孩子最好的礼物是体验。之后，我就和他妈妈合作写了《孩子自觉我省心》。

卢勤：《孩子自觉我省心》那本书也特别好。

吴甘霖：特别感谢您当时写了序，我特别又把您的这句"父母送给孩子最好的礼物是体验"延伸了一下，这也是让孩子记得住的一个绝招。

我给您再讲一个吴牧天的故事。牧天从小特别喜欢动物，所以我曾经在他很小的时候买了几只小乌龟，他养在小水盆里面。有一天，我看见他在玩小乌龟，我问他："牧天，你在玩什么？""在玩乌龟。"我走过去一看吓坏了，本来他很喜欢跟动物亲近，却亲近过头了，他把小乌龟的壳扳开了，十几只乌龟都被他扳死了。我当时一下就很震撼，我很生气地说："牧天，你在干什么？好不好玩？"他很得意说，好玩。我说："好玩吗？你把你的手给我。"他就把手给我了，于是我就掐他的手指头。他疼得大叫："爸爸，怎么掐我？疼死了！"我说："你刚才说好玩，乌龟可不这么想，乌龟和你现在一样疼，你不愿意我这么掐你，乌龟也不愿意你这么掐它，你掐它就死掉了。"当时，牧天很震撼。

过了一段时间，我带他去海边玩，我在海边看书，他在海边玩海浪。我那天看书的时间有点长，觉得他一个人玩得有点孤单，于是就想：找点什么东西给他玩好呢？我发现有一只小螃蟹，就抓住了它，又在沙滩上挖了一个小坑。等我们快回去的时候，我看出牧天特别喜欢这只小螃蟹，就问他："你喜欢它吗？"牧天说，很喜欢。我说："那我们把它带回去吧。"于是，我就找了一个塑料袋装了点海水，把螃蟹放在里面。牧天就高高兴兴地提着往前面走，可走着走着就停了。他说："爸爸，我们还是把螃蟹放回海里去吧。"我说，为什么？他说："螃蟹也是一条命。"最后，他就把螃蟹又放回大海了。我觉得这正好就是那句话，体验是最好的教育。

卢勤：没错，其实小孩想尝试各种事，在尝试的过程中有成功也有失败，如果爸爸妈妈对失败显得过于惊慌，孩子以后就缩手缩脚了。

我从小就胆子可大了，经常去冒险。四五岁的时候，有一次我妈在做饭，炒完一盘菜就让我端走，那是一盘刚炒的辣椒。我端着菜刚一进正屋的门，看到我二哥在那儿，他比我大一岁半，然后我就突发奇想地把这盘菜顶到头顶上，问他："你猜是什么菜？"他说茄子，我说不对。正说着，一下就把菜撒了。辣椒是刚炒好的，很烫，当时我的脸就被烫坏了。我妈听到动静赶紧过来，什么都没说，拿着凉水赶快冲。弄干净之后，又带我赶快去医院上药。可这个过程中，我妈没说批评我一句。后来，我妈问我，你怎么把菜搁在脑袋上？我说，朝鲜人就是把东西放头上顶着，它怎么掉不下来呢？我妈说，那你研究一下。后来，我专门去看了一部朝鲜电影，发现朝鲜人顶东西是有一个稻草编的环先放在脑袋上，就掉不下来了。后来我就知道了，如果一个事情你想尝试，要先研究清楚了。因为我妈妈的引导，这件事儿成了小时候的一段美好的回忆，并没有给我留下很多恐惧。

吴甘霖：卢勤老师讲得非常对，我觉得您的妈妈太伟大了。您是伟大的教育家，尤其在家教方面做得这么突出，与妈妈对您的教育特别有关系。这里还有一个很有意思的现象，母亲的焦虑感。我最近有一个很大的发现，很多妈妈教孩子没有方法，或者说很着急，就是由于很焦虑。有些妈妈对别人总是满脸笑容，可是讲到跟孩子在一起就非常着急，容易生气。我觉得，妈妈们要解放自己、解放孩子的话，必须去掉那些不应该有的焦虑感。

卢勤：怎么去掉焦虑感，现在是一个难点。

吴甘霖：我觉得教育理念很重要。我教牧天的时候，正好在《中国青年报》做记者，我去采访了联合国教科文组织21世纪教育委员会的一位官员，他明确提出未来教育的四大支柱，分别是学会生存、学会学习、学会做事、学会共同生活。他把学会生存放在第一。我觉得，生存就是你要活得好，要有生存意识，这才是我们应该关注的。在我们这本《好妈妈总有好方法》书里面也有比较重要的一块，讲到让孩子全面发展，包括怎么样让孩子成为一个受欢迎的人，怎么让孩子成为一个快乐的人，怎么解放孩子，如果你抱着这样的教育理念去做，就不会那么焦虑了。

卢勤：在这方面您也有很深的感触吧？

邓小兰：吴老师刚才基本上说了，可能每个孩子的童年都有一个神一样的存在，比如别人家的孩子，所以如果妈妈总拿孩子去跟别人做比较，那孩子的焦虑感肯定是特别大的。我觉得，妈妈们也可以用平和的心态去对待孩子，我们自己也是普通人，不要对孩子有太高的期望。我们要因材施教，有的孩子学习可能不是很好，但音乐方面很有天赋，或者画画方面很有天赋，我们不要认为成功的点只有一个。如果你把成功的标准放宽，可能这种焦虑感就会大大降低，你会看到孩子有很多的闪光点，他这里可以成功，那里也可以成功，就不是单单只能在学习上获得成功了。

不能打击孩子的自尊心

吴甘霖： 这个要回到卢勤老师写的一本畅销经典的书，名为《告诉孩子你真棒》。我们这本书里面也有写过关于表扬的，四个很重要的内容，我只说一个小细节。要给孩子大的方面的肯定，庄重的表扬，我们有的父母在这一个小细节上常常犯错误。

比如，孩子某个方面非常优秀，有人会对你夸奖道："你的孩子非常不错。"很多父母会说，我的孩子不行，还差很多。大家认为这是谦虚，其实犯了一个很大的错误。这样的说法打击了孩子的自尊心，打击了孩子的自豪感。孩子的自信心和自豪感是父母浇灌的，你这么一谦虚，反倒伤害了他。那我们可以怎么去做呢？我们改一点点方法，要孩子保持谦虚，但还要让孩子有成就感。可以说："小兰，你的努力还是很有效果的，你看卢勤阿姨都在夸你。卢勤老师多优秀啊，她都夸了你，你做得很好，不辜负卢勤老师对你的勉励。"是不是好多了？

我觉得，怎么从一个没有方法的妈妈变为有方法的妈妈，或方法更多的妈妈，其中有一个特别关键的点就是，要学会去懂得人性。满足别人的满足感就是人性，很多妈妈不太重视人性，会出现很多问题。这就带出我们今天要探讨的第三个问题，怎么用好方法去改善亲子关系。

我们从四个方面说吧：一是，通过完善自己去改善关系；二是，通过改善沟通去改善关系；三是，通过增进知识系统去改进关系；四是，提高幸福指数改进关系。我觉得，我们很多人有个问题就是负面沟通太多。我跟邓老师研究一个主题，正面沟通。什么是正面沟通，邓老师给大家做一个说明。

给孩子提建议要站在孩子的立场上

邓小兰：我在华坤女性调查中心的时候做过一个调查，沟通问题是妈妈们特别苦恼的问题，尤其是青春期的孩子怎么样沟通。我们有一句特别经典的话：我想走进你的世界你不让，我让你走进我的世界你又不来。这就是母女之间特别大的一个障碍。怎么样才能实现畅通的亲子沟通呢？刚才吴老师提到要正面沟通，正面沟通也是用孩子乐于接受的方式去沟通。我们中国有一句话叫作"一句话让人笑，一句话让人跳"，特别形象地说明了正面沟通的问题。

在这本书里我们也举了这样一个案例：一个夏天的周末，18岁的女儿打扮得花枝招展，穿着露脐装准备去跟闺密一起逛街。妈妈坐在沙发上一看，女儿穿成这样，立马眉头就皱起来了，特别不高兴，说："你穿成这个样子像什么，不行，你赶紧去换掉。"很多妈妈通常是这么做的。女儿本来特别高兴，打扮得那么漂亮，一听妈妈这么说，马上也就不高兴了，说："我穿成这样怎么了？别人能穿，为什么我就不能穿。"这时候妈妈说："我是你妈妈，我说不能穿就不能穿，你要穿成这样出去，邻居看着会怎么想。"女儿说，他们爱怎么想就怎么想，我才不管，把门一甩出去了。这时候妈妈就留在房间里生闷气，女儿出去逛街也没有好心情。

我们来看看另外一种方式，效果又是怎么样？同样的情境，妈妈一看说，我女儿真漂亮。女儿本来心情就很美，妈妈这么一夸更高兴了，而且会觉得有点诧异，今天妈妈怎么了？居然夸我漂亮，就挺高兴的。妈妈又接着说："我像你这么大年纪的时候，也特别爱美，但我们那个年代没有条件，什么漂亮衣服都没有，最多也是别个小发卡就出门了，你们现在多好。"女儿一听心情更好了。这时候妈妈说："不过我有点担忧，这么漂亮的女儿走在大街上真的有点担心。你记得前两天的新闻报道，有一个女孩穿得特别漂亮，走在大街上结果被坏人盯上了……"这时候妈妈也没往下说，但是女儿会心地一笑，妈妈，我知道你想什么，就换了一件短袖 T 恤出门了。

同样是希望女儿不要穿得太暴露，第一个妈妈的沟通方式完全没有考虑女儿的感受，没有任何铺垫和过渡，就直接去指责女儿，结果沟通就像是战场一样。第二个妈妈没有否定女儿，而是先夸女儿很漂亮，铺垫完了，再说自己的担忧，女儿就特别愉快地接受了。同样的目的，显然后面的这种方式更好。

卢勤：对，为什么她俩方法不同呢？因为立脚点不同，第一个妈妈站在自己的角度，我女儿怎么穿成这样，别人怎么看？第二个妈妈站在女儿的角度，我的女儿这么漂亮，被人盯上怎么办。两个不同的立脚点，孩子的想法是不同的。

这就是今天的妈妈为什么那么焦虑，为什么不能跟孩子沟通的一个重要的原因，立足点不同。我儿子上大学的时候，头发留得老长了，我当时就想：留这么长头发多不好看。有一次，我们在保利大厦看演出，我的同事都去了，他还接待别人，我心想：赶快跟我进去吧，否则别人看见了会说，看卢勤的儿子这头发留这么长。可我没说什么。他那会儿特别喜欢做导演。有一次他病了，我去看他，他请我吃饭，老远有同学看见他就说："李导！"他把头发一甩，应了一声。我想，这头发留着是用来甩的，别管了，留就留着吧。

后来毕业后，他去找工作，有一位美国回来的先生让他做助理。这位先生见他的第一面，就说了一句话："你要当我的助理要把头发重新设计一下，要不然人家会觉得你很幼稚。"回到家后，儿子立刻问我："理发馆在哪儿？我得剃头去。"我当时就很感动，这个人一句话，他就改变了。因为这位先生是站在他的角度，我们是站在自己的角度。

让孩子把错误告诉父母

吴甘霖：您讲得非常对，在这里我把您的话做一个延伸，我觉得要让母亲真正实现正面沟通，八个字特别关键，换位思考，换心感受。还有一点是什么呢？我在江苏讲课时，妈妈们跟我分享的都是类似的问题，父母一生气，很容易跟孩子对着来。我也有几句话送给这样的妈妈，快快听，慢慢讲，慢慢生气。孩子说话我们要快快听，我们自己讲的时候要慢一点，慢慢地讲，让孩子有一个接受消化的过程，不要给孩子太大压力。最关键还有第三点，慢慢生气，不要气一下子脾气就起来了，赶紧熄火。

最后，我们要特别地强调一点，要通过增强支持系统，改善跟孩子的关系。我刚好出了一本新书叫《孩子你该如何自我保护》，我们发现一个现象，小的时候孩子可能都遇到过不同程度的校园欺凌，或者说老师、同学的偏见和排挤，但很少有孩子会跟父母说。比如我自己，有个中学老师对我特别坏，坏到一塌糊涂，我甚至差点得神经病。我已经十三四岁了，本来晚上可以单独睡的，结果我要和父母一起睡，还要开灯睡，为什么这样呢？因为晚上一闭上眼睛就想到老师变成鬼，就害怕。我一直不敢跟父母说，因为父母对我要求很严格，要我尊重老师。后来矛盾激化了，我差点自杀，才告诉了父母。父母立即与学校交涉，才让我解脱出来了。后来，我对自己的孩子就特别强调，你有什么事情一定要跟爸爸妈妈说，我希望你遵纪守法，但是你哪怕犯了法，也要第一时间跟父母说，父母还是你的后盾，不是要你犯错误，而是陪你走过去。我说了这话，儿子并没有因此去犯罪，但是孩子有了这句话，就会把家庭当作一个依靠，孩子能够把他的手给你。

卢勤：人的一生中会有很多挫折和失败，在无助的时候谁的手最有力量，应该是父母的手。孩子在最无助的时候，想着向父母去求救，这是最重要的。有一个离家出走四年的孩子，他爸爸是教育局长，后来他回来了，写了一本书，我帮他出的，叫《出走》。他原来的书名叫《颤》。我说，什么颤？

他说，心颤的颤。我说，这书像老头儿写的，你还这么年轻就写一个《出走》吧。我问过他一个问题，为什么会出走？他说，心里烦。又问，为什么会回来？他说，我爸没有放弃我，我爸说局长不当，我也要把儿子找回来。他还说，我妈妈掌握了跟我相关的两千个电话号码，每次我出走她都知道我在哪儿。这种不离不弃让孩子最终回来了，现在非常优秀，从美国留学回来，有了很好的前途。

其实，不离不弃应该是父母给孩子最大的爱。爸爸妈妈在孩子最需要帮助的时候，伸出这只手，特别重要。

吴甘霖：这个非常的关键，我们从开头就讲到爱的重要，最后也还是讲到爱的重要。爱是我们的一种观念，只是我们说爱的时候，不是盲目的爱，是科学的爱，基于人性的爱，有效率的爱，有效果的爱，有好结果的爱，这是有方法的。

卢勤：其实说《好妈妈总有好方法》，我觉得这个方法都是大家总结和积累出来的，如果大家都互相学一学，可能方法就会更多了。说实在的，沟通真的需要学习。

美国哈佛大学做过一个调查，什么样的人最可能成为人生的赢家。调查跟踪了268名19岁的研究生，76年之后，这些人有的老去了，有的过世了，但调查的结果是什么呢？爱、温暖和亲密的关系才是美好人生最重要的支撑。所以，我们是要学会沟通的，建立一个爱、温暖和亲密的关系。在这个过程中，我相信所有的父母都愿意自己的家有一个温暖的关系，有一个亲密的关系，但是要学习。所以，如果把吴先生和邓老师共同写的这本《好妈妈总有好方法》好好读一遍，会掌握很多的方法。这个方法你拿来用一点也许你就成功了，其实焦虑谁都有过，每个人都面临一个新的学习，因为孩子是全新的，社会在变化。所以，我们每个人都在学习，这种互相的学习就会让你有智慧，有智慧面对你的生命，你就有方法了。

吴甘霖：我觉得，今天我们的讨论不只是某些具体的方法，因为这些方法固然我们花了十年，总结出来的各种有效的方法，但是我们觉得最关键是每个妈妈通过读我们这本《好妈妈总有好方法》，明确一个概念，方法的重要，方法与爱是那么密切的关系，主动地去寻找方法，自己摸索方法，甚至还可以分享方法。

卢勤：就像你对你儿子要求，每天自己做一篇笔记，你那个方法也是很有效的，将来你的孩子长大，他会记得我爸是怎么教我，我妈是怎么教我的。

邓小兰：我觉得也是，两位老师都总结得特别好，我最后再分享一下，我觉得方法确实是特别重要，而且就像卢勤老师说的，哪怕掌握了一点方法，你运用到了实践当中，可能就是一个很大的改变，我们这里边可能没有列举出所有的问题，不是说每一个问题都能直接找到答案，但是我们告诉读者怎样去寻找方法，这是最重要的，只要你掌握了方法，我觉得一切的问题，教育的问题都能够迎刃而解，这是我最想说的。

卢勤：只要想沟通，办法总会有。希望以后你们经常来，把你们新的发现新的总结跟大家交流，也希望大家能够踊跃地把你自己沟通的方法能够记录下来。好，谢谢大家！

第八场：放手，让孩子学会自己奔跑

——与家教专家清瑕的对话

清瑕简介：

清瑕，原名杨清瑕。中国教育学会家庭教育专业委员会理事、专家讲师团成员。美国"天下"文化教育交流中心 CEO，从教三十余年，从老师到校长再到教育媒体人，出版有《你就是孩子的起跑线》《迎着阳光走》等多部个人专著，在国内外报纸杂志上发表过大量教育教学文章，在中美各地进行了数百场讲座。致力做教育行者，中西合璧育儿理念的探究者，传播者。通过访谈大量北美优秀华裔家庭，探索中西教育文化融合下孩子的成长规律，力图将实用而适用的教育方法和科学而现代的教育理念，通俗易懂地传递给读者。

卢勤：大家好，今天和我一起走进"悦长大"微课堂的是来自美国的清瑕老师。

清瑕："悦长大"平台的父母朋友，大家晚上好！我是清瑕，跨越时空，我现在正在北美的清晨带着晨露和你们进行分享。能够跟我的老师、好朋友卢勤老师一起和大家交流，觉得特别高兴，也特别荣幸！

卢勤：和清瑕的相识，是多年前她在地方做校长时，从她对我的电视和论坛访谈开始的。当时，她在当地的市民论坛上开设了"雨韵家庭教育工作室"，用业余时间义务为父母解答家庭教育问题，点击量非常高，让很多家庭受益，受到了社会各界的广泛关注。她还是当地电视台"教育评说"栏目的嘉宾主持。做校长前，她做了多年辅导员工作，几乎读过我所有书籍，对我的访谈顺畅自如，给我留下了特别好的印象。而后，她调到北京中国少年儿童新闻出版总社工作。曾任中国少年报培训中心校长，知心姐姐教育服务中心培训部的负责人。我们又成了同事，更成了好朋友好姐妹。八年前，她移居美国，依旧保持着一个教育者的作风，笔耕不辍，访谈了大量优秀的华裔父母，对中美教育对比进行深入研究，我们经常电话交流，她的许多观点和思考引起我极大的兴趣。今天，她将跨越中美的全新视野，带来那些优秀海外家庭的教育故事，相信会给予我们许多新的启迪。

清瑕：谢谢卢老师的夸奖和介绍。这么多年过去了，第一次和您访谈就如发生在昨天一样。特别感谢您对我的培养和锻造，从您那里我学到了很多。

卢勤：在"悦长大"平台看到不少你在海外采写的华裔家庭的教育文章，为什么没有单纯去研究西方教育和我们有什么不同，而是只是专项访谈华裔家庭呢？

清瑕：我认为，当全球逐渐一体化的时候，我们的孩子作为未来的世界公民，只有融合中西文化，相互借鉴和学习，才能做到如您常说的，成为具有中国情怀，世界眼光的人。对于中西文化的交融，做得最好的，我认为是生活在北美的那些华裔家庭。他们大多是去了美国几十年，当年作为中国的优秀精英走出国门，在国外读书。他们的孩子大多在北美出生，这些家庭，有纯中国人家庭，也有嫁娶了西方人的混合家庭。他们有着和我们同样的中华文化背景，身上有很多国人的优秀传统，现在又生活在西方。他们对孩子的教育大多融合了中西文化的优势。这也是为什么，在美国各族裔教育排行榜中，受教育程度比较高的是华人的原因。他们的教育实践和教育经验有许多我们可以学习和借鉴的地方，他们也是和我们的文化基因最一致的群体。

卢勤：这样的采访很好，立足于在美生活的华裔家庭，不仅有中华传统文化对教育的影响，更有同代表西方教育方向和精华的美国教育的碰撞和融合，读过你中美教育比较《你就是孩子的起跑线》书稿，我很有感触。近些年，留学已经进入"寻常百姓家"，如何正确认知留学，让孩子的留学"绝不仅仅是换一个地方"，而是实现同多元文化和教育的同生共长。所以，你的访谈具有特别的意义，尤其是对于那些特别想了解西方教育的准留学生和他们的父母，特别想知道，在孩子的培养上，这些华裔家庭是怎么做的？父母的角色如何定位？

清瑕：好的，对于父母的角色定位，父母在孩子成长过程中充当什么角色，哈佛男孩孟雨晴的爸爸孟桦有一个非常好的比喻，他说："人生是条马拉松，马拉松队员比赛的时候，他前面有个引领人。这个人既不能靠他太近，也不能太远，而是需要一定的超前量。如果引领人挡了跑步人的路，或者跑步的人根本看不见引领者，或者引领人过来具体指导跑步人，都会影响选手的发挥。怎样做到既不影响选手的跑步速度，又能保持一定距离的引导，是引领者的责任。这个引领者就是父母，那个跑步的人就是孩子。"这一定位，代表了那些优秀华裔家庭对孩子成长的普遍认知。

这种定位认知，经常让我想起和卢老师您在一起的那些日子，作为师长，您一直鼓励我成长，在引领中让我自己奔跑。

那么，如何当好这个引领人呢？结合我多年对那些华裔家庭的采访和思考，我想今天就和大家分享一个关于如何引导和激发孩子内驱力的主题：放手，让孩子学会自己奔跑。

卢勤：这个主题很好，直击当前我们家庭教育的根本问题。在孩子的成长过程中，父母是主导，还是孩子是主导。孩子的道路，是父母说了算，还是由孩子来选择。父母和孩子的关系，是家庭教育中的基本关系，我们很多父母就是因为没有处理好这个关系，要么越位，要么缺位，没有找到很好的位置，最终耽误了孩子的成长，成为很大的遗憾。

清瑕：让孩子学会自己奔跑，就是通过父母正确的引领，唤醒孩子的内驱力，让孩子把学习和生活当成自己的事情，由被动的"要我学"变成主动的"我要学"。

卢勤：如何让孩子从被动的"要我学"变成主动的"我要学"。这也是国内父母普遍面临的问题。特别是当前，学业的竞争，让很多父母特别焦躁，孩子们一边学着文化课，一边参加很多兴趣班，很辛苦，有些兴趣班压根就不是孩子们所喜欢的，这种家庭已经成为常态。他山之石，如何攻玉，让我们仔细听听清瑕老师给我们介绍这些华裔家庭是怎么做的。

清瑕：在美国，我采访了很多哈佛、哥大等常春藤名校孩子的父母，他们育儿方法太多，我摘取其中部分和大家进行分享，看看他们通过怎样的引领和唤醒，让孩子把学习和生活当成自己的事情，而不是让家长的督促、陪伴甚至越俎代庖。看看他们怎样让孩子学会主动学习，挖掘孩子的内驱力。其中，一个非常重要的做法就是让孩子学会选择，让孩子在选择和超越中，养成自我奔跑的习惯。

让孩子在选择和超越中，养成自我奔跑的习惯

哈佛男孩孟雨晴，2009 年以所有毕业生课业总评（GPA）第一名的成绩从美国新泽西州麦迪逊高中毕业，同时被哈佛、耶鲁大学、茱莉亚音乐学院等十余所美国名校录取。2013 年他哈佛经济专业毕业后，担任华尔街世界最大独立另类资产管理黑石集团金融分析师。

大家一定认为这孩子仅仅喜欢经济，不，这个孩子钢琴造诣很高，是美国年轻的钢琴家，他曾囊括了第 27 届金斯维利国际钢琴赛五个首奖，获得多个世界钢琴大奖，并和著名华裔钢琴家郎朗同台表演。在他所居住的新泽西州麦迪逊市，为表扬他音乐上的成就，市长宣布 2007 年 12 月 10 日命名为美国新泽西州麦迪逊市孟雨晴日。

如此多的荣誉，那么雨晴是怎么爱上学琴，并开始学琴的呢？我们听听雨晴最初学琴的故事，他的爸爸是怎么做的，这也是一次十分慎重智慧

的选择故事。雨晴小时候，他爸爸就经常在家让孩子听一些名家的钢琴曲，接受熏陶。三岁时有意识地带雨晴到幼儿园看小朋友弹琴。听到小朋友弹出悦耳的琴声，雨晴非常羡慕，想去触摸他们的钢琴。爸爸不让，他对雨晴说，那是属于小哥哥小姐姐的，不能动。

周末，爸爸又带雨晴到朋友家和那些钢琴弹得很好的孩子一起玩。雨晴又很想去碰碰弄弄那些钢琴，爸爸又说，这个琴你不能碰，这是别人的，不是你的。聪明的雨晴就去和小朋友商量让自己玩会儿，爸爸依旧说不行。过一阵，看到雨晴真正有了对钢琴的渴望，爸爸开始对孩子提出了要求：要想和那些哥哥姐姐一样弹琴，除非自己好好坐在凳子上，认认真真去做这件事。雨晴答应后兴奋地跑去模仿哥哥姐姐的样子弹起了钢琴。

小伙伴们的美妙琴声吸引着雨晴，也让他想拥有一台自己的钢琴。爸爸这时提出了自己的要求，他告诉雨晴，那些哥哥姐姐弹得好听，是因为他们付出了很多努力，每天要练习三四个小时呢，如果你也想弹，就必须付出更多的辛苦才可以，你能做到吗？对弹琴的渴望，让小雨晴很认真地点点头。爸爸又说，学钢琴是你自己的选择，你如果能做到我们才会给你买让你学。小雨晴再一次认真点了点头，就这样雨晴的爸爸孟桦不仅让孩子对钢琴的兴趣与日俱增，更让孩子知道了努力认真的重要，让孩子的选择慎重而坚实。

一个临近小雨晴生日的星期天下午，爸爸问刚刚睡醒的小雨晴："先不要回头，猜猜看，我们给你送了一个什么生日礼物？"小雨晴想了想，先猜是一个玩具，爸爸说不对，第二次猜是钢琴。爸爸说，你回头看，等孩子回头看时，小雨晴什么都没看到。雨晴就跳下床找呀找，突然发现房间里多了一个庞然大物，原来他们把刚刚送来的钢琴，用一个大窗帘布盖起来了。雨晴把窗帘掀开，一看真的是钢琴，他开心极了！小雨晴立即把钢琴盖打开，噼里啪啦就在上面敲。

外婆着急地和孩子说："不能敲，会敲坏的。"爸爸却笑着告诉他们："随便孩子怎么样，这是他的东西了。"小雨晴就学着哥哥姐姐的样子，坐到凳子上面，开始了自己的学琴之路。那一年，雨晴才四岁。

这是一次用心的安排。他们不仅把买琴的日子选在了孩子生日，孟桦对钢琴店提出的唯一要求是在下午两三点间送琴进家，安置时不发出任何声音。他们希望在小雨晴睡醒之前琴已到位，不仅给孩子一个惊喜，更让他留下深刻的第一印象，有一个美好的启程。

就这样，雨晴开始了自己的学琴之路，而且兴趣盎然。六岁时，小雨晴参加了中国华东地区钢琴大赛，连续十个星期守擂成功，打败了所有十岁以下的孩子。就在这一年，他录取直接进入美国茱莉亚音乐学院预科。九岁在纽约开独奏音乐会，十岁获得华盛顿协奏曲比赛第一名，十一岁在纽约林肯中心演出，十三岁回中国巡演，十六岁获得国际钢琴比赛大奖。

面对如此多的荣誉，爸爸告诉孩子："只能享受一分钟，然后就要把它扔到脑后，踩在脚下！"当小雨晴不理解地问："为什么好不容易得来的东西要踩到脚下呢？"孟桦这样告诉孩子："还有个办法就是背到身上，顶在头顶。这样的话，荣誉就会变成承重的包袱，成为进步的负担。而踩到脚下，小荣誉成为小台阶，大荣誉变成大台阶。"就这样，构成了小雨晴学琴不断攀高的阶梯，也成为小雨晴自我奔跑，不断向前的里程碑。

卢勤：这是个智慧的爸爸，不断引导和启发着孩子，让孩子在选择中由被动的"要我学"变成主动的"我要学"。今天现场有很多家有琴童的父母，如何保持孩子学习兴趣？是最初的强压，还是孩子的自愿？从这个故事当中，或许会有所启发。

清瑕：感谢卢老师的点评。这个故事还没完，值得我们更加注意的是这个故事后来的发展，小雨晴后来并没有继续走艺术之路，而是走向竞争残酷的华尔街。

当许多人提出疑问，这么优秀的少年钢琴家为什么没有继续选择艺术的道路，没有突出自己的音乐优势，而进入华尔街？雨晴的爸爸淡淡地告诉大家，这也是孩子的选择。经济和音乐同样是他生命重要的组成部分，雨晴在哈佛学的是经济专业，而且，他对华尔街有自己独到的理解，他认为华尔街并不完全是钱的世界，雨晴选择华尔街是更注重在现实世界的自我塑造和成长。对于他而言，这是一种全新的领域，全新的世界，是对他个性能力，自我发展的一个挑战。这也是引导孩子自己去选择。

卢勤： 由此可见，选择对于人生非常重要，需要父母智慧地去引导。

清瑕： 我再给大家讲一个关于选择的故事。世界奥林匹克数学金牌获得者刘洋业余时间有很多爱好，刚开始，篮球是他的最大爱好。他不但获得了那么多世界数学大奖，并且他还是世界奥林匹克电脑选手，面对不同的爱好，他又是如何进行选择的呢？刘洋八年级进入篮球校队，在校队每天训练5小时，练了多年。可是面对需要参加的数学竞赛，时间、精力无法分配过来，他需要舍弃。

这样，刘洋的妈妈刘双秋，在家里开了一个家庭会议，让大家提一提建议，听取了大家的建议后，刘洋做出了自己的分析，他说篮球虽然是自己的最爱，但继续打下去，自己也无法进入NBA。最后他决定舍弃心爱的篮球，全身心地钻研数学。这样选择的专一，让后期的刘洋集中精力主攻数学，取得了骄人的成绩。以刘洋在美获得的这些成绩，报考任何名校都毫无问题，但是，他最终选择了麻省理工学院，比起哈佛等其他学校，他觉得麻省理工更适合他的未来。这就是让孩子自己去学会选择。

同样，哥伦比亚大学的念念当年也面临选择，在父母的引领下，自己做出果断的决定。2008年3月的一个夜晚，当时14岁的念念把自己关在房间里，奋笔疾书。写的不是作业，也不是日记，而是"去加拿大的N条理由"。因为就在这天晚上，爸爸妈妈告诉孩子，全家移民加拿大的手续基本办妥，去还是不去，最后的决定权交给孩子。

让父母没有想到的是，念念拿出了的"去加拿大的N条理由"，从中国应试教育的弊端，到中西合璧教育的优势，再到对当今中国对人才的需求、自我人生的规划。她的N条理由排除了爸爸妈妈的犹豫，而这个过程，也坚定了念念自己的信念和对去加拿大这个全新环境的勇气。这也是后来念念在加拿大读书期间遇到各种挫折能迎难而上不断破解的内驱力，最后走进著名的哥伦比亚大学，成就了如今既在华尔街工作，同时还兼任广东电视台国际频道纽约报道主持和记者，成功做着很多嫁接中美桥梁的工作。

卢勤：这些案例给了我们父母很好的借鉴，这些孩子成绩的取得，有孩子自身努力的结果，更有父母的放手、放心、放飞，引领孩子自己选择的结果。选择，对每个人来说都非常重要，它不仅意味着所设目标的是否达成，同时也意味着人生未来的可能方向。但是，在现实生活中，很多父母常常会忘记这些，替孩子选择成为父母的习惯，甚至认为是一种必不可少的责任。

尤其是独生子女家庭，父母不敢让"唯一"的孩子失败。帮助他们选择学校，帮助他们选择专业，帮助他们选择工作单位。很多父母认为，唯有这样，自己的孩子才不会淘汰，才有可能被"暂时"称之为"有用"。至于未来如何无从去考虑，也容不得孩子们去选择。

如果我们的孩子从小就是在不会选择的环境里成长，将来即使给了他们选择的权利，他们也不知道、不懂得该如何去选择？学会自我奔跑，放手很重要，选择很重要，培养孩子的自立能力更重要。

就拿做作业举个例子吧。现在，坐在孩子身边，辅导孩子写作业已经成了许多父母，特别是妈妈的一项重要任务。从幼儿园的手工到小学的生字，再到初中的补学课程，甚至孩子上了高中，即使是辅导不动孩子了，也还要一直陪着孩子把作业做完，才会放心安稳睡觉。

父母很辛苦，但一些孩子的学习成绩却并没有很大的起色。有些孩子甚至得了做作业依赖症，妈妈不在身边，就不去写作业，不会写作业。自觉学习，自我负责的意识难以树立，被动学习使得这些孩子在学习上成了断不了奶的孩子，无法自我奔跑。

清瑕：其实，父母陪伴本身没有错，只是如何陪伴却需要智慧。一个人能力的大小是未来生存的重要基础。孩子要学会自己奔跑，就必须拥有奔跑的技能。只有在拥有自立能力的基础上，才能逐渐独立起来，才能跑得坚实，才能跑得持久，才能不至于跑错了方向。这些能力需要在父母的帮助下慢慢获得，智慧的陪伴是一份思维的引导，智慧的陪伴是帮孩子走向独立，智慧的陪伴也是一份共同的成长。那么，如何智慧地陪伴？这也是我今天和大家分享的第二点：让孩子在思考和肯学中，获得自我奔跑的能力。

让孩子在思考和肯学中，获得自我奔跑的能力

世界奥林匹克数学金牌得主刘洋的妈妈刘双秋在孩子学习能力培养上，特别用心，看看她是怎么陪伴孩子作业的。刘洋三岁才到美国，刘双秋在国内当过数学老师，她本能地发现小刘洋对数字特别感兴趣。于是，她就去超市买来各种适合孩子的书让他学习。然后，开始教孩子做题。每次做完题，她都会坚持让孩子自己检查，如果发现错题，就让刘洋从第一道题开始重新验算，直到小刘洋自己发现，纠正为止。检查完毕，她一定会让孩子指出错误题目，告诉她原来是怎么想的？修改过后，又是怎么想的？

就这样，孩子在自我纠错中学会了思考，建立起了对数学的兴趣。刘洋学数学，妈妈不仅要求孩子会做题知其然，更要求孩子知其所以然。对于中国人最擅长的"九九乘法口诀"，她不是让孩子死记硬背下来，而是让孩子一个一个推导出来。当小刘洋会用 $100=1+99=2+98=3+97=\cdots\cdots$ 解决 1 到 100 求和问题时，她会问，一直加到 1000,10000 怎么办？就这样，求和公式也被小刘洋推导出来了。

在帮助小刘洋突破一道道难关的时候，也让他的独立思考成了习惯，奠定了他在学习自我奔跑的基础。在高中时期，遇到难题无法解答时，他会先放下来，重新看书，从最初的方法开始做起，一点点的突破。概念，演算，推理，一遍又一遍，最终寻找到问题的答案。有时候，这个周期会是几小时、几天甚至几个月。

就这样，他们用自己的方式，通过引导孩子学会观察思考，让他感知学习的乐趣，养成学习的兴趣，也在孩子的心底安装了永不停歇的发动机。或许，这比仅仅陪着孩子写作业，要管用得多，也有效得多。

我再接着讲先前那个哈佛男孩孟雨晴的故事，看看他的爸爸如何让孩

子获取学习能力的。

读书这些年，他们从来不请老师为孟雨晴补课，父母只给予适当的辅导。他们告诉孩子，在家里，爸爸、妈妈、孩子都有各自的责任，都要当好自己的角色。如果想当好学生，就自己去定位，去努力，去发展。要什么样的成绩，什么样的未来，想怎么样发展，所有的事情都是孩子自己的事情，都由孩子自己来决定。这一切父母是怎么一步步引领完成的呢？

雨晴一两岁开始有基本的语言能力后，孟桦就启发孩子，一天至少问三个为什么。他告诉孩子，可以问任何问题，所有看到的、听到的、想到的，所有身边发生的事情，问出来就表扬，如果有本事问倒爸爸，问倒了，就有大大的奖励。

有一天，四岁多的小雨晴突然问爸爸："什么叫认真？"作为一个成人，他没有想到孩子会问这样的问题。他愣了一下，想想后这样反问小雨晴："弹琴的时候，老师给你提过什么要求啊，怎样才算认真弹呀？"雨晴回答："老师让眼睛看着谱子，手要在琴上弹，不能东摸西碰，耳朵要听着自己弹的音乐。"在一步步的启发后，孟桦这样告诉孩子，老师要你眼睛要看着、手要弹着、耳朵要听着、心要想着，心眼耳手脑一起用就是认真。

这样一个抽象的问题，在爸爸和孩子的问答中解决了。他这样告诉孩子，人就是在破解一个个问号中成长进步的。雨晴爸爸用问号在孩子心底安装了永不停歇的发动机。问号也引着雨晴从兴趣到乐趣，从无知到博学，开始了自我奔跑的人生马拉松。

雨晴的爸爸一直把培养孩子肯学的习惯作为基本的教育底线。他告诉大家，不要过度夸奖孩子聪明，要鼓励孩子肯学。不要在孩子前面画线，不要求他非要达到一个标准。只在他的后面画线，肯定他已经达到过的点，由此向前看、抬腿迈步，至于多快多慢都不重要。好比登山，不怕慢，就怕站，只要往前挪步，就为孩子鼓掌。

卢勤：这两个培养孩子的案例非常好。或许今天的听众里有人会说，清瑕老师介绍的是世界级藤校孩子的爸爸妈妈，他们的孩子个个聪明，这样做可以。我们的孩子没有那样高的智商，也没有那样好的自觉性。事实上，这正是我们很多父母认识的误区，也是问题的症结所在。学不会放手，就不会有真正的独立，不会去启发孩子的思考和兴趣，孩子就永远缺乏自我前进的动力。

当然，我们不排除孩子智力因素的差异，人类的智商呈正态分布，就是两头小，中间大。大部分人的智商都集中在80—120之间，人与人的智商差距不是很大，真正的差异就在于后天大脑的开发和引领。大脑的潜能无限，或许正是由于每个父母挖掘方式和引领方式的差距，才造成结果的天壤之别。

教育的本质不是涂抹，而是发现。真正的教育，就是让孩子成为自己。每个孩子都有潜藏在身体里的心灵密码，父母要做的，就是给予合适的环境，给予恰当的引领，等待孩子的天赋发芽，让他学会自我成长，能够自我奔跑。

不是每个孩子都需要上名校，科学而智慧的育儿方法，是让孩子都能做最好的自己。这里，真正差异的或许是父母的智慧和用心。刚才清瑕老师讲的两个哈佛父母的想法和做法，我们不一定照搬照抄，但他们教育孩子的理念一定会对我们有所帮助。

其实，教育中我们需要承认先天智力因素带来的个体特质，而在承认个性差异的情况下，我们更应该发现这些父母做法上的共性，而这些共性正是我们教育中的普遍存在，也就是我们父母可以学习和借鉴的地方。

清瑕：卢老师总结得真好！孩子成长过程中，能够自己去发现和寻找身边的答案，是孩子成长中的乐趣，即便父母知道答案，也不替代孩子成长，父母的智慧引领是孩子学会自我奔跑的动力。"悦长大"平台经常组织孩子们到世界各地去游学，希望孩子们大开眼界，在专家平台上引导孩子们阅读。读书、旅行、交流，开阔视野，宽广胸怀，一定会让孩子充满了对未知的渴望，这也是我想和大家分享的第三点：让孩子在开阔的视野中，得到自我奔跑的恒久能量。

让孩子在开阔的视野中，得到自我奔跑的恒久能量

这几位藤校孩子的父母，他们把拓展孩子视野，带领孩子参观、旅游、读书、交友，作为启蒙教育的第一课。哈佛妈妈燕子和我同年同月同日生，是我的好朋友，他们一家住在波士顿，这里拥有哈佛、麻省理工等众多藤校级名校，同时是美国教育文化中心的波士顿——华盛顿城市带，各类博物馆、图书馆、文化名胜林立。孩子很小的时候，燕子就利用一切可以利用的时间，买上年票，带着孩子笑笑和天天，走遍了这些地方。这些有着丰富人文历史、先进科技的殿堂贯穿了孩子们的童年，也奏响了启蒙教育的摇篮曲。

在孩子小的时候，燕子为他们制订了各个年龄段的学习计划。在这个小家，每晚都有固定的"读书时间"。妈妈拿出孩子喜欢的图书，用温柔的声音读孩子爱听的童话，用名著经典滋润着孩子的心灵。笑笑长大了，哥哥也会给妹妹读书……"读书时间"给孩子们打开了的一扇窗，让他们站在巨人的肩膀上成长。

在哥伦比亚读书的念念，在一次讲座中有人提问，你觉得爸爸妈妈在培养你的时候，做得最让你难忘、对你的成长最有帮助的事情是什么？念念回答说，接近大自然，行万里路。她的父母从小就带着她去各地旅游，跑过很多国家和全国各地。每年暑假，车轮走过了很多地方，包括新疆的天山、宁夏的沙坡头，还有四川云南，等等。

念念说，在她小时候，很多写作的灵感都源于旅行的经历。中学的她就已经出书，并在加拿大一个华裔报纸做编辑。念念这样说，到各处走走，不仅欣赏不同的景色，还可体会不同的风俗民情。在旅行中，她经常会和爸爸妈妈在车里面，一起谈论旅行过程中的想法、观察和体会，增长了见闻，储存了丰富的写作材料，更厚实了生命。

念念的妈妈介绍说：他们每次暑假都带孩子自驾旅游，感觉很放松，很开心。从 2002 年开始自驾车在国内旅游，用车轮来丈量广州到雪山冰川

的距离，在出国前走了有近十万公里的路程，那是一段快乐的时光。2004年自驾车回到黄土地。当时京珠高速刚开通，主要路线靠"村道"；车还没有导航，全靠看地图，就是这样，他们的车从广州出发到成都，再到甘肃秦安，最远到了宁夏中卫沙坡头见到了美丽的沙漠，经陕西西安华山及河南少林寺等地从长沙回广州。近一个月的时间，六千公里的路程，女儿念念用她的游记《十岁的远足》22篇文章记录着这次旅行。

还有一位好朋友哈佛妈妈说："放养的孩子更真实，也会比较淡定，能有条不紊地处理紧急情况。"她孩子小的时候他们喜欢带孩子去旅行，去世界各地看看，这些经历让孩子不仅开阔视野，也锻炼了能力，可以独自应对各种复杂的事。如今在哈佛的儿子，大学假期都去国外旅游，途中遭遇过暴风雪被困，航空公司罢工航班取消，战后的集会游行，去朝鲜之旅，更是一次冒险旅行……在面对孩子经历的"风雨"，作为母亲的她虽有种种担心，但也表现得平静自然，她知道，这些能力和应对正是孩子成长的必需，她相信孩子有能力处理好这些突发事件。

卢勤： 这些父母做得非常好。古人说：读万卷书，行万里路，与万人接触，名师指路。我常讲两个字，一个是俗人的"俗"字，单"人"旁加个"谷"字，站在谷底就是俗人；另一个字是仙人的"仙"字，单"人"旁加个"山"字，站在山顶就是仙人。这就是视野，眼界决定未来。

通过阅读、旅行、交友，不仅开阔了孩子们的思维和眼界，更涵养了他们的自在从容，让他们的人生积累、经历阅历更加丰富厚重，让生命观和价值观得以支撑和传承。这些父母在教会孩子能力的同时，也在拓展孩子们生命视野中，让孩子始终具备奔跑的力量。或许这就是这些爸爸妈妈带给我们的最好经验！

清琊： 每个孩子都要走向独立，从思维到生活。在孩子自我奔跑的过程中，家庭教育始终是一个顺应孩子成长的变化过程，这里不仅需要智慧的引领，更要亲情的关注。一份智慧陪伴，一份亲情的守护，会让孩子在奔跑中不再孤独，感受到父母精神的支持。我问这些父母，让孩子能够自如地自我奔跑，最大的保障是什么？他们说，浓厚的亲子关系。他们认为，在孩子成长过程中，亲子关系非常重要。如果因为学习或者其他选择，对亲子关系造成伤害，他们都会选择放弃。正常情况下，良好的亲子关系比较好保护，而遇到问题的时候，如何和谐亲子关系，往往对父母是一个考验。这是我和大家分享的第四点：让孩子在浓厚的亲子关系中，享受自我奔跑的幸福。

让孩子在浓厚的亲子关系中，享受自我奔跑的幸福

现在很多父母一听孩子痴迷游戏，就吓着了，非常着急，甚至无计可施。其实游戏的本身也是开发孩子智力的，不能一说游戏就是网瘾，任何事需要有个度，我们看看这几位父母是如何帮助孩子转移注意力，从沉溺网络游戏中走出来的。

少年刘洋初中时，他游戏上瘾。面对这种情况，刘洋妈妈没有极力阻止，而是买来很多游戏 CD，和他一起玩耍。譬如一个发电厂的游戏，电厂的设备坏了，管理出问题了……需要重新生产，一个接一个的问题，考验着母子，开发着智力，也增进着亲情，孩子也在和母亲的共同参与中，解决问题的能力不断提升，随着妈妈有意识的引领，加之学校活动的增加，刘洋的精力逐渐进行了转移，而不再痴迷游戏，亲情成为解决难题的一把关键钥匙。

另一位好朋友绍玲，她的女儿也叫念念在哈佛，儿子在斯坦福。她在育儿的过程中同样遇到这样的问题。他的儿子 Kevin 九年级的时候是一个典型的游戏男孩，游戏玩疯了，在所属的学区众多的高中生打游戏比赛中，荣获第一名。

绍玲很着急，她想着怎样才能让儿子的注意力转移出游戏呢。她同样采取了和儿子一起玩游戏的方法，以了解为什么儿子这样上瘾，玩着玩着，她和儿子一起分析起游戏来，并和孩子约定适当的时候一起玩。慢慢地，Kevin 的玩心收了起来。对学习专心，一认真，学习成绩大大提高，并且还名列前茅。从西门子科学奖到英特尔奖、化学奥林匹克竞赛等，在大大小小的竞赛中拿了一大堆奖。

陪孩子玩游戏期间，绍玲发现 Kevin 特别喜欢化学，也找到了孩子兴趣

转移的方向，在妈妈绍玲的鼓励支持下，孩子又拉了一帮同学在学校里一起成立了一个化学俱乐部，他任主席。

俱乐部的活动之一是到他读过的小学里教孩子们做冰激凌，那些小孩子们在 Kevin 的帮助下，学到了什么叫化学反应，培养起对科学的兴趣，并尝到了自己做的冰激凌。参与活动的小学老师、Kevin 的高中老师、小学生，Kevin 和他俱乐部小伙伴个个皆大欢喜。后来在绍玲夫妇的鼓励下，Kevin 用他的知识专长去服务社区，并会动脑筋如何把活动做得生动有趣。这个过程当中，孩子又学会了组织能力和社交能力。他的化学老师生病不能上班，Kevin 还会代替老师讲课。浓厚的亲情帮助让孩子走出了游戏，2016 年，Kevin 毕业于斯坦福大学，并继续在斯坦福大学读研究生。

卢勤：在你的故事中，我们能感受到一份亲密、一份智慧和一份幸福。亲情关系是他们破解问题的钥匙，是他们家庭和谐幸福的纽带。爱和亲情是孩子健康成长的基础元素。

清瑕：是的，父母的爱很重要。一个孩子能不能在自我奔跑中做最好的自己，不仅需要智慧和能力，更需要品质和道德，最让我感动的还是这些父母的公益精神和他们对孩子们的影响。

卢勤：父母一点一滴的培养，一言一行的引导，仁慈博大的爱心，不仅会在孩子心头扎下根，而且会随着孩子的成长而不断扩展和升腾，让孩子的自我奔跑保持正确的方向。

清瑕："一个人成功不在于自身获得多少价值，而在于给社会带来多少价值。"这是哈佛妈妈燕子在朋友聚会中的一句分享。她说孩子是大人的一面镜子，大人是怎样的人，孩子就会是怎样的孩子。这也是我想和大家分享的最后一点：让孩子在爱和责任中，做最好的自己。

让孩子在爱和责任中，做最好的自己

燕子家是一个充满温暖，充满爱的大家庭。这些年，面对自己国内年

迈的父母，燕子每天上午、下午各一个电话，告诉他们身边发生的新鲜事。分享，让万里之外的老人感受着生活的力量。这些年，他们家一直坚持做义工，帮扶着困难家庭，抚慰着孤独老人，为来美求学的中国家庭提供着帮助。

女儿天天进入九年级的暑假，申请到照顾一位15岁西班牙来的高中交换生机会。还不到14岁的天天，为女孩布置温馨的卧室，每天早上六点起床，为女孩准备早餐，并做口味不同的三明治和水果搭配的健康午餐，7点送她去等校车，周末，还为女孩安排各种活动，带她玩波士顿的著名景点。三十天美好时光的共度，让她们成了很好的朋友。

儿子笑笑上哈佛后，依旧乐意助人，帮助着同学。哈佛学校有规定，每年假期，学生必须在学期的最后一天中午12点前，将行李带走或存放。家居波士顿，为方便同学，笑笑将不便带走行李的同学行李都搬回家，假期，他们家客厅因为这些行李拥挤不堪。开学，从家到学校开车两小时路程，又要用大约三天时间，把同学行李搬回宿舍。当知道在波士顿实习的同学，最后一个礼拜的住宿有困难时，他还会安排同学住在家里，假期每天不仅自己兼职上班，还开车接送同学上下班。

同样，奥数金牌的刘洋，高中时期，周末在中文学校教课，教中文学校八年级以及高中的数学竞赛课程。教学中，刘双秋主动担任儿子的助教，帮刘洋一起备课、出考卷，严谨、认真地工作，不仅加深了刘洋对数学的理解，更让他开始学会分享、奉献和付出。

雨晴的爸爸每到逢年过节，他们都要带孩子去拜访赴美国时帮助过他们的恩人。即使不能见面，也要和孩子一起打电话问候。他们就是要告诉小雨晴，今天的学习环境和条件，并不完全是父母的本事，曾经在关键时候，有许多人帮助过他们。正是恩人们的帮助，让他们一家渡过了难关，成就了现在，那是发自内心对生活、对世界、对他人的感恩。

卢勤：爱心和公益不仅是一份善举，更是一个人能够将来在社会上赢得尊重，活得幸福的重要源泉。告诉孩子承担责任，传递爱心，不仅是教育的基本问题，也是孩子自我成长、自我奔跑的起点。这一点，尤其值得我们传播和学习。我们有些家长，看到孩子帮集体做些事情，甚至帮同学讲解一下问题，都会认为会耽误时间，耽搁孩子的学习。殊不知，这些对孩子的成长更有益，更必须。

清瑕：在采访这些父母的过程当中，虽然他们孩子有不同的特质，不同的遗传基因，父母也有着不同的教育方法。刚才讲的五点教育方法里，引领孩子自主选择，是让孩子自己奔跑的基础，主要解决奔跑的方向；形成思考能力，是让孩子更好奔跑的关键，有助于提高奔跑的质量；拓展视野，是给孩子提供奔跑的动力，从而提高奔跑的力度；亲子亲情，是给孩子奔跑提供力量的源泉，能源源不断为孩子长途奔跑提供精神食粮；爱和责任，是完成一生奔跑的最高境界，是在提升奔跑的价值。这五点方法、路径，随着孩子年龄增长，思想成熟，逐步培养，循序渐进。

我在感受、领悟这些父母使用的教育方法时，渐渐发觉这些父母内在潜藏着一些共有的品质，正是这些父母共有的品质，才让他们找到了最好的教育手段、途径和方法，推动了孩子的成长，让孩子学会了自我奔跑。

优秀的父母共有的品质

第一是他们特别会爱孩子。当然每个父母都爱孩子，但仅仅有爱是不够的，还需要会爱，会爱的最大表现就是对孩子非常有耐心。他们善于倾听，特别是在孩子遇到问题的时候，能够和孩子推心置腹地交流。燕子把听懂孩子的话作为和孩子交流的最重要的原则，雨晴爸爸更将亲子关系放在了家庭教育的核心地位，本质就是爱心和耐心。这些奠定了家庭教育的基础。

第二是能直面问题的解决。善于挖掘孩子的潜能，唤醒孩子。每个孩子的成长，都会遇到这样那样的问题。但他们在解决问题的时候，具备一种唤醒孩子，和孩子一起走过的能力。绍玲的孩子，奥数金牌刘洋都出现过因游戏而迷茫的阶段，他们不是一味地阻止，而是陪着孩子去打，在共同游戏过程中，引领孩子超越游戏本身，唤醒他们蕴含的特质和潜能。

第三是不做抱怨的父母。在采访过程中，和这些父母交流发现，无论遇到怎样的问题，这些父母都不是喜欢抱怨的人。无论是孩子的问题，还是社会和学校的问题，他们都没有选择抱怨，没有选择情绪化，而是认真承担起自己的责任。他们身边的朋友也说感叹这些父母的好性格，让孩子在平和情绪的环境中成长，充满了安全感。

第四是善良而回报社会的公益精神。他们经常带着孩子们做公益，用自己的真心真诚，不仅为孩子做出榜样，实现了爱心的传递，更培养了孩子的爱和宽容，让两代人的沟通更加流畅和有效，奠定了家庭共有的价值观，而不是某些家庭，为了升学资料填写需要的公益而做公益。

第五是用自己的生命哲学引领孩子成长。家庭教育是一个生命引领另一个生命的过程，家庭教育的核心不是考上名校，而是告诉孩子如何做人。就如雨晴爸爸将"不尽人事，没有资格听天命"的生命哲学变成雨晴能听懂的做事认真，克服困难一样。正是这些不断的生命引导，才让他们培养出这样的孩子，也为我们提供了弥足珍贵的家庭教育经验。

今天介绍的这些父母的做法，大家可能都会觉得熟悉又陌生，是纯西方教育方法吗？还是纯东方教育方法？都不是，我想正是这些华裔父母，他们将中华教育里的用心坚韧与西方教育里的开放自信相融合，让孩子有了很好的成长。

卢勤：特别感谢清瑕的分享。教育是社会的映射，教育的差异，根本来源于文化的差异。全球化时代，很多事物在逐步趋同，世界在融合发展，教育也在融合发展。伴着社会的发展进步，教育孩子需要我们始终保持一个开放的视野，世界的眼光。不管你的孩子是否选择留学，如何在同世界教育的交流中，去糟留精，借鉴学习，都需要我们不断地观察研究、学习实践。事实上，如果我们每一个人都能学习借鉴那些优秀父母良好的教育思维和方法，那么未来孩子的素养一定可以更好地提升，孩子的生命的质量一定可以得到更好提高，孩子的人生也一定可以变得更加美丽和丰富！